国家社会科学基金"十二五"规划课题

现代大学制度研究——历史与现实的反思

民办高校
治理能力及其现代化

Governance Ability of Private Higher Education Institution and
Its Modernization in China

石猛 著

中国海洋大学出版社
·青岛·

图书在版编目(CIP)数据

民办高校治理能力及其现代化/石猛著.—青岛：
中国海洋大学出版社,2017.12
(现代大学制度与治理改革研究丛书/别敦荣主编)

ISBN 978-7-5670-1611-8

Ⅰ.①民… Ⅱ.①石… Ⅲ.①民办高校—学校管理—
研究—中国 Ⅳ.① G648.7

中国版本图书馆 CIP 数据核字(2017)第 262352 号

出版发行	中国海洋大学出版社
社　　址	青岛市香港东路 23 号　　　　邮政编码 266071
出 版 人	杨立敏
网　　址	http://www.ouc-press.com
电子信箱	465407097@qq.com
订购电话	0532-82032573(传真)
责任编辑	董　超　　　　　　　　　　电　　话 0532-85902342
装帧设计	青岛汇英栋梁文化传媒有限公司
印　　制	日照日报印务中心
版　　次	2017 年 12 月第 1 版
印　　次	2017 年 12 月第 1 次印刷
成品尺寸	170 mm × 230 mm
印　　张	17.75
字　　数	310 千
印　　数	1—3000
定　　价	49.00 元

如出现印装问题,请与印刷厂联系,电话 0633-2298958。

总序

很难想象，如果没有现代大学，今天的人类会是什么样子？200多年来，在消解社会蒙昧文化、启迪科学理性、造就现代文明、推进社会现代化等方面，现代大学的作用无可匹敌。随着高等教育由精英化走向大众化和普及化，其不仅指引了人类文化科学技术进步的方向，使现代文化科技的百花园璀璨夺目，而且将科学理性的曙光播撒到人类各阶层民众的心田，使人的心灵得到洗礼和升华。如果说现代大学是人类文明进步的航标灯，那么，现代大学制度就是那高高矗立的灯塔，牢牢地支撑和捍卫着现代大学功能的发挥。这就是为什么人们在高歌和颂扬现代大学犹如古希腊智慧女神帕拉斯·雅典娜的同时，对现代大学制度的尊崇也几乎到了顶礼膜拜的地步。我国发展现代大学、建立现代大学制度的历史晚于欧美诸国，探索之路也坎坎坷坷。峰回路转到了21世纪，现代大学制度又为时代所需，完善现代大学制度、推进高等教育治理体系和治理能力现代化的征程再次启动，标示着我国现代大学发展进入了一个全新时代。

一、现代大学的形成及其制度化

现代大学是什么时候产生的？但凡对高等教育发展史有一定了解的人都会肯定地回答，19世纪是现代大学及其制度化的时代，1810年德国柏林大学的创办标志着人类历史上第一所现代大学的出现。在柏林大学创办之前，欧洲大学几乎是一个模式。正如卢梭所说："没有什么法国、德国、西班牙或者甚至英国模式，只有欧洲模式。它们有着同样的品位，同样的感情，同样的道德，它们没有一所学校是从其自身出发形成了一种国家模式。"①但是这并不意味着创办柏林大学是空穴来风，也不能说是威廉·冯堡的神来之笔成就了柏林大学。

柏林大学的新制度保证了早期现代大学功能的全面实现。柏林大学是根据章程办学的典范，1817年，施莱尔马赫主要负责起草的《大学章程》奠定了现代大学的基本框架。尽管柏林大学最初也沿袭了古典大学四个学院办学的基本模式，包括神学、法学、医学和哲学四个学院，但与古典大学由神学主导不同，柏林大学的各学院拥有平等的地位。柏林大学保留了传统的由正教授、副教授和助教所构成的三级结构模式，但实行教师等级制，全体正教授组成教授会，大学的所有事务皆由教授会决定，比如，遴选校长、选聘教授等。柏林大学的教学实行讲座制，按学科和专业设置若干讲座，由正教授主持各讲座。讲座教授享有很大的特权。这样，柏林大学的基本制度就形成了，即大学由学院构成，学院由若干讲座构成，正教授全权负责讲座内的一切事务。在与政府的关系上，柏林大学建立了利益商谈制，即讲座教授与政府部门之间通过"讨价还价"，即利益交涉确定讲座教授的待遇。每位正教授需要直接与州政府而不是与大学交涉，定期就财政和物质方面的条件、待遇进行协商，由此形成了一种不同于古典大学的基本制度框架，包括政府聘用正教授并提供办学经费，正教授组成教授会，负责决定大学办学；正教授学科领域的办学事务由各讲座教授全权负责。②所以，有人认为："柏林大学的建立不只是增加了一所大学而已，而是创造了一种体现大学教育的新概念。"③

19世纪是现代大学及其制度的概念在世界得到普及的时代。柏林大学的成功不但撬动了德国大学的现代化转型，成就了19世纪光辉灿烂的德意志文明④，而且引发了世界范围的大学现代化运动，为古典教育与现代教育之争提供了最具说服力的实践范例。世界其他国家创建现代大学的雏形往往以柏林大学为楷模。值得注意的是，其他国家效仿柏林大学，不是仿照其建筑式样，

① 转引自 Walter Ruegg. A History of the University in Europe[M]. Cambridge: Cambridge University Press, 2004: 4.

② 别敦荣,李连梅. 柏林大学的发展历程、教育理念及其启示 [J]. 复旦教育论坛, 2010 (6): 13-16.

③ 〔英〕博伊德. 西方教育史 [M]. 任宝祥,吴元训,译. 北京:人民教育出版社,1985: 330.

④ 孙承武. 聚焦全球十大名校——巨人摇篮 [M]. 北京:京华出版社,2003:81.

不是引进其师资，不是跟其竞争生源，更不是引进其的领导团队，而是借鉴其理念，效法其精神，从而形塑自身的建制和学术自由的制度文化。

在19世纪以来世界现代大学及其制度的发展中，德、英、法、美四国无疑是最具典型意义的。从德国萌发的现代大学及其制度不仅在德国开花结果，而且成为其他国家学习的样板。英国和法国的现代大学及其制度化实践对两国高等教育转型发展发挥了重要影响，并辐射到了两国传统的殖民地或属地。19世纪美国现代大学及其制度化的探索建构了美国高等教育的新体系，其后来对全球所产生的广泛而深刻的影响可能是当时的探路者们都未曾预料到的。

二、现代大学制度的变迁与共性特征

现代大学制度不是孤立的存在物，它与大学内外诸多制度及相关环境因素有着千丝万缕的关系。现代大学制度随大学内外情况的变化而不断变化，也可以说，现代大学制度的发展是无止境的。如果说19世纪是现代大学制度的初创期的话，那么，20世纪以后就是现代大学制度走向成熟并随高等教育大众化和普及化不断变迁的时期；如果说19世纪是德国现代大学制度引领风骚、为世界所向往的时期的话，那么，20世纪以后就是美国现代大学制度臻于完善、广受尊崇的时期。在一定程度上可以说，19世纪是德国现代大学制度的世纪，20世纪则是美国现代大学制度的世纪。

20世纪是人类历史上一个特殊的世纪，在100年的时间里，几乎有一半的时间世界大部分地区都处在大规模战争中。大规模战争的后果，除了人类自身的杀戮，还有大量的城市、工厂、乡村遭到毁灭性的破坏，数以千万计的人被迫流离失所，背井离乡，寻找安身之所。在另一半的时间里，尽管仍不时爆发局部小规模的战争，破坏和影响相对较小，和平、建设与发展成为主旋律。第二次世界大战结束以后，现代大学制度建设取得了新的突破，其动力源于高等教育的大众化和普及化发展。统计表明，在20世纪中期以前，全球只有美国一个国家的高等教育进入了大众化发展阶段，但到了20世纪末，世界上所有发达国家、大部分发展中国家和部分欠发达国家都实现了高等教育大众化，其中，有20个国家在2000年以前实现了高等教育的普及化。[①]21世纪初期，高

---

① 别敦荣，王严淞. 普及化高等教育理念及其实践要求[J]. 中国高教研究，2016(4)：1-8.

等教育发展步伐日益加快,不仅全球高等教育总规模大幅上升,而且普及化国家的数量也显著增加。到 2015 年,共有 68 个国家的高等教育发展进入了普及化阶段。

在现代大学发展史上,一个令人唏嘘不已的现象是 20 世纪前半期德国现代大学由鼎盛走向没落。这一变化似乎与德国现代大学制度是有关联的,而且在 19 世纪后期,德国大学便已表现出偏离大学本质的倾向。人类又是幸运的,在德国现代大学被纳粹运动施虐的时候,美国现代大学制度建设加快了步伐,并在 20 世纪初期羽翼渐丰、走向成熟。美国大学不只在内部建立了具有现代性的制度,而且在外部也创新了大学与政府的关系,从而有效地保持了大学与政府之间合理的张力,实现了大学的事情由大学负责、政府的事情由政府负责。在大学与国家的关系上,早在 1819 年,美国弗吉尼亚州政府曾经试图通过改变私立大学的性质,举办州立大学。这一行动最终被联邦最高法院判决为非法,私立大学的地位受到法律保护。两次世界大战期间,美国参与战争后需要大量的先进武器装备和弹药,国防科技与工业得到快速发展,国家向大学提出了庞大的科研和技术服务需求,"为国家服务"一时成为很多大学最重要的办学宗旨,大学成为国防科研和工业的主要依靠力量,大学的科研职能第一次展示了无穷的力量。当国家的需要成为大学办学目的的时候,大学与政府的关系便成为影响办学的重要因素。尽管大学与政府的关系拉近了,甚至可以说到了密不可分的地步,但是,双方之间并没有形成统治与被统治、支配与被支配的关系,相反,一种新的约束大学与政府关系的制度建立起来了,这就是契约制度。契约制度将大学与政府之间的关系建立在双方平等的基础之上,双方通过协商,以法律文书的形式将双方的权利、责任和义务予以明确并固定下来。这样不仅固化了大学与政府之间的平等关系,而且用法律的方式保护了双方的权利。通过契约制度,美国大学既能有效地实现为国家服务的办学宗旨,又避免了沦为政府的附庸,唯政府马首是瞻。

第二次世界大战的结束加速了美国高等教育大众化的发展。为了协调不同层次、不同类型高校之间的关系,1960 年,加州州政府制定了《加州高等教育总体规划(1960—1975 年)》,提出了分别建立加州大学系统、加州州立大学系统和加州社区学院系统的总体架构,对加州高等教育机构进行了清晰的分类。加州州政府积极主动调控全州公立大学的努力产生了积极的效果,加州模式为美国公立大学制度提供了经验。这份总体规划得到了美国其他大多数州的积极响应,成为效法的模板。

20世纪后半期是世界经济全面进入现代化的时期，也是世界高等教育大发展的时期。20世纪五六十年代的欧洲各国高等教育先后进入了大众化发展阶段，与之相适应的是大学制度的创新。1963年，英国拉开了高等教育走向大众化的序幕，一批"玻璃幕墙"大学建立起来了，更具有大众化意义的是，多科技术学院的地位得到承认，获得了举办高等教育的资格。大学制度的突破在法国、德国以及其他欧洲大陆国家得到实现，欧洲高等教育发展集体实现了转向，曾经为一些欧洲国家不屑一顾的美国发展大众高等教育的经验成为它们的不二选择。澳大利亚、加拿大、日本、韩国等国家和地区的高等教育也步美欧国家之后尘，以大学制度创新为基础，快速实现了高等教育大众化乃至普及化，成为世界高等教育发达国家和地区。

20世纪后半期以后，现代大学制度受到了来自经济、人口、科技和政治等多方面挑战，在保持基本内核的基础上，进行了适应性变迁，丰富了制度形式，充实了制度内涵，完善了制度体系，不断焕发出新的生机与活力。20世纪末期以来，现代大学制度又面临新的挑战，而且是从未有过的挑战，这就是国际互联网的发展与教育信息化。此前所有的挑战都可以通过创建新的大学制度，或者改革已有的大学制度，来满足新的发展需要。国际互联网和教育信息化的发展带来的是虚拟大学的产生，这种新型大学带来的挑战事关现代大学制度存在的价值。在国际互联网和教育信息化时代，由现代大学制度所保障的大学教育功能可以通过互联网教学在线上或线下进行学习，古语所说的"无师自通"可以在虚拟大学制度环境下得到实现，现代大学制度还有存在的价值吗？现代大学该去向何处？自产生以来，现代大学及其制度从未遭遇过如此严重的危机。

200多年来，现代大学制度通行全球，国家不论大小、不论发展程度高低、不论使用何种语言，都将其作为发展高等教育事业的基本依托。尽管随着全球经济、政治、科技、文化变革和各国社会的发展，现代大学制度常常面临各种挑战，但现代大学制度并没有消极对待，而是不断进行改革和创新。这并不意味着现代大学制度是变幻不定、不可捉摸的，相反，世界各国现代大学制度都具有共同的内核，展现出高度的"家族相似性"。①

---

① 别敦荣,徐梅.论现代大学制度的公正性及其实现[J].山东社会科学,2012(8):110-118.

第一，在现代大学制度中，大学的法人地位有保障。现代大学产生以来，在其所建立的各种社会关系中，与政府之间的关系是最复杂和变化不定的。伴随高等教育由精英化向大众化和普及化发展，现代大学的数量越来越多，办学规模越来越大，功能越来越多样，所发挥的作用、对社会的影响无与伦比，在很多国家甚至成为促进社会政治稳定、国家转型发展、经济创新和振兴最重要的引擎。因为历史传统、政治制度和社会基础不同，不同国家大学与政府的关系差异显著，规范大学与政府关系的制度也各不相同：有采用集权制度的，即政府将大学事务纳入自身管辖范围；有采用自治制度的，即政府承认或赋予大学自治的地位。如果用集权与自治来衡量世界各国大学与政府之间关系的话，可以发现，在集权与自治区间的连线上，各国所处的位置是大不相同的。有的政府集权较多，有的大学自治较多，但不论是集权更多的国家，还是自治更多的国家，大学的法人地位都是有保障的。

第二，在现代大学制度中，大学能够自主地发挥功能。现代大学不仅继承了古典大学的功能，包括人的培养和知识储存，而且发展了新的功能，包括科学研究和社会服务。现代大学的功能主要通过知识活动来实现，不论是知识的传授还是知识的发现与应用，不可缺少的前提条件是学术自由。没有学术自由的知识活动，将变成缺少灵魂的"游侠"作为，在各种社会利益的交织博弈中，大学将成为外部势力的较力场，成为迎合各种社会需要的"势利"组织。现代大学制度所发挥的作用就是保护学术自由不受侵犯，使大学能够依据自身的价值标准从事各种功能活动。毫无疑问，现代大学的功能涉及多种利益相关者的权益，各利益相关者的权益必须受到保护，社会参与治理是不可避免的，[①] 现代大学制度则发挥了"防火墙"的作用。

第三，在现代大学制度中，大学的多样性受到尊重。从单一到多样并非坦途，经历了艰难的抗争过程。抗争的对象有传统的观念，也有代表传统观念的社会势力，还有大学自身的制度形式。伦敦大学在英国的创立与发展便经历了典型的新生——抗争——妥协——完善的过程，英国多科技术学院初创时期不被认为拥有大学的地位，后来不但得到承认，而且获得了与其他大学同等的地位和权利。在法国，综合大学满足了人们对自由教育的需要，为社会培养具有综合素养的高素质人才；大学校满足了工业化和专业化程度较高行业的

---

① 别敦荣. 治理体系和治理能力现代化与高等教育现代化的关系 [J]. 中国高教研究，2015（1）：29-33.

高层次专业人才的需要,为社会造就了数量不多但却英才辈出的高素质人才;大学科技学院则担负了高等教育第一阶段的人才培养任务,主要为各行各业培养技术技能型人才。各种不同类型的大学同处于现代大学制度框架之中,受到高等教育体系内部和社会的尊重,拥有高等教育机构的地位,享有同等的权利,履行高等教育的职责和义务。

第四,在现代大学制度中,师生关系是民主的。现代大学产生以来,大学的知识构成与形态发生了重要变化,知识的获得与传授方式越来越多样化,学生不但可以从教师那里学到知识,还可以从同学那里学到知识,也可以通过自身的实验和实践学会知识。到了信息社会,知识的存储方式发生了重大变化,知识的获得越来越容易和便利,只要有网络、电脑或手机,学生可以在任何地点、任何时间学习和接受知识。影响师生关系的不只是知识和知识活动的变化,还有现代社会政治和社会理念,包括民主、自由和平等等。现代大学师生关系的突出特点是民主性,即师生之间更多地表现为平等互尊的关系。现代大学通过建立专业教育制度、学分制、选课制、转学制等,赋予学生自主选择学习内容、自主选择向哪位或哪些教师学习以及自主选择个人发展方式的权利,大大拓宽了师生关系的范畴,丰富了师生关系的内涵。现代大学还引入了学生评教制度、学生参与学校治理制度等,使学生在大学不仅仅是一个学习者,而且还是大学教育的欣赏者、办学质量的评价者和大学治理的参与者。在现代大学制度框架下,民主的师生关系既是大学教育发展的必然,又为大学教育发展所必需,对塑造大学的现代性发挥着重要作用。

三、现代大学制度的典型模式与国家特色

经过 200 多年的发展,现代大学制度已经成为现代国家的基本制度。随着各国高等教育走向大众化和普及化,在现代大学制度的规范和支持下工作、生活和学习的人口往往成为各国最庞大的人口群。尽管现代大学制度源起德国,但当现代大学制度的基因流传到世界各地的时候,不同国家往往在继承其基本文化基因的同时,逐步建立起了有自身鲜明特色的现代大学制度。

(一)现代大学制度的典型模式

现代大学制度是人类最伟大的发明之一,对不同国家现代公民的培养、现代文化科技的发展、现代社会进步发挥了无与伦比的促进作用。现代大学制度不是自然天成的,而是人类的创造物,是世界各国人民智慧的结晶。

1. 美国现代大学制度模式

美国现代大学制度模式是一种大学自治基础上的州政府协调治理模式。美国现代大学制度的发展经历了一个由移植、借鉴到自主创新的过程。这就使它从理念和形式都具有多样性，在某些方面像英国，在一些方面像德国，但更多的还是像自己，是在美国社会文化土壤上培育起来的具有鲜明的美国特色的现代大学制度。主要内容包括：第一，大学自治是美国现代大学制度的根基。在美国现代大学发展过程中，学院自治和学术自治两种思想合流，成为美国现代大学制度的基石。纵览两个多世纪以来美国联邦所通过的有关高等教育的法律，都以不损害大学自治为前提；不论州政府如何协调高等教育发展、调整有关机制，都以保证大学自治的完整性为条件；不论私立大学还是公立大学，与州政府、联邦政府之间均不存在直接的隶属关系，更不存在行政服从关系，大学拥有完整的自治地位和权利。第二，州政府拥有治理大学的权利。根据美国联邦宪法，教育为州政府施政领域。高等教育发展走向大众化和普及化后，与几乎每一个民众都息息相关，与州政府的社会事业战略密不可分，但是，州政府必须在合法的范围内行使相关职能，对高等教育事业发展发挥积极的影响。美国各州政府积极作为，发挥治理作用，有的增加财政预算，有的编制高等教育发展战略，有的对大学进行分类发展指导，有的调整州政府高等教育协调机制，还有的建立大学办学问责机制。所有这些都是在保障大学自治的前提下采取的措施，是州政府积极作为、依法治理大学的行为。第三，联邦政府拥有依法支持大学发展和裁判与大学有关的诉讼案例的权利。联邦政府不直接办学，也不能干预任何大学内部事务，但并非无所作为，通过立法向州政府提供目标指向明确的办学资源，联邦政府不仅达到了推动国家高等教育事业发展、引导大学办学定位的目的，而且避免了可能因直接举办或干预大学而陷入违法的困境。为了保证联邦政府的支持能够到位和达到预期的效果，美国引入契约制度，在不侵犯大学自治地位的前提下，联邦政府通过与大学签订契约，在科研支持、入学机会、学费支持、与国家战略利益相关的学科专业办学等方面，有效地参与到大学办学过程，对大学办学发挥了重大影响。第四，社会参与治理大学。由社会人士担任董事的外行领导制度使美国大学从一开始就发展了一种社会参与治理的文化，它不但对私立大学治理发挥了重要作用，而且也成为后来大规模发展的州立大学治理的基本制度。在各州立大学董事会中，来自社会各界的相关人士都占有相当的比例。在美国现代大学制度中，社会参与治理除了表现在董事会制度上，还广泛地体现在第三方的参与治理上。各种专业性、职业性的学会或协会，各种新闻舆论媒体，甚至一些相关劳工组织和慈善组织都通过专业评估认证、排名、调查报告、公开声明、经费支持等，对大学办学施加必要的影响。第五，校长与教授会分权治理大学事务。美国现代大学形成了董事会、校长和教授会"三驾马车"分工治理的架构，董事会执掌大学的顶层设计和大政方针决策权，校长及其行政团队负责执行董事会决策和学校日常营运，教授会主要负责校院系各种学术事务的决策、协调、审议和评价。这种校务分享治理模式保证了各方的参与权利，在一定程度上有利于增强学校的向心力和凝聚力。除了以上五方面内容外，美国现代大学还形成了大学生民主参与治校制度、教师工会谈判制度，等等。

2. 英国现代大学制度模式

英国现代大学制度模式是一种基于古典传统的大学自治模式。有人认为，英国大学都是私立的，因为英国大学不隶属于任何一级政府部门，不论是中央政府还是各郡市政府都没有直接下辖的大学，所以，英国没有所谓的国立大学、郡立大学或市立大学。也有人认为，除了白金汉大学外，其他大学都是公立大学，因为在英国只有白金汉大学的办学没有任何政府资金来源，其他大学都接受政府拨款，包括牛津大学和剑桥大学，政府拨款占学校总收入的比例达到90%以上，尽管如此，英国秉承古典大学的传统，形成了大学自治模式。主要内容包括：第一，古典大学自治传统得到了传承和坚守。英国现代大学是通过对古典大学的改良而发展起来的，不管是伦敦大学的创办还是牛津大学和剑桥大学的蜕变，都保留了古典大学的传统。英国现代大学自治的文化基因根深蒂固，政府和其他社会组织敬畏大学，奉大学为社会文化之柱石，严守法律和文化传统，不直接干预任何大学的具体事务。英国现代大学与政府之间是通过中介组织联系的，中介组织成为政府与大学的博弈场。第二，政府立法引导大学办学。19世纪五六十年代皇家委员会对牛津大学和剑桥大学教学和财政状况所进行的两次调查及其所做出的结论和建议，表明英国古典大学制度中的大学与教会的关系已经为现代大学制度中的大学与政府的关系所取代。[①]英国政府重视现代大学的作用，从国家需要出发，在保障大学自治地位的前提下，对大学办学发挥积极的引导作用。英国现代大学制度的发展和变革自始至终都有一种力量在发挥着推动、协调、规范和支持的作用，这种力量

---

① 〔美〕谢尔顿·罗斯布莱特. 现代大学及其图新——纽曼遗产在英国和美国的命运 [M]. 别敦荣，译. 北京：北京大学出版社，2013：303.

不可谓不强大,但它却有效地保持在适度的范围发挥作用。这种力量来自英国政府,而政府发挥作用的基本手段不是行政性的,而是立法性的。没有法律的授权,英国政府便不能行使权力,不能对大学办学发挥影响。第三,中介制度发挥了"缓冲器"的功能。中介制度是英国现代大学制度的创造,19世纪的皇家委员会和后来的皇家督学团是中介组织的原型,它们受政府委派,担负政府所赋予的职责,但发挥自身的判断力,向政府提供关于教育的报告。1919年建立的大学拨款委员会(UGC)使大学与政府之间的相互联系有了一种新的机制,在其存续的大半个世纪里,成员多数都是大学副校长以及高度认同大学使命的相关人士。20世纪90年代,大学拨款委员会为高等教育基金委员会所取代,其性质仍属于中介组织,它并不具有对大学施加行政影响的权力。第四,社会问责制度发挥了"软性治理"作用。社会问责起于发展大众高等教育的需求,成于高等教育大众化的深度推进。英国大学拨款委员会的改革在很大程度上受到了社会问责的影响,更多的社会人士,包括来自企业界代表的参与并发挥重要作用,表明社会问责与正式制度实现了结合。评估和排名更能代表社会问责的"软性治理"性质,与高等教育基金委员会相配合的高等教育质量保障机构通过质量评估和学术审核,不但影响大学办学标准,而且影响大学的决策与运行。

3. 法国现代大学制度模式

法国现代大学制度模式是一种学术自由基础上的政府治理模式。20世纪中期以前,法国现代大学制度相对比较单纯,主要表现为中央集权管理与学术自由在大学的和谐共存实践。20世纪中后期,为了推进高等教育改革,法国每隔几年就要颁布一部法律,以丰富法国现代大学制度的内涵,增强其适应性。法国现代大学制度的主要内容包括:第一,中央集权管理是法国现代大学制度的基础。中央集权管理制度是法国资产阶级大革命的产物,自17世纪后期建立后影响了200多年法国高等教育的发展,尽管20世纪中期以后历经多次改革,有的改革法案甚至以推进大学自治为主题,但中央集权的基本框架并没有被动摇,中央政府对大学集权管理仍然是法国现代大学制度的基本内容。法国中央政府及其教育部对各级各类大学拥有统筹规划和决策权,政府立法部门通过制定法律明确高等教育发展的基本政策和改革方向,甚至国家总统可以直接发布高等教育改革与发展指令。20世纪中期以后,法国政党轮替频繁,高等教育常常是执政党优先施政的部门,反映不同政党政策主张的高等教育法律往往随政党轮替而兴废,导致法国高等教育政策忽左忽右,难以持续不断地贯彻执行。第二,学术自由保证了法国现代大学制度的实质价值得以实现。学术自由是法国现代大学制度的基本内核。法国法律明确规定大学教师和研究人员享有学术自由权利,大学教学活动是自由的,教师可以完全自由地选择自己认为合适的教学方法,其他任何人不得干涉。法律还明确规定,教师在履行教学任务和科研职责的过程中,享有完全的自主和言论自由权利。学术自由精神在保证法国大学教师拥有充分的学术自由权利的同时,也为他们营造了一个独立的精神王国。第三,教授治校维护了大学作为学术共同体的特性。法国现代大学在200多年的发展中,保持了其学术共同体的特质,这种坚守主要通过分布在两个层次的教授治校机制实现:一个是在学院层次的学院式治理;一个是在学校各委员会中教授占绝对多数,保证了教授对大学事务的主导权。学院式治理的传统受到法国大学内外的尊重,即便巴黎大学等被废止长达一个多世纪,但一旦批准复办,这一传统文化又成为现代大学制度的核心要素,对现代大学办学发挥重要作用。法国大学的各种委员会包括行政委员会、学术委员会、教学与大学生活委员会等,都拥有法律所规定的治校职权。在这些委员会中,教授代表占绝对多数,保证了大学置于教授的治理之下。

4. 德国现代大学制度模式

德国现代大学制度模式是一种大学自治基础上的联邦与州政府合作治理模式。德国现代大学制度是发达国家中变化最多、最大且影响最为深刻的。洪堡模式是德国现代大学制度的记忆,20世纪后期以后,德国现代大学制度又进入了多变时期,面临前所未有之变局,联邦政府与州政府的关系、政府与大学的关系、大学内部各种治理机构之间的关系、大学与市场的关系、教授与其他职员和学生之间的关系等都处于变革之中。概而言之,德国现代大学制度的主要内容包括:第一,学术自由是德国现代大学制度的核心价值。德国现代大学的发展是从建立学术自由制度开始的,学术自由是以"探究博大精深的学术"的学术共同体存在的唯一合法性,教授是其唯一代言人。[①] 教授在德国现代大学制度中拥有十分关键的地位。学术自由还包含了学生学习的自由,学生享有学习自由的权利,在选课、选专业、制定学习计划和进度方面,学生拥有充分的自由,教授和学生的权利受到法律的保护,不受任何非学术因素的干扰和侵犯。第二,联邦与州政府合作治理是德国现代大学制度的重要组成部分。

① 俞可. 在夹缝中演绎的德国高校治理 [J]. 复旦教育论坛,2013(5):14-20.

德国政府与现代大学有着不解之缘,不但柏林大学由政府直接创办,而且大学经费由财政供给,大学教授由政府聘任,大学除了承担着学术使命外,还担负着国家使命。"两德"统一后,德国政治、经济形势发生了重大变化,欧盟一体化和欧洲高等教育区发展不断深化,德国对联邦与州政府合作治理制度进行了持续的改革,联邦政府在保留协调各州教育政策的文教部长联席会议制度与协调高校录取和毕业、教育援助(如奖学金)和科研资助等事务的权力的同时,放弃了制定高等教育总纲法的职能,将管理高等教育的权力还归各州政府。联邦与州政府合作治理的重心由此转移到了州政府,各州政府依法治理大学事务,主要手段包括立法、目标协定和总体预算与绩效拨款等。各州制定的高等学校法为德国现代大学制度提供了法律基础,在 16 个联邦州中,除了萨兰州外,其他 15 个州都制定了高等学校法,为大学办学提供了详细的规则。第三,自治是德国现代大学制度的重要原则。德国现代大学从一开始就是国家的大学,担负着国家使命,接受政府的调控与指导,但大学与政府之间的关系并非言听计从的关系,而是保持了必要的张力,大学拥有充分的自治权。进入 20 世纪以后,政治风云变幻,既有德国大学的"金色 20 年代"[①],也有纳粹统治时期的学术政治化,还有第二次世界大战后东西德政治分立、大学复兴的时期,大学自治的理念和制度曾经备受推崇,也曾经被恣意践踏,还曾经受到联邦和州政府的侵犯和干预。20 世纪末期以来,以新公共管理为导向的政府改革不断推进,大学自治成为调整大学与政府关系的重要原则。第四,校企合作为德国现代大学制度注入了新内涵。在 19 世纪的德国现代大学制度中,大学与工业企业之间有一道无形的"文化防火墙"把两类组织完全隔绝开来,大学以"唯科学而科学"自立,倡导宁静和寂寞以潜心于科学本身的目的,专注于纯粹科学,不屑于与工业企业建立关系。20 世纪初期,德国专门学院的创办突破了早期现代大学与企业界隔绝的藩篱,校企合作制度得到了初步的尝试。校企合作制度在应用科学大学的成功为其他大学提供了启示,几乎所有德国大学都接受了这一制度,早期大学与企业之间的"文化防火墙"早已不复存在,一种新的合作文化和契约文化在大学与工业企业之间发展起来并成为二者之间的"黏合剂"。有研究表明,德国大学与企业合作的密度和成效远超其他欧美发达国家,德国半数以上企业都与大学开展知识和技术转让合作,而英

---

① 孟虹. 继承与创新:德国高等教育的改革及其启示 [J]. 中国人民大学教育学刊,2013
    (1):54-69.

国和法国分别只有 1/3 和 1/4。[①]

(二)现代大学制度的国家特色

从美、英、法、德等国现代大学制度模式看,没有两种完全相同的国家模式,尽管从不同国家现代大学制度变革可以看到某些移植或借鉴的情况,但不同国家的现代大学制度都表现出鲜明的国家特色。[②]

第一,国家的大学文化传统塑造了现代大学制度的底色。不同国家现代大学制度建设的起始时间有先有后,不论先发还是后发,各国现代大学制度往往都是在其原有大学文化传统的基础上发展起来的,没有哪一个国家的现代大学制度是设计出来的。德国柏林大学虽然是全新创建的,其制度也是新的,但如果没有 18 世纪后期哈勒大学、哥廷根大学、耶拿大学等所做的开创性的现代大学制度实践,便很难说洪堡、费希特等人在创立柏林大学时会有现代大学的思想基础。英国现代大学制度则是从中世纪古典大学文化的摇篮中孕育出来的,甚至在现代大学制度发展成熟之后仍吸收了很多古典大学制度思想,保留了很多古典大学制度形式。法国在现代大学制度建设中,曾试图将古典大学制度一笔勾销,而代之以全新的大学制度形式,但没有成功,被禁绝的巴黎大学复办起来了,且将原有的一套文化传统重新拾回来,融入新的大学制度之中,完善了法国现代大学制度体系。美国大学的历史早于国家的历史,在美国现代大学制度得到发展之时,美国已经形成了自身的大学文化。哈佛大学、耶鲁大学等大学的现代化探索,使其成功地将传统文化与现代制度有机结合起来,在国际和国内风云际会之中攀上了世界现代大学之巅。

第二,国家政治制度及其变化对现代大学制度有着不可忽视的影响。现代大学是社会主要的组织单元之一,20 世纪中期以后大学的社会地位愈显重要,大学办学与发展成为国家政治、经济和文化科技发展的动力之源,国家不能不将大学纳入政府施政的范畴,国家政治制度及其变化无不影响现代大学制度及其变迁。国家政治的影响有积极的部分,也有消极的部分。政府向大学提供财政经费支持,建立财政拨款及调控制度,无疑是积极的。政治体制的变化对各国现代大学制度的影响也是显而易见的,德国纳粹政治体制对德国

---

① 伍慧萍. 从高校与企业的研发合作看德国的知识创新 [J]. 比较教育研究,2015(8):47-52.
② 别敦荣. 现代大学制度建设必须服务于全面提高高等教育质量 [J]. 大学:学术版,2012(1):47-49.

现代大学制度的破坏几乎窒息了德国现代大学的生命。20世纪50年代美国爆发"红色恐怖",政府强令大学教授进行忠诚宣誓,严重侵犯了大学和大学教授的学术自由权利;60年代兴起的社会民主运动改变了美国大学的治理结构,大学生作为利益攸关方成为大学各种委员会的成员。现代政治及其制度对现代大学制度有着持续不断的影响。

第三,现代大学制度随国家高等教育的发展而发展。20世纪中期以前,除美国外,其他所有国家高等教育发展都处于精英阶段,现代大学制度也表现为精英化的制度,为社会精英阶层服务。20世纪中期以后,尤其是70年代以来,众多发达国家高等教育实现了大众化发展,开始向普及化迈进。为了适应各国高等教育发展的重大变化,各国现代大学制度从内外两个方面进行了深刻的变革。就外部而言,大学与政府的关系进入了持续不断的调整期;就内部而言,除少数大学保留了小规模、精英化的建制外,其他大学都走向了大规模、平民化,大学在校生的平均规模不断扩大,各国都出现了大批万人大学,乃至数万人的大学,生源的多样化导致大学教育功能越来越多样化,与精英化的人才培养制度相比,服务大众的个性化、多样化的教育教学制度建立起来了。与精英化高等教育的学术导向不同,大众化、普及化高等教育的社会导向使各国现代大学制度越来越注重调节大学与社会之间的关系。

四、我国建设现代大学制度的实践探索与时代使命

我国现代大学制度建设是从学习和借鉴欧美国家的经验开始的。从清末到现今,在100多年的历史中,我国建设现代大学制度的实践探索未曾停歇。今天的中国已不是清末、民国时期的中国,全面建成现代化国家和小康社会是中国发展的现实节奏,作为世界上负责任的大国,发展全球绝无仅有的超大规模高等教育事业,建成一批世界一流大学和一流学科,推动"中国梦"的全面实现,对国际科技和教育发展发挥促进和引领作用,是新时期我国大学办学与发展的责任所在。为此,建设和完善现代大学制度的时代使命与过去完全不可同日而语,我们的思维不能停留在民国时期,更不能停留在清末时期,应当与时俱进,用今天流行的语言来讲,就是用"互联网思维"和"大数据思维"来审视我国现代大学制度建设的背景、条件、要求以及理论基础、任务和路径,以保证我国现代大学制度建设的有效性。

(一)我国建设现代大学制度的实践探索

清朝末年,鸦片战争后清政府中的洋务派引进西方现代科学,创办新式学

堂,拉开了建设现代学校制度的序幕。自清末至今,在跨越三个世纪的100多年时间里,我国曾经学习和借鉴欧美国家现代大学制度,模仿和借鉴苏联现代大学制度以及自主建设现代大学制度,也曾经短暂地出现否定现代大学、抛弃现代大学制度的情况。在百余年的历史中,我国社会命运多舛,政治变革频繁,出现长时间稳定发展的时期只有改革开放以后,所以,为了讨论的便利,这里主要分改革开放前、后两段来阐述我国建设现代大学制度的实践探索情况。

1. 改革开放以前我国建设现代大学制度的探索

从清朝末年到1978年改革开放约100年,总体来看,在这100年左右的时间里,我国建设现代大学制度的实践不能说完全没有成效,但如果从制度的规范性以及可持续性来看,不成功的教训多于成功的经验。

第一,学习和借鉴是这一时期我国建设现代大学制度的主题。我国建设现代大学制度是从学习和借鉴其他国家的经验开始的。在洋务学堂中,相关的教学制度往往由所聘西方传教士或教师负责制定和实施。京师大学堂章程借鉴了日本帝国大学章程的内容,而后者又承袭了德国大学的制度。到民国时期,蔡元培从欧洲游学返国就任北京大学校长,更是将德国现代大学制度作为学习的样板。1927～1929年,模仿法国现代大学制度,实行大学区制和大学院制更是来得快,去得也快。20世纪二三十年代,一批从美国留学归来的学者执掌大学领导权和担任大学教授,以胡适、梅贻琦、郭秉文等为代表在我国尝试推行美国现代大学制度,其影响一直持续到了1949年新中国建立。新中国建立后,我国实行"全盘苏化"的政策,开始向苏联现代大学制度学习,从大学的基本教学制度、组织机构设置、领导管理体制到大学组织形式和举办体制等,都由原先的"美式"转为"苏式",建立了一整套"苏式"的现代大学制度。这套制度对我国高等教育影响最大,持续时间最长,至今在我国大学中还能看到它的痕迹。学习、借鉴其他国家的经验本来是无可厚非的事情,但是,学习和借鉴的方式往往显得过于草率,缺少研究和论证,造成我国建设现代大学制度忽左忽右,变动不居。

第二,建设现代大学制度受社会政治变革的直接冲击频繁。我国现代大学因政治而生,因政治而兴,也因政治而衰,甚至因政治而毁。京师大学堂因"戊戌变法"而得以批准创办,但也差点因变法失败而被废止。民国初年,一批关于大学的法律得以制定,但却因临时政府解散而变为废纸。新中国成立后,一套全新的大学制度很快建立起来。

第三,我国建设现代大学制度未能重视理念和精神的建设。理念和精神是现代大学制度的灵魂，灵魂的没落必然带来制度建设的无章可循，无从建立现代大学制度，进而难以保障高等教育事业的持续健康发展。[①] 尽管不能说我国建设现代大学制度完全没有关注理念和精神，但没有提出一套适应现代大学和高等教育事业发展要求的理念和精神却是不能否认的事实。清朝末年，"中学为体、西学为用"作为一种理念曾对京师大学堂等早期大学的发展发挥了一定的影响。但客观地讲，"中体西用"理念主要还是一种关于中西学问价值的理念。民国初期，军阀混战、社会动荡、科学未彰、学术乏力，大学制度沿袭了清末的旧规。蔡元培提出大学是"囊括大典，网罗众家"的学府，在北京大学实行"兼容并包、思想自由"的主张，将学术自由奉为大学办学的至上纲领，不仅扭转了北京大学的风气，促进了北京大学向现代大学转型发展，而且引领了我国现代大学制度建设的方向，开辟了我国高等教育的新风尚。蔡元培、梅贻琦、郭秉文等在我国大学制度发展中植入现代性元素，推行学术自由、教授治校等理念，使我国大学开始具有现代气质。蔡元培等人甚至曾经还试图实行学术独立的现代大学制度，无奈招致多方异议和反对，无果而终。如果没有日本帝国主义的侵略战争，我国建设现代大学制度的轨迹可能会不一样，战争的突然到来完全打乱了我国现代大学制度建设的进程，也使尝试不久的学术自由、教授治校等理念表现得更加脆弱。1949年以后，政治运动的洗礼几乎使大学和大学制度变得面目全非。在我国现代大学制度建设中，什么时候坚持了具有现代性的理念和精神，成效常常就比较明显。

第四，我国优良的教育传统在现代大学制度建设中未能得到尊重和传承。我国很早就形成了尊崇学问、自由讲学等传统。在清末书院改制、废除科举、兴办学堂的过程中，优良的教育传统未能得到很好的传承，学术本身的价值和学术发展所需要的自由环境在当时和后来的现代大学建设中都未能受到重视，导致现代大学制度之形建立起来了，但却缺乏理念和精神的支持，尤其是植根于我国社会历史的教育文化传统未能在我国现代大学创办伊始融入其中。民国时期，军阀混战、党争不绝，现代大学制度建设中更难有教育文化传统的地位。在国民党独裁统治期间，推行党化教育，建立党部和训育制度，开设党义教育课程，非但我国优良的教育文化传统难以与之相融，而且从西方现代大学制度中引入的思想自由理念也难有发挥作用的空间。正是由于从一开始就没

---

① 别敦荣. 论现代大学制度的基本范畴 [J]. 现代教育管理，2013（10）：1-9.

有尊重和传承我国优良的教育文化传统，所以，我国现代大学制度建设始终飘忽不定，缺少定力，现代大学也如浮萍，随风摇动而不知自身为何与何为。

2. 改革开放以来我国建设现代大学制度的探索

改革开放以来，我国高等教育事业取得了令世界瞩目的发展成就，与1978年相比，2015年大学的数量从598所增加到2560所，本专科年招生人数从40万人增加到737.85万人，本专科在校生数从85万人增加到2625.30万人。我国建成了世界上最大规模的高等教育体系，高等教育毛入学率达到40%，不仅如此，建设现代大学制度的探索有了全新的发展。在探索建设现代大学制度的一个多世纪里，近40年是持续发展、最少曲折的时期，各项现代大学制度建设工作渐次展开、持续推进，有力地促进了我国高等教育事业发展。

第一，我国现代大学制度雏形初现。我国现代大学制度建设重新上路是从恢复"文化大革命"前的基本制度开始的，不过，人们很快就发现只是恢复以前的制度不能满足新时期高等教育发展的要求，应当通过改革和建设重构我国现代大学制度体系。事实上，明确使用现代大学制度这一概念是21世纪以来的事情，但是，回溯改革开放以来，尤其是1985年《中共中央关于教育体制改革的决定》发布以来所进行的改革和建设的努力，可以发现，近40年所秉承的宗旨和目标是一致的。经过持续不断的努力，我国现代大学制度的基本框架已经成形，主要内容包括：① 基于自主办学原则的大学与政府之间的新型关系。我国《高等教育法》对大学的法人地位有明确规定，相关改革政策文件对大学作为独立法人所享有的自主办学权力有具体要求。国家一再通过深化政府管理改革，加强宏观管理，落实并扩大大学办学自主权。② 以尊重学术自由为基本原则的学术与政治之间的新型关系。学术与政治的关系非常敏感而复杂。改革开放以来，为了繁荣学术、促进我国文化科学技术的发展，学术自由成为改革政策文件的明确要求，我国党和政府对大学的政治管制逐步放宽，大学的学术环境日益宽松。③ 以教授治学为基本原则的大学内部党政学之间的新型关系。落实教授治学是各种相关政策法规的重要精神，建立学术委员会、教授会等以教授为主要组成人员的学术治理机构，参与学校治理，与党委领导和校长治校一道共同担负起管理和办理大学的责任，已经成为大学改革的重要导向。① ④ 以院系自主办学为基本原则的大学内部校院系之间的新型

① 别敦荣，唐世纲. 论教授治学的理念与实现路径 [J]. 教育研究，2013（1）：91-96.

关系。院系是大学内部基本办学单位,扩大院系办学自主权,改变学校集权管理制度,使院系能够尊重各学科专业特点办学,为相关改革政策文件所倡导,部分大学已经开始推进院系自主办学改革。⑤ 以参与治理为基本原则的大学与社会之间的新型关系。为了适应社会问责、管办评分离、合作办学的要求,建立大学与社会直接对接的办学互动机制,保证大学办学能够满足社会需要,已经为大学所广泛接受,并受到政府的鼓励。上述五个方面所涉及的主题重大,构成了我国现代大学制度的基本形态。

第二,党和政府是我国建设现代大学制度的主要动力源。我国建设现代大学制度的动力既有来自大学层面的,也有来自党委和政府层面的,但总体而言,主要还是来自中共中央和国务院以及相关职能部门。自 1985 年以来,中共中央和国务院发布了一系列指导高等教育发展和改革的政策文件,提出了许多重大政策主题,其中,现代大学制度建设一直是题中之意。比如,1985 年发布的《中共中央关于教育体制改革的决定》提出了扩大大学办学自主权、简政放权、加强教育立法的政策。1993 年出台的《中国教育改革和发展纲要》提出了高等教育要逐步形成以中央、省(自治区、直辖市)两级政府办学为主、社会各界参与办学的新格局;改革高等教育体制,解决政府与高等学校、中央与地方、国家教委与中央各业务部门之间的关系,逐步建立政府宏观管理、学校面向社会自主办学的体制等。1999 年公布的《中共中央国务院关于深化教育改革全面推进素质教育的决定》提出了进一步简政放权,加大省级人民政府发展和管理本地区教育的权力以及统筹力度,促进教育与当地经济社会发展紧密结合;切实落实和扩大高等学校的办学自主权,增强学校适应当地经济社会发展的活力;加强对高等学校的监督和办学质量检查,逐步形成对学校办学行为和教育质量的社会监督机制以及评价体系,完善高等学校自我约束、自我管理机制等政策。2010 年颁布的《国家中长期教育改革和发展规划纲要(2010—2020 年)》提出了推进和完善学分制,实行弹性学制,促进文理交融,创立高校与科研院所、行业、企业联合培养人才的新机制;完善中国特色现代大学制度,完善治理结构;各类高校应依法制定章程,依照章程规定管理学校;尊重学术自由;探索建立高等学校理事会或董事会,健全社会支持和监督学校发展的长效机制;鼓励专门机构和社会中介机构对高等学校学科、专业、课程等水平和质量进行评估等政策。此外,根据国家法律和政策要求,教育部还制定了一系列的行政法规和政策文件,以推进现代大学制度建设,比如,《高等学校章程制定暂行办法》《高等学校学术委员会规程》《普通高等学校理事会规程(试行)》,等等。这些政策规定的出台表明党和政府高度重视建设现代大学制度。

第三,建设现代大学制度是根据我国国情提出的高等教育体制改革任务。改革开放以来,党和政府的工作重点转变到了经济建设上,各项社会事业发展渐入正轨,经济社会现代化建设持续推进,高速发展,且取得了重大的成就。仅就经济规模而言,1978年我国国内生产总值(GDP)为3678.70元,2015年我国国内生产总值达到676708亿元,成为世界第二大经济体。[①] 我国大学和高等教育发展因此有了用武之地,现代大学制度建设不断深化。为了达到多出人才、出好人才的目的,1985年的《中共中央关于教育体制改革的决定》提出了扩大大学办学自主权的改革要求。20世纪90年代初,市场经济初步得到发展,经济增长表现出高速发展的强劲势头,经济发展对各级各类高层次人才的需要日益旺盛,《中国教育改革和发展纲要》提出了要建立政府办学为主、社会各界参与办学的新体制,确立了民办大学制度建设的政策依据。世纪之交,我国经济社会发展持续高速推进,比如,1999年国内生产总值达到82054亿元,经济总量达到了一个很高的水平,排世界第七位。[②] 生产的大规模发展对高等职业技术人才的需求更为迫切,不仅数量庞大而且种类多样,为此,国家出台按新的管理模式和运行机制举办高等职业技术教育的政策,拓宽了我国建设现代大学制度的空间。21世纪以来,全面建设小康社会和基本实现现代化进入攻坚阶段,经济社会发展成果共享成为时代主题,实现国家治理体系和治理能力现代化成为党和政府的重要议事日程。在我国现代大学制度建设中,治理理念、治理结构和治理能力建设成为政策热点,建立和完善评估认证制度、问责制度、协同合作办学制度等得到发展。

第四,学习和借鉴其他国家的经验仍具有现实意义。改革开放以来,我国开始了建设现代大学制度的新探索,与以往相比,这一时期并没有确定哪一个国家的现代大学制度为我国的范例,但确实参考和借鉴了高等教育发达国家的经验,而且这种学习和借鉴常常是理念性的,而非具体形式的,是一种与我国国情和高等教育发展需要相结合的学习和借鉴。比如,20世纪70年代后期和80年代,我国建立起了满足成年人接受高等教育需求的自学考试制度和函授教育制度,虽然不能排除参考了英国大学校外考试制度和空中大学制度的可能,但也不乏我国自身的创新。为了改变我国高等教育过于刚性、过于专业

① 统计公告. 国家统计局 [EB/OL]. http://data.stats.gov.cn/search.htm?s=GDP.
② 国家统计局. 中国统计年鉴 [M]. 北京:统计出版社,1999(18).

化的状况,我国大学逐步建立了选课制度、转专业制度、双学位制度、学分制、弹性学制、通识教育制度等,这些制度的建立或多或少都受到了美国现代大学制度的影响。为了满足社会高层次专业人才深造的要求、加强我国经济社会发展的创新能力建设,我国学习美国和其他有关国家的经验,建立了专业学位制度,立足自身培养学士、硕士和博士专业学位人才。21世纪以来,部分大学探索建立书院制,为大学生营造更优良的学习和生活环境,英国牛津大学和剑桥大学的经验发挥了积极的影响。在互联网和信息技术日益发达的今天,发达国家,尤其是美国利用互联网和信息技术发展起来的虚拟大学、慕课、云课程等对我国的影响越来越广泛。我国政府和相关大学积极行动起来,建立我国自己的线上线下相结合的教育制度,不但加强了我国高等教育的现代性,而且壮大了我国高等教育的潜力。

(二)新时期我国建设现代大学制度的时代使命

从清末到现在,我国建设现代大学制度的探索经历了一个多世纪,特别是改革开放以来,不但初步勾勒出了我国现代大学制度的基本架构,而且在现代大学制度建设的各方面都进行了积极的尝试,取得了重要进展。正因为如此,才有了我国高等教育事业的快速发展,超大规模高等教育的举办和运行才有了基本保证。不过,应当承认,我国现代大学制度建设是一个长期的任务,也是一项系统工程,未来的建设任务依然艰巨。

1. 我国现代大学制度存在的主要问题

近40年来,我国高等教育体制改革解决了建设一个什么样的现代大学制度的问题。但由于现代大学制度建设与社会变革本身具有高度的相关性,现代大学制度建设不是在一种真空条件下的项目设计和实践,所以,现代大学制度建设不但取决于高等教育系统内部各方面关系的改善与调和,更涉及大学与社会,包括大学与党政组织之间关系的重新调整和定位。由于高等教育内外各种复杂因素的影响,我国现代大学制度仍存在明显的不足,不能很好地适应经济社会发展要求。

第一,大学制度与高等教育发展的要求还存在较大差距。21世纪以来,我国经济社会发展进入了向全面小康社会冲刺的阶段,大规模的经济体、转型发展的经济生产、走向现代化和全球化的社会生活对高等教育发展提出了新的要求,发展大而强的高等教育,实现高等教育由大众化向普及化的过渡,提高国民的整体受教育水平,造就数以百万计、千万计的创新创业人才,是我国高等教育发展必须完成的答卷。显然,不论是发展更大规模高等教育的要求,还是发展更高水平高等教育的要求,我国大学制度都难以提供有效的支持,难以保障这些任务的完成。

第二,行政化严重制约了大学功能的发挥。行政化问题是一个长期困扰我国现代大学制度建设的问题,去行政化的要求提出来已经有一定时期了,非但没有取得明显进展,似乎还有不断加剧的趋势。在行政化的影响下,学术决策成为行政决策,学术计划成为行政计划,学术目标成为行政目标,学术活动必须依靠行政体制才能得到开展。离开了行政,大学寸步难行,所有的学术人员,包括教师和学生,只能听命于行政,一切唯行政是从。[①] 大学功能俨然如行政功能,只要服从行政程序和行政指令,就能得到所需要的结果。实则大不然,行政化不但没有带来大学功能的优化,而且还使大学办学偏离了正常的轨道。

第三,大学的法人地位未能得到落实。我国大学的法人地位问题是20世纪末提出来的,《高等教育法》对此做出了明确的规定,但是,有法不依导致大学的法人地位并没有得到落实。我国大学仍然是各级党委和政府的附属机构,党委和政府的指令直接发送到大学,成为最重要的办学动力。我国大学虽然拥有法律意义上的法人地位,在实际办学中仍然扮演了各级党政部门执行机构的角色,实质性法人地位的缺失导致我国大学制度难以发挥应有的作用。

第四,大学作为学术组织的特性在内部治理中未能得到充分张扬。作为党政组织的附属机构,我国大学不但在处理外部关系时表现出遵循非学术逻辑的特点,而且内部运行具有鲜明的行政化色彩,学术组织的特性未能得到彰显。在大学内部,权力集中于校院系党政机关和领导,教师发挥作用的空间十分有限。尽管自20世纪中期中央就提出了大学内部民主管理和民主监督的要求,21世纪又提出了教授治学的要求,而且明文规定大学必须建立和完善学术委员会制度,使教师成为大学内部学术治理的重要力量,但权力的重新分配和新旧制度的博弈都不是简单的算术加减法,不仅需要时间,更需要勇气和智慧。

第五,大学内外社会治理机制仍不完善。社会参与大学内外治理是20世纪后期以来国际高等教育界发展起来的一种共同趋势,我国大学顺应这种趋势,在现代大学制度建设中逐步发展社会参与治理机制,包括建立评估认证制

---

① 别敦荣,徐梅.去行政化改革与回归现代大学本质 [J].中国高教研究,2011(11):13-16.

度、理事会制度等。客观地讲,这些制度与人们的期望相比还存在较大距离,社会中介组织、第三方机构、协同合作办学机制等还处于初步发展中。作为新时期高等教育发展的主要利益相关方,在现代大学制度建设中,社会参与治理机制还有待不断完善。

2. 新时期我国建设现代大学制度的主要任务

建设现代大学制度非一日之功,需要持续不断地努力和积淀。新时期我国大学发展的起点发生了重大改变,目标和任务都增添了新的内容,我国已经摆脱了经济社会发展水平积贫积弱的状况,成为世界上有重要影响的国家。我国不仅发展起了世界上最大规模的高等教育体系,而且人才培养水平和科技创新能力都得到了显著提高,实现了立足于国内培养我国经济社会发展所需要的各类高级专门人才、立足于国内科技创新实现经济社会的转型发展。现代大学制度建设要紧扣时代脉搏,抓住发展主题,争取新的发展和突破。

第一,进一步落实大学法人地位,建立自主办学体制。自主办学体制是现代大学制度的基本要素,自主办学体制与大学的法人地位相辅相成,无法人地位便谈不上自主办学。[①]落实大学法人地位是我国现代大学制度建设的核心。我国已经通过法律明确了大学的法人地位,且通过持续不断的改革,不断扩大大学办学自主权,这是不可否认的事实。但大学的法人地位未能得到落实,大学依然是党政组织的附属机构的问题仍然没有得到突破,大学办学的自主性仍然非常有限,也是不争的事实。大学与党政组织之间关系的调整和改善仍然是我国现代大学制度建设的主要任务。在大学法人地位的基础上建构大学与党政组织之间的关系,让大学的归大学,让党政组织的归党政组织,大学与党政组织之间的联系则通过公共治理机制来调节,如此便可建立起我国大学自主办学体制。

第二,深化去行政化改革,建立学术化的大学办学制度。学术的行政化和学术组织的行政化是我国大学的两大病灶,行政化会使高等教育规律失效,使大学的逻辑错乱,使大学的价值和精神异化,尤其是过度的行政化,更会使我国大学不像大学,大学的功能难以得到发挥。如果说以往尚不具备解决大学行政化倾向问题的条件,那么,随着政府管办评分离改革和"放管服"改革的不断深化,大学去行政化改革的环境和氛围将越来越适宜。去行政化改革的

---

① 别敦荣. 我国现代大学制度探析 [J]. 江苏高教,2004(3):1-3.

主导权在党政组织,落脚点在大学。这并不意味着去行政化改革大学完全无能为力,只能等待。实际上,在大学内部,尤其是在大学基层和学术事务上,淡化行政色彩,更多地发挥学术的力量,运用学术的方式,包括研究、讨论、协商和评议的方式来处理教学和科研及相关事务,还有很大空间。上下用力,通过去行政化改革,用学术逻辑引导和规范大学办学,建立现代大学制度的基础。

第三,完善党政学共治制度,强化大学学术组织特性。大学是学术组织,但在举办和管理大学的时候,其学术组织的特性往往被遮蔽了,而更多地表现出政治性和行政性组织的特性。大学内部党政领导和机关包办大学所有决策及执行事务,教师在大学事务的决策及执行过程中基本没有发挥作用的空间,学术委员会或教授会制度改革不到位,发挥的作用非常有限。在我国现代大学制度中,党委和行政制度已经非常健全完善,教师参与治理制度还相对薄弱。没有学术力量作用的发挥,我国现代大学制度不可能扎根在学术基础之上,现代大学制度的基本逻辑也不可能包括学术逻辑。新时期现代大学制度建设应当在如何更好地发挥教师的作用上下功夫,变两种力量治理为三种力量治理,建立党委、行政和教师共同参与治理制度。

第四,进一步扩大开放办学,完善社会参与大学治理制度。开放办学、社会参与主要涉及两个方面,即社会参与办学和社会参与治理,二者既相联系又相区别。在我国现代大学制度建设中,社会参与办学机制建设的难点主要在相关企事业单位,而社会参与治理机制建设的难点则在大学。新时期我国高等教育发展将面临普及化阶段的到来,高等教育与社会的联系将日益紧密,进一步扩大开放办学,加强社会参与,是我国现代大学制度建设不能忽视的主要任务。大学应当不断强化治理理念,以更加开放的眼光和心态看待社会参与,建立健全社会参与治理制度,构筑大学办学与社会对接的桥梁,从而有效地保证人才培养、科技创新,更好地满足经济社会发展的需要。

我国建设现代大学制度的任务绝不只是这几个方面,还有很多其他方面的任务,包括非常重要的制度理念建设。制度理念建设不能孤立地进行,需要与其他具体的制度建设相结合。应该说,我国现代大学制度建设已经在理念建设方面进行了积极的探索,比如,自主办学理念、学术自由理念、教授治学理念、社会参与理念等,已经逐步为各方所认同和接受。在新时期我国现代大学制度建设中,应在推进各项具体制度建设的同时,将制度理念的创新与践行结合起来,达到制度的形式与实质同生共荣,发挥现代大学制度应有的功效。

3. 新时期我国建设现代大学制度的主要路径

改革开放以来,我国现代大学制度建设主要采取了自上而下的路径。显然,这与我国高等教育体制和现行的国家政治、社会制度及其改革路径是相吻合的。新时期我国现代大学制度建设的环境和条件更加有利,使命和任务有了重要变化,建设路径也应进行相应的调整和完善。

第一,加强顶层设计,构建我国现代大学制度建设蓝图。我国现代大学制度建设缺乏整体蓝图设计,不同政策措施的出台缺乏有效的衔接,有"摸着石头过河"的意味。进入新时期,现代大学制度建设应当汲取以往的经验教训,加强顶层设计,绘制我国现代大学制度建设的蓝图、路线图和时间表,对未来发展图景有一个清晰的认识,整体设计,分步实施,层层深入,形成系统、完整、协调和有效的现代大学制度体系。

第二,落实法律精神,依法建设现代大学制度。现代大学制度建设应当避免随机性,避免颠覆性的推倒重来。新时期应当进一步加强高等教育法制建设,使现代大学制度的法律体系更加完备,各种制度之间更加衔接协调。与此同时,不断强化依法治教精神,将现代大学制度建设与法律规范的落实紧紧地联系起来,加强执法检查和督导,建立违法必究的问责机制,是保证我国现代大学制度建设权威性和有效性的根本路径。

第三,建立共促机制,发挥党委、政府、大学和社会四个方面的积极性。继续发挥各级党委和政府的主动性和能动性,对推进我国高等教育体制改革,确保改革的顺利进行,建设现代大学制度,具有重要意义。同时,调动大学和社会的积极性,让大学和社会更加积极主动地参与现代大学制度建设是必要的。应当建立四方共促机制,将党委、政府、大学和社会置于共治的框架下,使四方的努力形成合力,共同促进我国现代大学制度建设。

第四,调动教师的积极性,加强学术力量的影响。建设高等教育强国,建设世界一流大学和一流学科,让各级各类大学办出特色、办出水平,为社会培养数以千万计的创新创业人才,促进经济社会转型发展和现代化国家发展目标的实现,我国大学必须回归学术逻辑,改变传统的办学方式。学术逻辑和大学的内在价值主要由教师所代表,充分重视教师的作用,更好地发挥学术力量的专业智慧,对党和政府、对社会都是有益无害的事情。

五、现在大学制度研究的新起点

现代大学制度研究是一个现代话题。它伴随着现代大学的产生而产生,伴随着现代大学的变革而不断发展。洪堡和费希特等人关于创立柏林大学的相关论述可以看作现代大学制度研究的滥觞,纽曼关于大学理念的演说则往往被看作为古典大学制度的辩护。现代大学及其相关制度的探索在两个多世纪里支撑了现代大学的成长和发展。

我个人的高等教育研究是从管理切入的,一则是因为我硕士阶段是研究教育管理的,二则是因为我参加工作后的第一项任务就是承担"高等教育管理"这门课程的教学任务,所以,很早就开始关注现代大学制度。后来指导研究生,也有意识地引导他们以现代大学制度为选题进行专门研究,因此,我和我的团队在现代大学制度研究方面着力甚多,也取得了一批研究成果,比如,就博士学位论文而言,就有郭冬生的《论大学本科教学管理制度及其改革》(2003 年)、秦小云的《大学教学管理制度的人性化问题研究》(2005 年)、米俊魁的《大学章程价值研究》(2005 年)、陈亚玲的《论我国学术转型与现代大学制度的建立》(2007 年)、吴国娟的《大学制度伦理反思》(2008 年)、赵映川的《我国高等学校教师津贴制度研究》(2009 年)、彭阳红的《"教授治校"论》(2010 年)、张征的《新自由主义背景下大学制度变革研究》(2011 年)等。

2012 年底,我担任厦门大学高等教育发展研究中心主任。考虑到自己以往的研究基础和中心的有利条件,我想对现代大学制度做一个比较全面深入的研究,便于 2013 年组织中心内外的研究力量成立了一个团队,申请了全国教育科学规划课题"现代大学制度研究——历史与现实的反思",部分研究工作同步进行。2013 年底课题得到批准,2014 年 3 月举行开题报告会,全面启动各项研究工作。经过三年的研究,最初计划的各项研究任务基本完成了,取得了比较丰硕的研究成果,发表了一批学术论文,团队中的博士和硕士生完成了几篇学位论文。据不完全统计,近三年课题组发表了 30 多篇期刊论文,其中,有 15 篇发表在 CSSCI 期刊上,有 7 篇博、硕士学位论文通过了答辩。可以说,比较圆满地完成了课题研究任务。

为了展示"现代大学制度研究——历史与现实的反思"课题研究的成果,我将团队研究成果中的部分博士学位论文和我个人的研究成果选编出来,出版一套丛书,从一个侧面反映"十二五"期间厦门大学高等教育发展研究中心关于现代大学制度研究所取得的成果。我与中国海洋大学出版社进行了协商,出版社领导十分重视,给予了积极的响应。海大出版社非常重视高等教育学术著作出版,是全国有重要影响的高等教育学术著作出版单位,与我合作一向非常愉快。

这套丛书由九部著作组成,包括别敦荣著《现代大学制度:原理与实践》、唐世纲著《大学制度价值研究》、徐梅著《大学行政组织机构及其改革研究》、彭阳红著《"教授治校"论》、刘香菊著《治理视野下的大学院长角色研究》、石猛著《民办高校治理能力及其现代化》、唐汉琦著《高等教育治理改革的价值研究》、汤俊雅著《现代大学治理中的教师角色研究》和陈梦著《大学校长遴选制度研究》。除了《现代大学制度:原理与实践》涉及面较广外,其他八部著作都选取现代大学制度的一个方面进行专题研究,所以,比较深入透彻。

课题研究任务虽然完成了,但现代大学制度的研究不会终止。结题是一个新起点,我还会与团队成员一起在这个领域继续耕耘下去,尤其是将在我国现代大学制度的理想范型与现实诉求的关系中去探求平衡之策,以推进我国现代大学制度的完善和建设。

别敦荣

于厦门大学海外楼工作室

2017 年 2 月 27 日

　　改革开放之后,民办高等教育崛起并逐渐成为我国高等教育的重要组成部分,民办高校也部分地获得了与公办高校平等的法律地位,这意味着私立教育的复兴。民办高校的快速发展从一定程度上弥补了高等教育供给量的不足,促进了我国高等教育大众化,加快了高等教育普及化的步伐。但从高等教育竞争、经济社会发展需求的角度看,如果没有质的提升,民办高校将难以满足社会的需求,同时也将面临更大的竞争压力。提高民办高校办学水平和办学质量,需要解决很多问题,但关键之一是提高管理水平,实现治理能力现代化。治理理论在不同领域的运用,说明了治理理论的普适性,但不同领域的治理却有不同的意义。民办高校治理是治理理论在民办高等教育领域中的应用,是为了解决民办高等教育发展过程中的问题。民办高校治理能力是解决民办高校治理的问题实现治理目标的能力,民办高校治理能力提升的过程是治理能力现代化的过程,这两者是统一的。投资办学是民办高校治理能力现代化问题的根源,所以民办高校治理与公办高校治理面临不同的问题,主要表现在董事会制度、家族化办学以及行政团队制度等几个方面,这也构成了民办高校治理能力现代化的分析框架。

　　董事会制度是以董事会为核心的治理体系,体现了董事会在遴选功能方面的办事效率,也体现了自治、民主的价值理念。当前,民办高校在形式上确立了董事会的最高决策权力,从政策文件性质的董事会到现实中成立的董事会,这种制度设计有其合理性。但民办高校董事会制度在运行过程中存在着一定程度的偏离,主要表现在董事会成员的结构比例失衡,权力过于集中;董事会运行不规范,缺少监督;董事长与校长权利与责任不明,甚至矛盾突出。治理能力现代化要求对民办高校举办者形成产权保护、对其权力进行制度约束、规范其与校长的关系等。

家族制与家族化是两个不同的概念,家族制因其决策权力集中、家族荣誉感强和利益高度统一的特点,在民办高校发展中发挥了重要作用。民办高校过度的家族控制导致了家族化管理,致使学校管理建立在学校系统和家族系统之上,家族成员通过控制学校的发展,实现了家族利益,由此形成了家族利益与公共利益、家族权力与权力制衡、家族主导与利益相关者参与的矛盾冲突。治理能力现代化要求对民办高校举办者的行为进行必要的约束,同时也要求举办者应该有一种公益性的自觉。

高校行政团队是以校长为首的高级管理团队。总体来看,高校行政团队经历了校长即行政团队、专门化的行政团队、职业经理型的行政团队几个阶段,当前主要表现出专职化、规范化和市场化等方面的特征。我国民办高校行政团队经历了以管理层为主体的行政团队、专门化的行政团队和非专业化的行政团队三个阶段,而且职业化的趋势相对比较明显。当前民办高校行政团队还存在着保障机制缺失、结构不规范、专业化水平低等问题,以至于校长办学权无法得到落实,行政管理队伍不稳定,影响了民办高校办学水平的提高。治理能力现代化要求完善民办高校校长的公共管理制度、明确校长的地位和行政团队的结构、形成对校长的监督与激励。

不完善的董事会制度、过度的家族控制与非专业化的行政团队问题影响了民办高校办学水平的提高,所以,民办高校治理能力现代化问题的提出,其根本目的在于提升办学水平。从吸引社会力量投资办学,同时又规范学校发展的角度,民办高校治理能力现代化应该尊重投资者的需求,形成利益相关者参与决策的结构体系、权力运行的制衡机制。与此同时,推动民办教育立法,对举办者进行产权激励;完善章程建设,完善内部治理结构;加强行政团队建设,促进领导团队职业化,等等,都是实现民办高校治理能力现代化的重要举措。

目 录

第一章　引　言……………………………………………………1

第二章　民办高校治理能力的内涵及其影响因素………………27
　第一节　治理理论与民办高校治理………………………………27
　第二节　民办高校治理能力的影响因素…………………………37
　本章小结……………………………………………………………55

第三章　民办高校治理能力现代化及其分析框架………………56
　第一节　民办高校治理能力现代化的要求………………………56
　第二节　民办高校治理能力现代化的分析框架…………………67
　本章小结……………………………………………………………79

第四章　董事会制度与民办高校治理能力现代化………………80
　第一节　民办高校董事会制度及其发展…………………………80
　第二节　民办高校董事会制度的规范……………………………88
　第三节　民办高校董事会制度与治理能力现代化的关系………95
　本章小结……………………………………………………………109

第五章 >>> 家族化办学与民办高校治理能力现代化 ········· 110

第一节 家族制与民办高校发展 ·················· 110

第二节 家族化与民办高校投资办学 ············· 126

第三节 家族化办学与民办高校治理的悖论 ········· 135

本章小结 ······························· 148

第六章 >>> 行政团队制度与民办高校治理能力现代化 ········· 149

第一节 高校行政团队职业化及其结构 ············· 149

第二节 民办高校行政团队及其特征 ············· 161

第三节 民办高校行政团队制度与治理能力现代化的关系 · 168

本章小结 ······························· 183

第七章 >>> 民办高校治理能力现代化的要求及其路径 ········· 184

第一节 民办高校治理能力现代化的经验借鉴 ········· 184

第二节 民办高校治理能力现代化的要求 ··········· 193

第三节 民办高校治理能力现代化的路径 ··········· 206

本章小结 ······························· 222

第八章 >>> 研究结论 ······························· 224

参考文献 ································· 228

后 记 ··································· 243

第一章

引　言

　　我国民办教育源远流长。古代私学是中华文明史上一颗璀璨的明珠；宋朝以降，私立书院一度被称为我国历史上具有典型意义的民办大学；19世纪后期，西方现代大学制度被引入我国，我国现代民办高校逐渐发展起来，曾出现了厦门大学、南开大学等一批著名的民办高校。新中国成立后，建立了以全民所有制为基础的新经济制度，民办教育失去了必要的经济基础，民办高校在我国消失近30年之久。改革开放之后，民办教育得到恢复发展，民办高校由举办非学历培训班、高等教育自学助考机构到获得举办高职教育、本科教育和研究生教育的资格，发展成为我国高等教育的重要组成部分。当前，民办高等教育已达"而立"之年，但"先天不足"与"夹缝生存"的困境使许多民办高校发展还面临着一些特殊的问题，突出地表现为法人治理结构不完善、权力划分不清晰、内部关系不顺等方面。解决这些问题，民办高校应该谋求管理创新，关键是实现治理能力现代化。

一、研究缘起与研究意义

　　治理缘于解决问题的实践。民办高校在我国高等教育体系中已不可或缺，但在质量成为时代命题的背景下，还面临着创新管理水平、建设高水平民办大学的需求。由此，引入治理理念，提升治理能力，实现治理能力现代化成为民办高校发展的需要。

（一）研究缘起

　　之前并没有接触过民办学校及相关研究，所以刚进入民办高校工作的时候，笔者对民办学校的最初理解仅限于民间所有，而对于学校的运营知之甚少,但正是在这里笔者开始了对民办教育的最初认知。接下来的六年,笔者见证了学校由专科升格为本科的喜悦,也亲历了教育部本科教学合格评估工作的忙碌,同时也在工作中慢慢成长,从一名普通的职员,晋升为学校管理中层,并被推荐为学校董事会董事。因为在民办高校工作的缘故,笔者得以有机会参观了不少民办高校,拜访过一些民办高校的领导,也走访过省内外一些民办教育主管部门。总体感觉是,民办高等教育的社会地位和影响力不断提升,但民办高校自身深层次的问题也不断显现。

民办高等教育是随改革开放发展起来的,因而也被称为改革开放的受益者。很多举办者正是抓住了改革开放以来的宽松政策环境以及高等教育大众化的有利时机,推动了民办高等教育的快速发展,提升了民办高等教育的社会地位和影响力。第一,民办高等教育办学规模不断增大。1982 年,中华社会大学(北京经贸职业学院)成立,这被认为是我国改革开放后一所政府批准建立的民办大学。1984 年,西安培华女子大学(西安培华学院)、武林大学(浙江树人学院)等民办高校成立,这是改革开放后首批实施全日制专科学历教育的民办高校。不过,这些学校实施全日制专科教育享受的是地方政府的"红利",所以基本是仅限省内招生且毕业生不包分配,但其在政府控制招生计划的年代仍具有里程碑式的意义,被认为是民办普通高等教育的开始。而后,民办普通高等教育机构数、招生数和在校生数不断增长。到 2014 年,全国民办高校包括独立学院在内共有 728 所,占全国高校数的 28.7%;当年招生 172.96 万人,占全国高校招生数的 22.1%;在校生 587.15 万人,占全国高校在校生数的22.3%。[1] 有研究指出,民办学校占比 20%～30%是其与公办学校共同发展的标志,这说明,民办高校已经成为我国高等教育的重要组成部分,我国已经形成了民办高校与公办高校共同发展的格局。第二,民办高校办学层次更为齐整。在浙江树人学院等少数几所民办高校之后,陆续有学校获得了省内筹建颁发文凭的资格。到了 1994 年,浙江树人学院、黄河科技学院、上海衫达学院、四川天一学院四所民办高校获得了教育部的审批,成为民办专科高校,自此"民办高等学校"正式进入国家高等教育计划招生序列。2000 年,黄河科技学院经教育部评审升格为我国第一所独立设置的民办普通本科高校,民办高校由

---

[1] 中华人民共和国教育部. 2014 年全国教育事业发展统计公报 [EB/OL] [2015-07-30]. http://www.moe.edu.cn/srcsite/A03/s180/moe_633/201508/t20150811_199589. html.

此开始了独立进行本科生培养的阶段。2011年,教育部启动了"服务国家特殊需求人才培养项目",西京学院、黑龙江东方学院、吉林华桥外国语学院、河北传媒学院、北京城市学院5所民办本科高校获得了专业硕士学位招生资格。至此,民办高校的办学层次更为齐整,涵盖了专科、本科和硕士阶段。第三,政府开始对民办高校进行财政扶持。早期的民办高校是在政策扶持下建立起来的,但极少获得政府财政经费,办学经费主要靠自筹。近几年,不少省市都出台了扶持民办高等教育发展的政策,为民办高校提供各种形式的财政支持。陕西省"十二五"期间每年单列3亿元专项资金扶持民办高校的发展,"十三五"期间,将把专项资金扩充到4亿元,至今全省18所民办高校已分别累计获得专项资金数百万至1.8亿不等。山东省也开始利用特色名校工程和特色专业工程扶持民办高校发展,2014年山东英才学院等4所民办高校被评为民办本科特色名校,与山东协和学院一起各获得1000万元的名校建设资金,包括这4所学校在内的许多民办高校还获得了每个特色专业200万元的建设资金。最近几年,山东英才学院所获得的政府专项资金和学科专业建设资金已近4000万元。当前,扶持资金到位的已经超过半数以上省市。由此看来,政府对民办高校的支持,已经由政府政策鼓励拓展为实际扶持。不过,从《宪法》提出鼓励社会力量投资办学,到《国家中长期教育改革和发展规划纲要(2010—2020)》颁布,我国的法律政策并不是以鼓励或扶持民办高校为主而是以解决其合法性和规范性问题为主。[①] 分类管理后,政府政策的着力点肯定是扶持,但其对象是民办高校,前提是民办高校自身的规范发展。政府对民办高校的扶持是自身公共性的拓展,是为了创设高水平的民办大学,满足社会的需求。民办高校自身更应该创新管理,办出政府和社会所期待的高水平民办大学。

严格地说,我国大多数民办高校是在条件还不具备的情况下发展起来的,条件建设和内部规范跟不上其扩张的速度。在规范发展的前提下,民办高校深层次的办学问题不断显现。中国民办教育协会在相关研究中概括了民办高校发展的九大问题,除法制建设不够完善、法人属性不清晰、学校法人财产权规定不明确、政府配套政策没有很好落实等宏观层面的问题外,民办高校办学还面临法人治理结构不完善、办学行为不规范等微观层面的具体问题。董圣足指出,民办高校发展存在的各种问题主要有两大诱致性因素,分别是宏观管

① 徐绪卿,王一涛.论我国民办高等教育政策从"规范"向"扶持"转型[J].高等教育研究,2013(8):42-48.

理体制和法人治理制度。① 在宏观管理方面,民办高校存在的最大问题是法人属性不清,平等的法律地位和待遇得不到落实。虽然全国已经有许多省份将民办高校定位于民办事业单位,但在组织机构代码中,并无民办事业法人这种类型,所以在登记时还存在着技术难题。另外,民办高校办学还面临着一系列内部问题,具体表现在:民办高校在成立时都向上级部门递交了章程,但能按照章程办事的学校却很少;虽然民办高校都按照章程规定设立了董事会,但董事会往往形同虚设,董事会决策往往是董事长的一家之言;监督机构虚设,监督作用得不到很好的发挥;虽然民办高校都设立了教职工代表大会,但教职工并不能真正参与讨论学校重大事务的讨论,或者说教职工代表大会并不能解决与他们利益切身相关的问题。徐绪卿深入调研了全国 30 多所民办高校,指出民办高校在内部体制构建与权力运行方面存在诸多问题,具体表现在产权界定、董事会职能、校长队伍建设、党组织作用、内部管理制度、内部控制等方面。可见,民办高校发展确实存在着一些共识性的问题。

以上所述问题可以概括为民办高校的管学问题、办学问题与内部关系问题,涉及了民办高校的内外部管理。外部管理体制不健全、机制不完善,民办高校将不能获得平等的法律地位,缺少办学自主权;举办者一元控制、权责不明晰、运行机制不规范,将会导致矛盾频出,办学成本增加,办学效益减少。最近几年,民办高校发生了许多内部管理不规范而引起的违规或侵权事件,像董事长与校长矛盾的案件(《中国教育报》2004-7-18)、母子矛盾引发教师辞职学生罢课的事件(《北京青年报》2015-11-11)、举办者豪赌败业至银行行长追债无果自杀的事件(中国日报网 2016-9-10)等,有的学校因之而倒闭或转让,或被政府接管。这些问题不仅影响着民办高校自身的发展,还从一定程度上影响着整个民办高等教育的声誉,阻碍着社会资金的融入,如果处理不好,可能会影响来之不易的民办高等教育稳定发展的局面,影响高等教育发展的大局。处理好这些问题,归根结底还是要处理好民办高校与外部主体间的关系,处理好民办高校内部组织间的关系,主要是处理好民办高等教育的行政管理体系和内部管理问题,本质上是完善治理结构体系,处理好权力配置与制衡的问题。所以,民办高校治理能力的提出,源于民办高校治理实践的需要,是为了提高民办高校的管理水平,提高办学质量,建设高水平的民办大学。

---

① 董圣足. 民办院校良治之道——我国民办高校法人治理问题研究 [M]. 北京:教育科学出版社,2010:4.

民办高校治理与民办高校管理是不同的，正如格里·斯托克所说，如果两者有什么差异，那也只在于过程。①言外之意，治理和管理的目标基本是一致的，都是为了保证集体秩序和集体行动，并使集体组织利益最大化。这两者在过程方面的差异表现在，治理更重视组织成员间的协商，更注重发挥利益主体的积极性与主动性，又叫共同治理。为了实现治理目标，詹姆斯·罗西瑙提出应该以"善"作为中介，即善治的标准。善治标准至少包括四个层次，一是法治性。善治必须是依法治理，体现为管理制度健全、信息公开与透明、管理有序。二是民主性。管理活动参与度高，通过民主协商、协调的方式解决管理活动中的矛盾。三是责任性。管理人员守法、公正，能够为自己的管理行为负责。四是有效性。管理活动有效率，而且效果好。这四个层次的要素是现代社会文明的先进属性与价值追求，在各领域都具有普适性。治理是这些现代性要素在管理过程的嵌入，是为了更好地实现组织的目标。由此我们可以得出结论：现代性要素嵌入民办高校管理的过程是民办高校治理能力提升的过程。所以民办高校治理并没有全盘否定管理，而是对管理的超越，其目的在于提升学校的办学水平，核心路径在于实现治理能力现代化。

我国当代民办高等教育发展到现在也才只有 30 多年的历史，许多民办高校刚完成建制，缺乏现成的经验积累，所以政府和民办高校都处于摸石头过河的状态。相对而言，民办高校的治理水平比较低。本书之所以提出民办高校治理能力现代化，主要是探讨民办高校治理能力的基本构成要素和治理能力现代化面临的关键问题，通过这些问题的解决达到提高民办高校治理能力、提升办学水平的目的。为此，本书着重探讨以下几个方面的问题。

第一，何谓民办高校治理能力？影响民办高校治理能力的因素有哪些？民办高校治理是治理理论在民办高等教育领域中的应用，由于身份属性、发展背景和发展的阶段性等原因，民办高校治理与公办高校治理面临不同的问题。提升民办高校治理水平，实现治理能力现代化，首先应该基于民办高校治理能力的特殊性，具体分析民办高校治理能力的影响因素。

第二，何谓民办高校治理能力现代化？民办高校治理能力现代化的困境如何？民办高校治理能力现代化的过程是民办高校治理能力提升的过程，本质上也是民办高校办学能力提升的过程。民办高校的特殊性决定了治理能力

---

① 转引自〔英〕格里·斯托克. 作为理论的治理：五个论点 [J]. 国际社会科学杂志（中文版），1999（2）：19-29.

的提高应主要解决领导体制方面的问题,而董事会、家族成员、行政团队是民办高校发展的主要依靠力量,董事会制度、家族化办学以及行政团队制度成为民办高校治理能力现代化的问题分析框架。

第三,如何实现民办高校治理能力现代化?民办高校是一个复杂的组织,治理能力的提升必须依据其组织特点。民办高校的基本特征是投资办学,这是民办高校治理面临的各种问题的根源,民办高校治理能力现代化应该尊重投资者的获利需求,并在此基础上进行相关制度设计。

(二)研究意义

从统治到管理,再到今天的治理,既是管理理念的变革,也是管理技术的革新。民办高校治理是治理理念在民办高等教育领域的应用,民办高校治理能力现代化是针对民办高等教育实践中的问题而进行的管理范式改革,本书在现实指引与理论借鉴方面具有重要意义。

本书有助于提出解决民办高校发展问题的新理念与新技术。从世界高等教育发展历程来看,民办高等教育的健康发展是社会的需要,也是时代的需要。我国民办高等教育整体上还面临着很多管理方面的问题,这些问题归结起来,其核心是决策权力的分配。民办高校治理能力现代化研究基于民办高校治理的阶段性与特殊性提出其所面临的关键问题,分析这些问题存在的原因及其影响,并最终提出民办高校治理能力提升的措施。所以,本书能够吸引举办者、办学者以新的理念与技术关注民办高校发展面临的关键问题,采取措施以促进整个民办高等教育的健康发展。

本书有助于推动民办高校现代大学制度建设。现代大学制度是为解决古典大学之后,大学自身发展问题与大学社会性发展问题而建立起来的制度,是维护大学精神和提升大学发展水平、实现大学职能的制度。通过高等教育发展史的研究可以发现,大学制度是西方高水平大学建设的重要举措,也是我国当前高等教育改革的重要任务,高水平民办大学必须要进行制度建设。一般而言,现代大学制度建设要求处理好大学与政府、社会等方面的外部关系,同时也要求处理好大学组织内部各机构间的关系。治理无论是作为一种理念,还是一种实践,都要求以协调为基础,处理好外部和内部利益相关者间的关系。民办高校治理能力现代化的研究,要求从善治的视角审视民办高校发展的内外部环境,重视结构体系建设和主体能力建设,这都是大学制度建设的重要内容。因此,本书有助于举办者、办学者在提升民办高校治理能力的同时,推动民办高校现代大学制度建设。

本书有助于丰富和深化高等教育治理理论。随着民办高等教育社会地位的上升,民办高校发展愈发受到社会的重视,民办高等教育也成为重要的研究领域。此前,治理理论已经成为学术界追逐的热点,但主要还是应用于政治学和管理学等相关领域。民办高校治理是治理理论在高等教育领域的应用,治理能力是治理的衍生概念,所以本书也是治理研究的范畴。不过,治理能力及其现代化的研究突破了以往治理概念、法人治理、内外部范畴等研究纬度,基于民办高校治理能力的特殊性及其构成要素,构建民办高校治理能力现代化的分析框架,解决民办高等教育发展中的关键问题。本书有利于丰富和深化高等教育治理理论,以新的视角为民办高校的健康发展提供支撑。

二、概念界定

概念界定是对研究中不明确的概念进行的阐释与说明,本书要阐释的核心概念主要是民办高校、治理能力和治理能力现代化。

(一)民办高校

民办高校是现代意义上的私立高校,是教育的一种生成和存在方式,它一般指国家政府机构以外的个人或社会团体以某种方式参与或主持创建高等教育机构,相对独立地行使教育管理权力、实施教育活动的现象,俗称民间办学。[①] 我国历史上也有民间办学,但在改革开放前,私立教育或私立学校对我国来说更像是一个历史的概念。究其原因,可以追溯到 20 世纪 50 年代的国家接管教会大学、院系调整,以及随之而来的社会主义改造。尤其是对私有制的社会主义改造,我国建成了单一的公有制经济,从而使民办教育机构赖以存在的经济基础消失,这是民办教育在我国消失的根本原因。但这并不是说我国不能发展民办教育,只是说没有经济基础就缺少了举办民办教育的可能。

改革开放后,民办教育的发展是国家在财政压力之下的市场选择。国外的意识形态是建立在私有制基础之上的,作为一种观念形态或价值取向,私有是被尊重和保护的,私立学校作为一个名称是可以接受的。但我国在长期的公有制价值观念支配下,私有或私营在理念和实践上都是被排斥的。改革开放之后,我们把新发展起来的公有制之外的经济形式称之为民营经济就有这

---

① 高金岭. 供给与需求,市场与政府——经济学视野中的私立教育 [J]. 广西师范大学学报(哲学社会科学版),2002,(4):26-29.

方面的原因。所以,伴随民营经济的发展,私立教育传统复兴时,私立(private)仍是比较忌讳的,民办(non-government)就被使用而沿用下来。所以,民办高校的"民办"与公办高校的"公办"只有组织形式、举办体制和运营机制的差别,并无所有制性质、类别与层次的差别。针对这两种颇有渊源的办学形式,潘懋元先生直言不讳地指出,民办学校在性质上相当于私立学校,所以,民办学校与私立学校在本质上具有共同的内涵。

民办高校与公办高校在性质上是相同的,他们之间的首要区别是资金来源不同,即民办高校并不主要依靠政府的财政拨款。但无论历史上还是实践中,民办教育都离不开政府的财政经费支持,只是这种财政性经费所占比例并不是很高,所以"主要依靠非财政性经费办学"是界定民办高校的基本点之一。政府财政资助民间力量办学是世界私立教育发展的共性,我国已有许多民办高校获得了不同层次的财政资助,而且从当前的特点看,获得财政资助将是未来政府政策的着力点。民办教育是随民营经济发展起来的,是一种市场选择,其特定内涵是主要依靠社会力量,依靠办学结余、社会集资、政策优惠等完成校产积累。我国民办教育经历了一个从白手起家、低标准设置、利用社会资源带动发展的时期,迈向规范、提高与发展并举的历程。因此,其办学结余和积累具有很强的公益财产的特征。① 相对于公办学校,民办学校是非政府办学,除去前述办学经费自筹这一特征外,另一个标志性特征体现在运营体制机制上。从实践来看,民办高校无论由谁投资举办,都由民间来运营,董事会领导下的校长负责制是运营体制机制的最好诠释。根据这两点,民办高校是国家政府机构以外的社会组织或个人,主要利用非财政性经费,面向社会举办、独立办学和由民间经营,并得到教育行政部门批准的具有独立颁发高等教育学历文凭资格的高中后学历教育机构。② 民办高校并非是一个学校产权归属和所有制性质的概念,而是指一种办学的组织形式。③ 很多独立学院也具有民间办学的特征,但根据教育部 26 号令,独立学院还面临着转制的要求。考虑到其过渡性,独立学院不在本书探讨之列。另外,民办高校还包括其他从事非学历教育的民办高等教育机构,本书也不做探讨。所以,本书所探讨的民办高

---

① 孙霄兵,黄兴胜. 中国大陆民办教育的发展与立法 [J]. 教育研究杂志(大陆版),2003
(3):4-15.

② 徐绪卿. 我国民办高校内部管理体制改革和创新研究 [M]. 北京:中国社会科学出版
社,2012:20.

③ 吴开华. 论我国私立学校的法律性质 [J]. 教育科学,2001(2):37-40.

校主要是指民办普通高校,不包括独立学院和其他的民办高等教育机构,其本质特点主要是主要利用非财政性经费办学、民间经营、高中后学历教育。

(二)高校治理能力

作为一个词语,"治理"并不是一个新近的概念。从当前关于治理的研究来看,历史上的治理与统治、管理是画等号的,并主要用于国家公共管理活动中,只是到了后来才成为其他领域常用的概念。现代意义的"治理"是从词根"统治"派生出来的概念,是对管理活动的描述,它不仅仅指代"统治者"与"政府行为",也不仅限于国家机构,而是涉及各个领域。但与统治、管理相比,现代意义的"治理"是一种新的管理过程,强调形成一个多元主体的利益格局,而不再只有一个权力中心;强调多元主体间的平等协商与合作,利益主体间形成合作伙伴关系。多元主体参与治理实质是通过参与决策,从而分享组织发展或目标实现所带来的利益,所以治理的核心是决策权力的分配。由此,现代治理是一个全新的理念,它反映了民主、科学、协商、合作等现代精神或价值追求,但治理也并不否定管理,而是在这个管理体制内,实现了管理方式的变革,使之融入了现代性的要素或精神。

治理是为了实现共同的目标,所以现代治理是利益主体共同参与的由共同目标支持的活动,又叫共同治理。它基本包含了三个层次,分别是谁来治理、治理的方式是什么、治理的结果是什么。第一,治理是多元主体共同参与的活动。在组织外部,公共部门、私营部门、非政府部门的权力都得到了认可;在组织内部,管理者已不是唯一的权力中心,而是形成了一个多元主体共同参与决策同时参与利益分享的局面。第二,治理的方式是协商或协调。主体间的目的并不完全一致且组织目标的实现又存在着多元主体的依赖,这时就需要主体通过协商、协调来处理矛盾与分歧。第三,治理的结果是要寻求公共利益或共同利益。治理涉及了不同的公私部门和其他部门,也涉及了不同的利益主体,他们之间自主合作关系的建立,是为了保证集体秩序和集体行动,并使集体组织利益或多元主体利益最大化。

在《辞海》中,能力是指一种本领。能力属人,所以能力是人在活动中表现出来的能力。基于治理的概念,治理能力是治理主体共同参与治理活动,最大程度实现治理目标的本领。治理目标能否达到,内外部制度是其前提,所以治理能力又是治理主体在一定的框架体系结构内,充分利用各种资源,开展治理活动,最大限度地实现组织目标的能力。如果以组织为界,治理能力包括组织的治理能力和组织内主体的治理能力,但组织的治理能力主要表现为组织内主体的治理能力。高校治理能力是高校组织的利益主体，在一定的体系框架内，充分利用各种资源，开展治理活动，最大限度地实现办学目标的能力。如果主体是民办高校组织，那么民办高校治理能力可以理解为民办高校组织的利益主体，在一定的体系框架内，充分利用各种资源，共同开展治理活动，最大限度地实现办学目标的能力。从概念来看，民办高校的治理水平外在地表现为治理主体和治理体系两个层面。不过，民办高校的治理体系并不是治理能力的范畴，但它对组织的治理能力有重要的影响。治理主体能力不强，就不能很好地发挥结构体系的作用；主体治理能力比较强，但结构体系不完善，也会影响治理的效果。

（三）治理能力现代化

在西方，现代（modern）与古典相对，其时间是从宗教改革开始的，所以现代主要是指文艺复兴以来的时期。到了18世纪，现代化（modernization）作为一个概念出现，意指实现现代化的过程和实现现代化的样态，用来描绘文艺复兴以来特别是工业革命以来人类社会所发生的整体性的、走向现代社会的变迁过程。[①] 如果把现代化作为一个目标，那么现代化就是预设的，是西方发达国家现代社会的某些具体特征。这些特征代表着社会发展的共同趋势，因而可以作为一个蓝图进行参照。现代化的过程，是对理想目标按一定的价值观念进行设计，并最终实现这一蓝图的过程。

现代化是社会组织结构和思想的现代化，它与现代性是两个并存的概念。相对于传统性，现代性是一种价值需要，能够被贯之以现代的，必须有现代文明的价值属性，这是现代社会所具有的共同的普遍的东西，是人们对现代社会及其现代化发展的一种社会学或哲学反思，代表着对社会文化精神和价值观的反思，即对现代性所蕴涵的价值尺度、价值秩序和价值基础的反思，也代表着与现代文化精神价值观相契合的社会组织系统架构、社会制度安排及其社会成员的生存方式与发展样态。[②] 所以现代化是现代性因素的增长，主要包括两个层面：一是现代化的形态变迁，这个是可以看得见，可以感知的，如组织结构、制度安排、生存方式等；二是看不到的，主要体现在价值或精神层面现代性因素的增长。

---

① 褚宏启. 教育现代化的路径——现代教育导论 [M]. 北京：教育科学出版社，2013：30.

② 邓和平. 论现代大学 [M]. 武汉：武汉大学出版社，2010：8-9.

现代化的蓝图参照标杆是西方，但西方的现代性并不代表一种终极目标，因为所有的国家都走在现代化的道路上。只是我们作为一个后发国家，一直处于追赶西方现代化国家的道路上。但西方所标榜的现代化是在殖民化的外衣下出现的，主要是利于征服、支配与控制的力量；从后果来看，现代化具有侵略性，也具有自励机制，能够使人类丰富多彩的文化模式趋向单一。[①] 所以追求所谓的最为发达的国家，并不是我们追求的现代性，这也是现代化遭受诟病的地方。现代性作为一个过程，意味着在业已现代化的社会内外有一种普遍化现象，但这种普遍性并不代表与实际生活完全一致。现代性的普遍现象并不代表一种普遍模式，所以现代性是有其特殊性在里面的，有一些看似先进的文明的东西，并不一定是适合的，不能照抄照搬。现代化不等于西化说的就是这个道理。

在现代化概念中，现代化的样态并不总是指向一种现实的样态，而是适合社会发展和人们生活需要；是一种质限，是所应具有的先进属性，符合价值认同；是一种动态的过程，没有终点，不会终止于一个具体的历史阶段。治理是管理范式的转变，治理反映了民主、科学、协商、合作等现代精神或价值追求，而这些价值追求是区别于传统的，所以治理又称之为现代治理。也就是说，治理从一开始就是对传统的一种挑战，治理本身应该是一个现代性的概念。从统治到治理、从管理到治理，是"以自由、理性、个人权利为核心的现代价值观以及以市场经济、民主宪政和民族国家为基本制度的现代文明秩序"[②] 在实践中的广泛应用，反映的是管理过程中现代性因素的增长。现代化是带有方向性变革的过程，其追求的方向是那些现代性的价值观或文明秩序。治理能力现代化是治理过程中现代性因素不断嵌入的过程，其目的是变革管理方式、更好地实现组织目标。所以，治理并没有否定管理，反而是在管理的过程中，嵌入有利于组织目标实现的现代性的因素。在当前的语境下，管理能力提高的过程也是治理能力现代化的过程，两者内涵相通。

三、研究综述

治理已经成为我国学术界的热点。笔者基于中国知网（CNKI）数字平台，以治理为主题词进行文献检索，发现与此相关的研究多集中于政府治理、公司

① 吴国盛. 现代化之忧思 [M]. 北京：生活·读书·新知三联书店，1999：55.
② 秦晓. 去意识形态化回归普世价值 [J]. 中国改革，2010（10）：102-104.

治理、高等教育治理三个层面，同时也可以发现，关于高等教育治理的研究已经日渐丰富。其中，1960年，J. J. Corson在《大学与学院的治理》中提出，可以用政府和企业的管理方式来管理高校被认为是较早的高等教育治理方面的研究。1989年，世界银行首次在年度报告《治理与发展》中使用"治理危机"对政府与企业、机关、社会组织之间的关系进行表述。此后，"治理"成为政府部门、公司企业间的流行术语，也成为高等教育领域的重要话语。不过，当前关于高等教育治理的研究多以公办高校为研究对象，少见以民办高校治理为主题的研究。鉴于治理与管理的相关性，笔者以高等教育治理（管理）、民办高校治理（管理）为主题词进行文献检索。总体来看，相关研究主要包括治理理论、公办高校治理、民办高校治理、国际经验借鉴、高等教育治理能力现代化五个层面。

（一）高等教育领域治理理论的引入

从源头上说，"治理"是一个"舶来品"。治理在被引入高等教育领域之前，就已在公共管理、经济学等领域得到相对广泛地应用。高等教育治理是治理视野下一种新型的高等教育管理模式，许多学者在进行高等教育研究时，往往从相关学科视角出发，引入治理理论作为支撑，以便进行理论模型和分析框架的建构。在高等教育治理的理论研究中，利益相关者理论是重要的理论指引。

利益相关者思想的出现，主要源于公司治理的实践。传统上，能被称作公司利益相关者的主要是公司物质资本的所有者，也就是股东。后来，斯坦福研究所指出，公司的发展还需要其他一些利益群体，如果没有这些群体，公司肯定没法生存。这一研究使人们认识到，除股东之外，还有很多群体影响到公司的生存，因此必须重视这些群体的利益，不能只为股东利益服务。这些利益群体就是我们所说的利益相关者。关于利益相关者，弗里曼曾有一个经典描述，他认为影响组织目标实现的人是组织的利益相关者，同时受组织发展影响的人也是组织的利益相关者。至此，利益相关者被作为一个成熟的概念提出，社区、政府等实体也被纳入了利益相关者研究的范畴。

大学是一个利益相关者组织，这是学者们的共识。关于大学利益相关者问题的经典描述源自伯顿·克拉克的经典三角模型。在高等教育治理的相关研究中，我国学者李维安、张维迎等人的主张与弗里曼不谋而合。不过，张维迎认为，虽然每个人对大学的发展都有重要影响，但个人只能承担一部分责任，没有人能够对自己的行为或者对大学的发展承担全部责任，所以每个人就像是一个利益相关者一样,都在大学组织发展中发挥着各自的作用。[①] 根据利益相关者组织不能只为股东服务的原则,高等教育的利益主体不仅包括举办者和办学者,还包括教师、学生、社会团体、市场等内外部利益相关者,这些主体组成了一个利益体系,其共同目的是为了大学组织目标的实现。不同的利益主体具有不同的利益需求,所以,利益相关者参与大学治理的过程就是共同利益最大化的过程,其关键是如何合理配置权力,完善治理结构。从权力配置和利益协调的角度看,大学形成了什么样的治理结构就反映了什么样的主体的利益。反观之,在不同主体利益的驱使下,大学会形成不同的治理结构。[②]

(二)高校治理的研究

关于高校治理的研究,如果没有特别说明,基本可以认为是公办高校治理的研究。有学者以高校为关键词进行研究,有学者以大学为关键词进行研究,除去范畴有所不同外,两者并没有本质区别。总体来看,高校治理层面的研究主要包括高校治理本质、治理范畴等方面的研究。

1. 高校治理本质的研究

作为一种活动的治理。治理是利益主体都参与的活动,能够体现主体利益的主要标志是决策权力,所以决策权力的分配首先成为治理研究的核心问题。尹晓敏指出,大学与利益相关者最重要的联系是决策权力,所以高校治理最核心的问题应该是让利益相关者参与重大事务的决策。基于权力分配的视角,高校治理活动关注的是谁具有决策权力和如何做出决策这两个基本问题。周光礼指出,大学治理应该关切利益相关者之间如何进行权责利的划分,以及采用何种机制对权力进行制衡,所以从制衡的角度来说,治理实质上是一种政治活动。[③] 与大学管理强调行政或学术权威不同,大学治理主要是利益相关者通过某种形式的契约或市场机制,为实现大学各利益相关者责、权、利的平衡,对各种人或组织之间关系进行调整和控制的行为方式。[④]

作为一种制度安排的治理。为了保障公民有参与决策的权力乃至可以分

---

① 张维迎. 大学的逻辑 [M]. 北京大学出版社,2002:19.

② 杨朔镔. 利益相关者治理模式下的大学外部治理结构变革 [J]. 黑龙江高教研究,2014(6):24.

③ 周光礼. 中国高等教育治理现代化:现状问题与对策 [J]. 中国高教研究,2014(9):16-25.

④ 李福华. 大学治理的理论基础与组织架构 [M]. 北京:教育科学出版社,2008:35.

享决策所带来的利益,组织需要形成一定的保障制度。为了保证管理权真正向公民权利回归,治理对外强调社会组织与政府一起行使社会管理权,对内强调社会组织内部成员通过民主协商,共同提高管理水平。所以,很多研究者指出,高校治理是一种制度安排,主要用来解决利益相关者参与办学和管学的问题,其根本目的在于用什么样的制度体系或机制来保证治理活动和目标的实现。[1] 因为高校存在不同的利益相关者,他们之间存在着权力与利益的博弈,治理就是关于他们之间博弈结果的制度安排。[2] 从参与决策、保障利益的角度来说,高校治理是利益主体决策权力的配置模式,需要用制度的形式固定下来。[3]

学者对高校治理本质的理解主要包括"作为活动的治理"和"作为制度的治理"两种观点,虽然其出发点、视角并不完全相同,但都有共同的识别标准,即利益相关者决策权力的分配以及大学组织目标的实现。由于决策权力的分配在一定程度上也是协调权力与利益,所以学者关于高校治理本质的研究具有一定的共性,基本建立了一种共同的话语体系。本质上,大学治理是一个包括活动与制度的概念,作为一种制度,它是利益相关者参与决策的结构安排;作为一个活动,主要体现为利益相关者参与决策的动态过程与方式等。无论治理的本质倾向于哪一个层面,大学治理都具有可控性,所以我们才有条件谈如何提高治理能力。决策活动是在治理结构中开展的,所以结构是基础性条件。[4]

2. 高校治理范畴的研究

治理本质上是利益相关者共同参与的制度安排或活动。尽管学者们关于高校治理的具体表述并不完全一致,但基本包括内部治理与外部治理两个范畴。

自治是大学的传统,自治或自主办学权是学者研究外部治理或判断大学与政府关系的标准。在行政思维取向下,高校外部已经形成了一个既得利益

---

① 郝永林. 大学治理的社会参与:中国情境及其实现 [J]. 大学教育科学,2014(3):29-35.

② 孟韬. 高校治理的本质、机制与国际经验 [J]. 教育研究,2011(2):110-111.

③ 张宏宝."中国模式"高等教育分层治理的理论框架及模式选择 [J]. 现代教育管理,2016(3):15-19.

④ 洪源渤. 共同治理——论大学法人治理结构 [M]. 北京:科学出版社,2010:1.

集团,而高校治理会涉及权力的重组和利益的分配,这必然会影响到他们的利益,从而会遭到他们的反对,因此高校必须处理好与政府等方面的外部关系。[①]哈曼以高等教育系统为边界,以高等教育系统、大学自身、政府为三要素,探讨了这三要素之间的相互关系。在这个问题上,王洪才教授旗帜鲜明地提出,大学自治是大学作为一个学术组织进行治理的内在逻辑,大学自治是大学治理的原型。[②]保持自治是大学的传统,可以为大学实现知识和学问中心的功能提供外部的制度保障。有了这种制度性的保障,大学才能以符合自己规律的方式成长、传承,其运行始终保持在学术轨道上。[③]朱家德研究了新中国成立后至扩招前我国高校的治理,基于现状提出了高校治理的形式有效性与实质有效性问题。他指出,高校治理应该以争取自主权为核心,改革外部治理结构,以处理好府学关系,提升高校治理的有效性。[④]综合来看,在当前的环境下,只有创新外部利益相关者参与治理的机制,才能为大学治理提供有效的保障。

高校内部治理的问题主要在于管理者享有决策权力,而教师、学生等其他利益主体不能参与决策过程,以至于利益相关者的权益受损。所以,高校内部治理的核心在于保证决策权力在学校内部不同利益主体间分配。高校教师是学校内部的一个重要利益群体,是关系到学校功能实现的履行者,因而有关它的研究是高校治理无法回避的一个研究主题。[⑤]但在治理过程中,教师参与程度并没有理论上那么高,以至于获益较小。阿特巴赫指出,随着教师的专门化和专业化,教师已经越来越不能容忍行政管理。教师的权力不应仅仅限于在教学和主要教育活动中做决定,而应是完全参与大学政策的制定。[⑥]否则,高校治理将很难调动教师的积极性,进而将对大学的功能与使命产生不利的影响,教师可以通过评议、建议、控制等形式不同程度地参与学校治理。[⑦]孙芳等

① 时伟. 大学内部治理结构改革的逻辑、动力与路径 [J]. 中国高教研究,2014(11):11-14.

② 王洪才. 大学治理的内在逻辑与模式选择 [J]. 高等教育研究,2012(9):24-29.

③ 钟建芳,李勤. 大学自治:现代大学制度的价值基石 [J]. 中国高校科技,2014(6):40-41.

④ 朱家德. 我国大学治理有效性的历史考察 [J]. 中国高教研究,2014(7):25-31.

⑤ 罗建河,朱沛沛. 高校内部治理中教师权力的谱系分析 [J]. 现代教育管理,2014(7):6-11.

⑥ 〔美〕菲利普•G•阿特巴赫. 21 世纪的美国高等教育:社会、政治、经济的挑战 [M]. 施晓光,译. 青岛:中国海洋大学出版社,2007:267.

⑦ 朱云杰. 高等院校治理研究 [M]. 北京:中国经济出版社,2011:93.

人还关注了高校治理中的学生权力,他们认为学生是高校功能实现的载体,是大学办学水平最重要的体现者,所以学生作为大学的核心利益相关者,天然地具有参与学校治理的权力,否则大学将无法实现权力的动态平稳。①

外部治理的核心是在保持高校自主办学的前提下,处理好学校与政府、社会之间的关系;内部治理主要是处理好内部利益相关者之间的关系。外部治理与内部治理是不可分割的两个纬度,因此,学者对高校治理的研究也不会将两者截然区分开来。赵炬明认为当前高校治理存在问题主要源于四个失衡,分别是政府强势干预学校、行政强于学术、学校强于学生、学校强势于社会。②这四个失衡实质就是没有处理好内外部治理主体间的关系,主要表现为基层民主发挥不够,因此应该推动高校的基层民主建设。

在共同治理的框架下,高校治理应该处理好权力的分配与利益的协调,实现学校组织持续发展的目标,而章程是协调内外部关系、实现共同治理的重要保证。因此,在如何处理内外部关系问题上,大学章程对治理的作用引起了研究者的注意。2014年,别敦荣教授连续发文对大学章程进行了研究,指出大学章程具有纲领性、契约性、规范性的作用;大学章程应该解决大学的附属机构性质的问题、内部过度行政化的问题、内部办学主体权责配置的问题、学术自由制度保障的问题、利益相关者的权益救济问题;大学章程的制定应该让各利益相关者都参与其中,分别以《高等教育法》和《教育规划纲要》为基本依据和指导,对大学自主运行的机制与内部治理结构进行合理的设计。③章程已经明确了校内各组织、机构的权力运行及其相互之间的关系,基于其"小宪法"的作用,有利于保证学校治理的有效运行,所以制定章程是大学治理的有效手段。

(三)民办高校治理层面的研究

民办高校治理与政府治理、公司治理之间存在着本质区别,但他们之间又存在着相通之处,因此,民办高校治理的研究有时被认为是公司治理、政府治理研究在教育学领域的移植和延伸。民办高校治理的研究多以民办高校组织的特殊性为切入点,着重研究民办高校治理的问题与对策。

---

① 孙芳,王为正. 现代大学治理中的学生权力阈限、问题及对策 [J]. 中国高教研究,2014(7):38-41.

② 赵炬明. 建立高校治理委员会制度——关于中国高校治理制度改革的设想 [J]. 中国高教研究,2014(11):1-7.

③ 别敦荣. 制定大学章程的策略探析 [J]. 现代大学教育,2014(2):65-71.

1. 民办高校治理本质的探讨

作为一个典型的利益相关者组织,民办高校治理要求内外部利益主体共同参与治理。民办高校是非营利性组织,由社会力量投资办学,营利性是民办高校组织发展的重要保证,这是其特殊之处。作为一个非营利性组织,民办高校不同于企业,没有具体的所有者。民办高校的举办者不是政府,而是个人或其他社会组织,出现何种治理模式关键是看谁享有控制权力。控制权力是民办高校治理模式的重要识别特征。民办高校治理是关于各利益相关者之间的权利与义务关系、决策与行政和监督关系的制度安排。民办高校治理现实中存在着决策机制不合理、执行机构权责不明、监督机制空缺、官僚化特征明显等问题。[①] 为保护其他主体的利益,民办高校应对目前由投资者控制的单边治理结构进行调整,构成包括投资者和其他利益主体参与的董事会,形成利益相关者参与治理的法人共同治理模式。[②]

2. 民办高校治理范畴的研究

大多数学者从内部治理和外部治理两个层面来分析制约民办高校发展的关键问题以及治理过程中存在的不足与对策。

政府享有公共管理权力,根据权责一致性,政府也应该承担公共管理的责任,而扶持民办教育正是政府责任公共性的体现。基于这种责任,政府应该通过法律法规和政策框架来扶持民办高校的发展,并通过合理的监督与评估规范民办高校的办学行为,引导其良性发展。这是治理视野下,学者、举办者、办学者对政府和民办高校关系的基本要求。为了不过多干预学校事务,现代性的政府还应该"积极培育教育专业中介机构",为民办高校提供专业性的服务,为政府扶持民办高校提供依据。也有学者认为,民办教育发展的动力和增长点在于制度创新,民办高校的发展可以借鉴网络治理理论,形成多元主体参与的外部网络治理模式。

民办高校内部治理的典型特征是董事会领导下的校长负责制,这是所有权与经营权分离的制度要求在民办高校经营管理中的体现。由于价值需求不同,所以民办高校治理存在很多问题,像董事长权力过大的问题、董事长与校长矛盾的问题等。刘根东、吴寒飞认为董事会领导下的校长负责制存在着激

① 靳晓光. 民办高校内部治理模式探究 [J]. 现代教育管理,2016(4):36-41.
② 廖辉. 利益相关者视野中民办高校治理结构的重构 [J]. 湖南涉外经济学院学报,2012(3):7-11.

励、约束不足的问题,应通过健全董事约束与筛选机制、完善校长激励与约束制度等措施,提高内部工作效率。[①] 胡建波认为,民办高校内部治理的关键问题是权力主体的权责关系及制衡问题。解决这些问题必须要修订学校章程,依法完善董事会形式及议事规则,健全制衡和监督制度,完善决策程序,推进专家治校和民主管理。[②]

当然,民办高校的外部治理与内部治理也不是截然分开的。徐绪卿通过多年的民办高等教育实践和研究指出,民办高校治理主要应该把握五个环节,分别为国家制度的顶层设计、尊重利益主体的权利、落实民办高等教育政策、解决好办学自主权、健全内部法人治理结构。他还认为,民办高等教育治理很重要的就是重视内部治理,否则会出现学店乱象。[③] 李勤、钟建芳以江苏省的民办高校为范例,指出民办高校存在内外部常设监督机构不健全、董事会成员机构不合理等问题,认为健全科学合理的产权归属制度、董事准入制度、校长权利保护机制,有利于弥补民办高校法人治理机构的制度缺陷。[④] 杨炜长把外部治理结构称为公共制度,内部法人治理结构称为法人治理制度,并指出完善公共治理制度与法人治理制度是民办高校构建现代大学制度的核心。[⑤]

(四)高校治理的国际经验借鉴

作为一个理念框架,高校治理因高等教育组织的共性而具有同质性,同时,因为各国高等教育传统与现状的差异表现出多样性,即同质异形。发达国家私立高校悠久的历史以及高校崇尚"大学自治、学术自由"的办学传统,为高校健全治理体系、建立治理结构、提高治理能力提供了坚实的保障。

部分学者以国别为视角对高校的治理模式进行了研究。李纪明、王雁、甘永涛等对英国、美国、德国、日本、加拿大的高校治理模式进行了深入剖析。甘永涛指出,当代大学治理结构存在三种国际模式,分别是以美国为代表的内部

---

① 刘根东,吴寒飞. X(低)效率理论下的民办高校法人治理研究 [J]. 中国高教研究,2011(7):15-17.

② 胡建波. 试点探索民办高校内部管理体制改革 [J]. 中国高等教育,2014(15/16):64-66.

③ 徐绪卿. 治理背景下我国民办高等教育管理的转型 [J]. 中国高教研究,2014(8):17-20.

④ 李勤,钟建芳. 制度视域下的我国民办高校法人治理结构分析 [J]. 黑龙江高教研究,2014(9):56-58.

⑤ 杨炜长. 民办高校治理制度研究 [M]. 长沙:国防科技大学出版社,2006:21-22.

人监督为主的关系型治理结构模式,以英国为代表的国家监督为主的行政型治理模式,以法国为代表的中介机构监督为主的复合型治理结构模式。[①]基于国别特征的高校治理模式研究是宏观的高等教育治理模式研究,核心是如何处理高校与政府的关系。在对国外高等教育治理模式研究的基础上,王雁指出,我国现行治理体制应改变政府对高校的管理模式,优化大学内部治理,贯彻"以人为本"的办学理念。[②]

曾志平、杨秀英、郎益夫、刘凡丰等以学校为视角,对高校治理进行了个案研究。这些个案研究的实质是内部治理研究,他们通过研究国外董事会制度、行政团队制度、教授会制度的基本规律和特点,提出了我国高校治理的对策和建议。刘凡丰指出行政权力和学术权力的交融是耶鲁大学治理的主要特征[③],代林利介绍了牛津大学的组织结构形式、利益相关者之间的关系框架[④],赵丽娜指出多方共同参与、交流与协商是美国弗吉尼亚大学共同治理制度成功的关键[⑤]。曾志平在对美国、日本及我国台湾地区的大学治理机构详细分析的基础上,总结了民办高校法人治理制度的基本规律:第一,民办高校法人治理结构并不严格限于财团法人制。第二,民办高校治理并不在于由谁控制,关键是其治理结构是否有科学的安排。第三,民办高校法人治理的普遍哲学在于对权力进行合理安排,形成分权与制衡的机制。第四,民办高校的校长地位特殊,应该设置特别的遴选程序并保障其独立行使职权。第五,民办高校法人应该保障公共产品的伦理本质。[⑥]

(五)治理能力现代化的研究

治理能力现代化是对组织现代化及其适应变革能力的追问[⑦],当前治理能力现代化研究的对象主要包括企业组织、政府部门组织和第三部门组织,而在

① 甘永涛. 英国大学治理结构的演变 [J]. 高等教育研究,2007(9):88-92.

② 王雁. 加拿大大学治理的特点及启示 [J]. 当代教育科学,2010(1):49-51.

③ 刘凡丰. 耶鲁大学治理结构的剖析 [J]. 高教探索,2005(1):27-29.

④ 代林利. 牛津大学治理结构的形成与演变 [J]. 现代大学教育,2007(4):35-40.

⑤ 赵丽娜. 弗吉尼亚大学的共同治理——一条追求卓越之路 [J]. 比较教育研究,2014(7):19-24.

⑥ 曾志平,杨秀英. 民办高校法人治理结构的比较 [J],教育学术月刊,2009(12):62-67.

⑦ 〔法〕让·皮埃尔·戈丹. 何谓治理 [M]. 钟震宇,译. 北京:社会科学文献出版社,2010:20.

研究中明确提出治理能力现代化的多以政府治理、公司治理、高等教育治理为主题。

1. 政府治理能力现代化的研究

政府治理能力现代化包括国家治理能力、地方政府治理能力以及乡村治理能力现代化三个层面,涉及了内涵、问题与对策等内容。魏治勋提出国家治理能力本质上是一种制度能力,国家作为治理主体应该对治理体制进行重构,形成国家、社会组织与公民相结合的自主性治理网络。[①]国家治理能力现代化的关键是加强制度性权力,而非加强专断性权力;重点是如何做到既实现社会有效控制国家,又实现国家有效管理社会。[②]为此,我们要着重处理好三个关键问题:民主制度的建立和完善、政府政治权力的监督与制约、公民政治权利的保障。

2. 公司治理能力现代化的研究

企业组织治理能力现代化的研究多以公司治理为研究主题,而且多以问题、对策研究为主。李维安在为《正确的公司治理》作序时指出,当前的公司治理结构安排更多的是一种强制性治理的要求,因为治理等级高的公司偏少,所以治理风险仍是值得关注的问题。而且公司治理没有固定的模式,应该根据自己的实际情况,选择自己的治理模式。[③]公司治理模式是一种委托代理模式,委托代理的问题根源在于信息不对称。所以,实现信息对称是解决公司治理问题的前提,建立激励、监督和制衡相结合的治理机制,实现所有者、经营者之间的权力制衡是解决公司治理问题的关键。[④]

3. 高校治理能力现代化的研究

我国教育界关于治理的研究,与国家政策的演变,教育政策的宣传、施行、落实密切相关,与大学管理改革的趋势相吻合。[⑤]国家对治理能力现代化的要求,反映到高校身上就是实现高校治理能力现代化。学者关于高校治理能力现

---

① 魏治勋. 善治视野中的国家治理能力及其现代化 [J]. 法学论坛,2014(3):32-45.

② 包刚升. 国家治理新思路 [J]. 南风窗,2013(24):24-26.

③ 〔奥地利〕弗雷德蒙德·马得克. 正确的公司治理 [M]. 朱健敏,译. 北京:机械工业出版社,2013:6.

④ 汪滢. 公司治理框架下的企业内部控制问题研究 [J]. 经济研究导刊,2014(14):47-50.

⑤ 别敦荣. 治理之于我国大学管理的意义 [J]. 江苏高教,2007(6):2-4.

代化的研究大体包括必要性、内涵和路径三个方面：第一，高校治理能力现代化必要性研究。当前，高校在管理领域正面临着一场革命，面对大量的与其发展相伴生的管理问题，必须尽快改进、完善和创新管理模式。在治理的框架内，这种转变可以理解为实现治理能力现代化。治理能力现代化则是高等教育现代化的重要保障，从高等教育现代化目标实现的角度，必须提升治理能力，促进治理能力的现代化。第二，高校治理现代化内涵的研究。因为出发点不同，所以学者对内涵的界定有所不同，有学者基于主体能力的视角认为，治理能力现代化主要是治理主体能力的现代化；有学者基于制度能力的视角认为，治理能力的现代化实质是制度能力的现代化。别敦荣把高等教育的治理主体分为治理组织和治理组织人员两类，并指出这两类主体都应实现能力的现代化。其中，治理组织能力现代化的重点是：根据高等教育现代化的要求，明确并落实职责权限、运行规范、活动准则以及与相关政府部门和高校党政领导、行政机关相互作用的方式方法等。① 第三，高校治理能力现代化路径研究。高校治理能力现代化是对治理体系的践行，依赖于参与高等教育的主体能力的现代化。② 基于这种认识，周光礼、眭依凡、马陆亭、瞿振元等人都形成了一种共识，高校治理能力现代化应该在内部共同体与外部责任体系方面做好战略架构，主要是在完善外部治理体系的前提下完善大学法人治理结构。对于民办高校来说，完善法人治理结构主要应该把董事会制度作为大学治理的核心。

利益相关者理论是高等教育治理的重要理论指引，关于高等教育治理的研究基本是在利益相关者视角下，强调利益主体要参与学校重大事务的决策。这里的利益主体既包括高校自身，也包括政府、社会团体、市场等外部利益主体和教师、学生等内部利益主体，由此，高校组成了一个利益相关者体系。

高校治理是内外部利益主体共同参与的活动，内部治理与外部治理组成了高校治理研究的分析框架。在这一分析框架之下，高校治理的主要内容是理顺政府与大学、社会与大学、大学内部组织间的关系，重点是让利益主体都能参与决策。在体制迷墙与自身困境下，公办高校治理能力的提高，主要是解决政府干涉过多，学校党委和行政包办管理和办学事务，社会力量参与大学治理的程度比较低，高校自我治理能力比较弱等问题，这为高等教育治理的相关

---

① 别敦荣. 论治理体系和治理能力现代化与高等教育现代化的关系 [J]. 中国高教研究，2015(1)：29-33.

② 汪明义. 高等教育治理体系和治理能力现代化的思考 [N]. 四川日报，2014-6-25(6).

研究在理念、路径等方面提供了铺垫。

民办高校治理的研究吸收了公司治理、公办高校治理的相关成果,沿用了公办高校治理的理论和分析框架,主要从内部治理和外部治理两个层面来分析制约民办高校发展的关键问题以及在治理过程中存在的不足。外部治理主要解决政府对民办高校的扶持不够、法律制度与政策环境缺失、社会力量参与治理程度低等问题;内部治理主要解决产权不明晰、管理制度不健全、运行机制不完善、没有建立科学的法人治理结构等问题。相关研究也认为,民办高校治理的关键点在于分类管理的基础上,通过完善民办高校董事会制度、建立监督机制,实现学校组织的良性发展,这些研究为民办高校治理能力现代化提供了理论支持,拓展了该研究领域的视野与范围。民办高校治理面临着与公办高校不同的问题,目前少有研究能够触及问题的根源和本质,所以尚未揭示民办高校治理与公办高校治理的区别,有的也只是采取回避态度,或泛泛而谈;有的研究将利益相关者理论引入教育领域,但还鲜有深入分析各主体间的权责机制的研究。另外,民办高校投资办学的基本特征及其与之相适应的举办者控制模式带来了利益矛盾的冲突,形成了民办高校治理诸多问题的根源。与公办高校治理能力不足主要体现为管学、办学以及内部主体关系不顺等问题不同,民办高校治理能力不足更主要的是办学问题,这是民办高校治理问题的核心。现阶段,提升民办高校治理能力主要是提升其办学能力,这是本书的突破空间。

我国学者关于国外高校治理的研究,一方面为国内高校治理研究和实践提供了思路、现实素材和案例;另一方面,有学者提出引入诸如监事会、交易基金委员会等大量国外治理模式,更多的将视角放在如何利用欧美国家的治理结构、治理模式、治理制度来解决国内高校治理问题。这里需要说明的是,高校组织具有复杂性和多样性,国外高校治理结构、模式的介绍、分析与解读,应该在国家文化和历史发展的环境中进行,这样才能为我国民办高校治理能力现代化提供新理念、新思路、新路径。

现代化往往与企业、政府、高校组织有关。目前,关于高校治理能力现代化的研究已逐渐涌现,但这些研究多以整个高等教育体系为研究对象,从制度体系或结构体系的角度论述治理体系和治理能力的现代化。关于高校治理能力现代化的研究,基本探讨的是公办高校治理能力。民办高校治理能力现代化的实现,需要在高等教育治理体系和治理能力现代化研究的基础上,深入剖析民办高校的组织属性及运行机制,区分不同利益主体的独特诉求。

四、研究思路与研究方法

我国民办高等教育已经形成了不小的规模,加快了高等教育大众化、普及化的步伐,在高等教育体系中具有重要的价值。民办高校是在特殊的经济社会环境中发起来的,其基本特征是投资办学,主要依靠学费滚动发展;有些民办高校虽然有政府投入,但所占比例并不是很高,滚动发展依然是其主要模式。在投资办学模式下,民办高校举办者的控制性特征非常明显,由此形成了与之相适应的治理模式,民办高校治理能力现代化的根源性障碍就在于此。

本书形成了"治理能力现代化"与"控制性权力"明暗两条线索。首先民办高校治理能力现代化研究贯穿全书,按照理论研究——问题研究——对策研究的思路展开,这是明线;其次,因投资而形成的举办者控制性权力隐藏于民办高校治理能力现代化的研究中,这是暗线。在明、暗两条线索指引下,本书首先通过理论探讨,分析民办高校治理能力的影响因素以及治理能力现代化的分析框架;然后通过理论研究与实践调研相结合,分析董事会制度、家族化办学和行政团队与民办高校治理能力现代化的关系;最后通过理性分析,在经验借鉴的基础上提出民办高校治理能力现代化的路径。研究思路见图1-1。

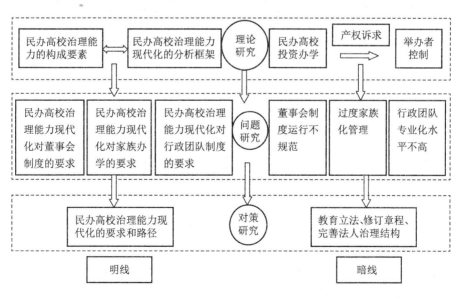

图1-1　民办高校治理能力及其现代化研究思路图

据此思路,本书的主要内容包括以下几方面。

第一部分,民办高校治理能力的内涵及其影响因素研究。民办高校治理是治理理论在民办高等教育领域的应用,主要包括治理体系和治理能力两个核心内容。加强治理能力建设,有利于解决民办高校发展过程中面临的问题,提升办学水平。民办高校治理能力是相关利益主体,在一定的体系框架内,充分利用各种资源,共同开展治理活动,最大限度地实现办学目标的能力。这一部分首先引入治理理念,阐释治理之于民办高校的适切性,进而界定民办高校治理能力的内涵。民办高等教育投资办学的基本特征决定了民办高校治理所面临的问题与公办高校治理不同,民办高校治理能力提升主要解决的是办学问题。这一部分还要结合民办高校的组织属性,分析民办高校治理能力的影响因素,揭示民办高校治理能力的特殊性。

第二部分,民办高校治理能力现代化的内涵及其分析框架研究。民办高校治理能力现代化是民办高校治理能力提升的过程,体现为与治理相关的教育要素形态的变迁,以及与形态变迁相适应的现代先进属性的增长。这一部分首先探讨民办高校治理能力现代化的本质,指出民办高校治理能力现代化的过程是民办高校治理能力提升的过程,实质是提升办学能力的过程。民办高校治理能力现代化主要是治理主体的现代化,是治理体系践行能力的现代化。这一部分还要结合民办高校治理能力现代化基本构成要素的研究,提出高校治理能力现代化的分析框架。

第三部分,董事会制度与民办高校治理能力现代化研究。董事会是法律规定的民办高校最高决策机构,董事会制度是民办高校治理的核心制度,是保证民办高校科学决策、民主决策的重要制度安排,但董事会制度却存在运行与监督等方面的难题,制约了民办高校的科学决策与规范发展。这一部分通过文献研究,探讨民办高校董事会制度的历史演进及其治理价值;通过实践调研,从董事会构成、董事长权力运行等角度研究民办高校董事会制度的运行及其对民办高校治理能力的影响;最后根据董事会制度的困境提出治理能力现代化对董事会制度的要求。

第四部分,家族化办学与民办高校治理能力现代化研究。家族制是一种传统的企业组织形式,在民办高校发展初期产生了一定的积极影响。但随着管理复杂程度的提高,家族化管理的弊端逐渐显现出来。从民办高等教育实践来看,家族管理现象可能会长期存在,如果处理不好,其影响可能越来越严重。这一部分首先通过理论与实践研究,探讨民办高校家族制办学的形成及其优势;然后通过实践调研,探讨民办高校家族化管理的主要模式及其影响;

最后根据家族化管理的影响提出治理能力现代化对家族制改革的要求。

第五部分,行政团队制度与民办高校治理能力现代化研究。行政团队是以校长为首的高层管理团队。民办高校行政团队是民办高校办学的主导,通过共同参与、共同决策,对民办高校发展产生重要影响。但民办高校行政团队在构成、运行中还存在着一些问题,这些问题在一定程度上影响着民办高校治理能力的提高。这一部分首先探讨高校行政团队的概念及其职业变迁;然后通过实践调研,探讨民办高校行政团队的构成、运行及其对民办高校治理能力的影响;最后根据民办高校行政团队的问题分析民办高校治理能力现代化对行政团队制度改革的要求。

第六部分,民办高校治理能力现代化的要求及其路径研究。投资办学是我国民办高校各种问题的根源,因此民办高校治理能力现代化应该尊重投资者的获利需求,并在此基础上进行相关制度设计。这一部分首先研究西方大学治理能力的实践,提出民办高校治理能力现代化的经验借鉴;然后根据民办高校治理能力现代化关键问题的分析,提出治理能力现代化的基本要求;最后结合民办高校治理能力的特殊性和治理能力现代化的要求,提出民办高校治理能力现代化的路径。

本书主要在规范分析与实证研究结合的基础上进行理性分析,提出民办高校治理能力现代化的路径。根据这一研究思路,所采用的具体研究方法有以下几种。

1. 文献研究法

文献研究法的作用在于梳理前人的研究成果,并在此基础上进行创新性研究。本书采用文献法,主要用于分析国内外关于私立高校治理以及我国民办高校治理、治理能力现代化等方面的研究成果,为界定民办高校治理能力和民办高校治理能力现代化的概念提供铺垫,为我国民办高校治理能力现代化提供经验借鉴。解读相关学者关于民办高校调研的成果,为民办高校治理能力的分析提供原材料支撑。同时,我国关于民办高等教育政策体现出默认发展、扶持发展与规范发展的阶段性特点,政策对民办高校治理产生了重要影响,所以在研究民办高校治理能力现代化的关键问题时,笔者还注意研究国家从 20 世纪 80 年代起关于民办高等教育的法律、政策,除此还研究了广东、江西、陕西等省关于民办高等教育的法律、政策文件。

2. 调查研究法

调查研究法的作用在于从整体上把握我国民办高校发展的阶段性、民办高校治理的经验、民办高校治理能力现代化所面临的主要问题，以及利益相关主体对相关问题破解的策略。笔者在研究过程中，先后走访过山东、浙江、上海、陕西、福建、四川等省市的部分民办高校，主要访谈了这些学校的举办者或校长，也访谈过部分民办高校的中层干部和教师；拜访过山东、陕西等省市民办教育管理处的领导。通过实践调研，笔者对民办高校治理能力现代化的关键问题有了一定程度的认识和把握，在此基础上进行理性的分析更有利于理论与实践相结合。

3. 历史研究法

历史研究法的作用在于梳理研究对象的发展历程，以便在此基础上进行学理探讨，或进行成绩、问题的分析，经验的借鉴。过去蕴含着现在与未来，民办高校治理能力现代化路径的研究，必须要了解我国民办高等教育发展的历史背景与现状，了解民办高校治理的现状及所存在的主要问题，这样才能基于背景与现状进行对策研究。本书运用历史的方法，利用各种资源，探讨我国民办高校发展的历程、民办高校治理的实践、民办高校董事会制度的发展、家族化的形成以及行政团队的发展历程，在此基础上分析我国民办高校发展的历史作用、民办高校治理的特点以及董事会制度、家族化管理和行政团队制度的价值及其所存在的问题，从而有助于研究民办高校治理能力现代化的必要性及其对策。在研究过程中，笔者还研究了美国私立高校治理的实践及其治理能力现代化的特征，通过比较分析，可以为民办高校治理能力现代化提供有益的借鉴。

第二章
民办高校治理能力的内涵及其影响因素

相对于统治与管理,治理是一种新型的权力运作模式,这种新模式的出现,有其理论与社会根源。治理理论在不同领域的应用,说明了治理理论的普适性。在民办高等教育领域,民办高校治理是民办高校的利益主体共同参与的由共同目标支持的活动,治理的效果如何、水平怎么样,主要由其治理能力来体现。

第一节　治理理论与民办高校治理

现代治理是一个全新的概念,反映了民主、科学、协商、合作、规范等现代精神或价值追求,而这些精神或价值追求是区别于传统的。当然,治理也并不否定管理,而是在这个管理体制内,实现了管理方式的变革,使之融入了现代性的要素或精神。

一、治理理论的兴起

治理并不是一个新近的概念,直到 20 世纪 80 年代末,它还不是一个常用的词汇。[①] 在很长一段时间内,治理的意义与政府治理具有交叉性,并且主要用于国家公共管理活动。后来,治理被应用于其他领域或被研究,有时治理被使用仅仅是因为修辞的需要,并没有什么实质意义。不过,面对现实世界和理论界对新的管理范式与研究范式的要求,治理理论引起了人们的关注。

① 〔法〕辛西亚·休伊特·德·阿尔坎塔拉. 治理概念的运用与滥用 [J]. 国际社会科学杂志(中文版),1999(1):105—112.

（一）治理理论的根源

治理并不是人为创造的概念，它所研究的问题早已存在于社会生活中。根据弗朗索瓦－格扎维尔·梅里安的研究，人们探讨治理时往往有三个理论假设：治理源于管理危机，而且这些危机具有可治理性；在危机治理时政府的行政作用已经失灵，必须寻找新的治理范式；治理的方式具有共通性。[①]

1. 治理的理论渊源

治理又叫共同治理，本质上也是一种民主治理，基于与民主的关系，本书从多元主义理论、合作主义理论、民主政治理论、网络管理理论四个角度简单阐释它们在治理理论发展中的奠基性作用。

一是多元主义理论。多元主义理论肇始于 20 世纪初，盛行于第一次世界大战前后，且在英、法两个国家的影响非常大。第二次世界大战以后，经过美国学者罗伯特·达尔的阐释与发挥，多元主义理论成为 20 世纪中期比较有主导话语权的理论。多元主义理论者们认为，国家不是凌驾于各种社团或组织之上的主权者，而是多样性的社会团队之一。在现代社会里，国家权力应该分解、转移给各种社会团队，实现政治权力的多元化，只有通过多元权力的分权制衡才能彻底保障民主。在多元主义理论中，社团就像是一个一个的利益集团，而利益集团能够参与权力分配才是民主程序的基础。多元主义理论的核心是承认利益的多元化，由此应该通过在不同团体间分散决策权力，形成团体间的竞争与妥协，最终实现整体利益。这就要求各利益集团积极参与决策、影响决策，并对决策的执行进行监督与制约。所以，多元主义理论对治理的贡献在于各利益集团都应该积极参与决策、影响决策，从而实现整体的利益。

二是合作主义理论。合作主义源于欧洲天主教教义和民族主义，与多元主义的竞争性不同，它更强调合作。如果多元主义的竞争容易导致对抗的话，那么合作主义一般会导向改良。多元主义在获取决策权力时的竞争往往是一种团队间的竞争，这种竞争有时候可能会演变为某种程度的团队间的冲突。如果这些集团与政府发生冲突，很可能会造成不可调和的矛盾。在合作主义者看来，这明显是置公共责任、国家利益于不顾的行为，是"社会病态"，因而倡导各集团应该减少和控制冲突。合作主义理论强调，既存在国家利益，又存在集团利益，但国家和利益集团应该是相互合作且相互支持的。在国家与集

---

① 〔法〕弗朗索瓦－格扎维尔·梅里安. 治理问题与现代福利国家 [J]. 国际社会科学杂志（中文版），1999（1）：59-68.

团利益之间,国家要起主导性的作用,各利益集团又要发挥其自主性,国家应该欢迎利益集团的介入,通过协商、合作来实现社会的整体性利益。在合作主义理论框架中,国家与利益集团形成了一种协商性、伙伴性的关系,他们通过协商与合作,最终实现了一种协调性的、整合性的平衡,同时也保证了各自的利益,这是合作主义的核心。所以,合作主义对治理理论的贡献在于各利益集团间是协商性、伙伴性的关系,应该通过协商与合作保证相互的利益。

三是民主政治理论。民主是现代社会的追求,行政管理的民主化意味着国家权力应该向公众社会开放,使公众享有更多参与决策的机会。政府在将过于集中的权力分享给公众的过程中,也获得了公众的认可,从而也获得了广泛的合法性。当然,公众参与政府决策,并没有否定国家权力或政府的权威,只是国家这种权威的实现或者说政府管理活动的进行,应该以与公众合作为基础。所以,民主政治是要通过政府与公众的合作,形成一种公共性质的权力来管理社会公共部门和服务公众。下放权力、包容公众、分散决策机制是民主政治发挥作用的具体要素,也是今天我们所说的智慧治理的具体要素。在民主政治框架下,公民被赋予了参加国家治理的权力,这是一个国家权力下移、还政于民的过程,所以民主政治理论被称为是"治理理论最深刻的理论基础之一"①。

四是网络管理理论。在网络管理理论中,主体间形成了一种网状关系。这种关系可能是有形的,也可能是无形的,但不会发生在科层管理系统中。因为在科层管理框架下,维系各利益主体的核心关系是自上而下的行政权威和命令,无法形成网状关系。而在网络管理中,政府、各集团或组织以及各利益主体间是相互合作的关系,他们的关系交织在一起,政府的作用在于通过政策、立法等手段促进合作网络的形成,并鼓励处于网络关系中的主体开展各种形式的合作。在网络理论者看来,无论是国家立法还是指导合作,国家的推动方法都应该是指导式的,而不是命令式的或强权性的。由于各组织的属性、任务不尽相同,组织间的网络就不能自发产生,必须需要政府的努力协调,所以治理的本质从一定程度上说就是"管理网络"②。网络治理的机制是互动与整合,前者主要是个体或团体通过互动交流资源,建立信任的关系;后者主要是

① 黄建荣. 公共管理新论 [M]. 北京:社会科学文献出版社,2005:272.
② 〔英〕杰瑞·斯托克. 地方治理研究:范式、理论与启示 [J]. 浙江大学学报(人文社会科学版),2007(2):5-14.

指通过整合资源来实现合作。网络组织理论为治理理论中行动主体之间的权力依赖和互动关系提供了令人信服的理论。①

2. 治理的社会根源

现代治理最初源于城市治理的实践,用来解决区域性、地方性的问题。后来,治理模式逐渐拓展,并被运用到解决国家层面的问题以及国家与国家之间的问题即全球问题。从社会根源角度,治理理论主要发源于城市治理、国家治理和全球治理实践中的失灵现象。

第一,关于城市治理的实践。传统上,城市治理主要是注重发挥政府的控制性、支配性作用,但很多实践问题仅靠政府可能是很难解决的,所有社会成员都应该参与进来,采取一致的行动,这是城市工作的基础。到了20世纪80年代末,随着民族国家建设,城市治理成为西方社会城市发展的一股潮流,涵盖了非常广泛的社会实践,诸如城市社会福利、环境保护、教育和规划等领域,城市管理也出现了一些新的形式,如共同协调指导、共同生产、合作管理和公私营伙伴制等。②当然,城市治理理论离不开一些社会科学家的推波助澜,他们提出,不应该高估国家和地方政府在制定和执行城市政策中的能力,如果要提高这种政策能力,就应该向市民开放,形成市民参与决策的政策系统,由此提出了城市治理问题。城市治理理论为市民参与公共行动提供了合法化框架,它要求城市当局与市民建立一种新型的伙伴关系,构建一个市民都可以参加并发挥作用的公共政策网络,来制定和实施城市政策。③在城市政策制定中,虽然政府具有不可替代的作用,但市民参与决策并形成与政府的对话是城市发展不可逆转的趋势,成为城市治理的核心。市民参与是由市民自身的权利与利益所决定的,他们与政府共同成为城市治理的主体。城市也正在走向一条利益相关者共同治理的道路,所以市民参与是现代城市发展趋势的必然要求和制度安排。④

第二,关于国家治理的实践。从治理与国家的差别来看,国家治理并不存在,这是因为在主体多元化的背景下,政府并不是唯一的权力中心,因此多元

① 吴慧平. 西方大学的共同治理 [M]. 北京:北京师范大学出版社,2006:101.

② 申剑,白庆华. 城市治理理论在我国的适用 [J]. 现代城市研究,2006(9):65-71.

③ 〔英〕巴纳德·朱维. 城市治理:通向一种新型的政策工具 [J]. 国际社会科学杂志(中文版),2009(4):25-36.

④ 姜杰,周萍婉. 论城市治理中的公众参与 [J]. 政治学研究,2004(3):101-106.

化的治理主体是去国家化的主体;而且现代国家的建构更是一种集权运动,这也好像意味着国家根本无多元治理可言。不过,作为国家替代机制的国家治理起源于对西方福利国家治理困境的反思,是在特定的时空及思想背景中兴起的一种改革取向,具有强烈的规范色彩。①20世纪70年代,西方国家发生了严重的经济危机。在危机处理过程中,政府产生了行为机能障碍,主要表现在无法独自应付危机中出现的问题,也无法对社会需求做出有效的回应。但与此相比更为严重的问题是人们对福利国家丧失了信心,甚至认为它失去了行为能力,所以才会造成管理失灵,如果任由"管理失灵和难以控制的体制"继续下去,福利国家将遥遥无期。所以,福利国家建设迫切需要改变政府的权力运作方式,引入其他部门,成立新的行为共同体,共同分担责任。这意味着要改变政府自上而下的统治过程,形成政府与其他部门或利益主体相互影响的模式,这就促进了公共领域的市场化与民营化。第三部门参与社会管理活动,治理活动产生。②引入第三部门参与治理是国家政治、经济生活的重大改革,同市民参与决策一样,也是国家治理的重要诉求。

第三,关于全球治理的实践。20世纪下半叶,国际政治、经济形势发生了重大变化。政治上,最受人关注的是柏林墙倒塌、苏联解体和美苏"冷战"结束;经济上,因生产要素引发的生产方式变革持续发酵,跨国公司和国际贸易发展速度迅猛。全球政治、经济联系的加强,出现了很多国际化的大都市。正如彼得·霍尔所说,这种发展就像一个全球城市一样。同时,区域一体化运动加速,部分国家关系更加紧密,部分区域矛盾依然存在且有时争斗激烈。全球发生了一些公共性的、不可分割的行为与问题,而单边机制又无法解决,由此建立新的、区域性、一体性的调节机制成为共识,一些非政府组织的协调作用慢慢体现出来,全球治理的新范式产生。全球治理本身是一个协商过程,也是一个参与和身份重塑的过程,要改变前述全球治理失灵的问题,就应该以多元主义的世界观、以伙伴关系的思维方式参与实践活动。③在全球治理的框架下,各国政府没有完全垄断所有的合法性权力,而是让非政府组织、私人企业等非政府部门参与进来,一起构成本国的和国际的某种政治、经济和社会调节的形

---

① 王家峰. 国家治理的有效性与回应性:一个组织现实主义的视角 [J]. 管理世界,2015(2):72-80.

② 俞可平. 治理与善治 [M]. 北京:社会科学文献出版社,2000:328.

③ 秦亚青. 全球治理失灵与秩序理念的构建 [J]. 世界经济与政治,2013(4):4-18.

式。^①当然,全球治理本质上并不是要创建一种世界新秩序,它也无意于以某种形式为现代化标签实现世界趋同,而是要在治理活动中用全球性的、行为主体间的合作来代替单纯的国家合作,通过国际政府间组织、各国政府、各种非政府组织以及多边合作等各种形式的治理机制,实现对全球问题"没有政府的治理"。^②

在历史上,希腊人曾经有一段假设,即全世界的人可以分为"咱们"和"别的人"两种人,就像政府机制与市场机制、政治机构与私立机构、国家与个人一样,这样简单的二分既无法充分解释和描述现实的世界,也不能有效解决现实问题和理论问题。所以,如何超越这种二分的约束,构建一个合理的分析框架来弥补二分的不足,在理论和实践上都是非常重要的。在理论与实践困境的催生下,治理成为西方政治领域新的分析框架。治理重新受到关注,并广泛地与政治联系在一起,进而迅速受到各领域的关注,随即成为当今国际学术界最热门的前沿理论之一。^③与此同时,许多专家和学者也争相把治理理论引入自己的研究领域,治理也被赋予了不同的内涵。至此,治理不再仅仅指代"统治者"与"政府行为",也不仅限于国家机构,而是涉及了各个学科或领域。

(二)治理理论的价值

许多学者对治理理论进行了界定与总结,有的着重于强调治理的使用范围,有的着重于强调治理的内涵,还有的着重于强调治理产生作用的方式。治理理论产生以后,广泛用于不同的领域,体现了治理价值的普适性。

治理有助于多元主体共同参与治理活动。从治理理论或实践源泉的角度看,治理首先是公共领域或公共事务的治理。从全球治理一直到一个国家、一个城市、一个社区的治理,政府都不再是唯一的权力中心。虽然政府在某些方面仍起主导作用,但某些职能正被其他一些利益主体承担。在西方,国家要将公共权力向市场和公民拓展,以实现国家、市场与社会的协同治理。因此,国家的中心地位被"政府——市场——社会之间的组合体"所取代,具有明显的

---

① 〔瑞士〕彼埃尔·德·塞纳克伦斯. 治理与国际调节机制的危机 [J]. 国际社会科学杂志(中文版),1999(1):91-102.

② 龙献忠. 从统治到治理 [D]. 武汉:华中科技大学,2005:13.

③ 于扬. 现代美国大学共同治理理论与实践 [M]. 北京:中国社会科学出版社,2010:20.

"社会中心"取向,即公民社会组织是公共治理实践的重要力量。[①]传统上,政府掌握着决策与执行的权力,以至于决策与执行都缺少必要的参与和监督,而治理所要解决的就是权力过于集中的问题。解决这一问题,必然要实现政府权力的下移与分散。由于政府享有的首要权力是决策权力,下移与分散的自然是决策权,其他主体通过参与而分享的也是决策权力。利益相关主体通过参与决策从而享有参与决策所带来的利益,这意味着通过治理权能的分化和转移实现了多元主体的责任共担,通过治理方式的民主化重构实现治理机制和治理关系的根本转化,达到多元共治的和谐关系状态。[②]所以,治理既不同于统治,也不同于行政管理,而是多元主体共同参与的活动。

治理的逻辑导向在于善治。治理是多元主体共同参与的活动,但多元主体参与的活动并不代表就是治理。这是因为治理需要在一个既定的范围内运用权威维持秩序,其目的是在各种不同的制度关系当中,运用权力去引导、控制和规范公民的各种活动,以最大限度地增进公共利益。[③]治理的目的在于公共利益最大化,所以善治成为治理的逻辑导向,一是在活动过程中体现正义性,二是形成一个有序的治理结果状态。善治是一个规范性的概念,其要素包括"合法性、透明性、责任性、法治性、回应性和有效性"[④],这六个要素同时也是判断治理活动正义性的标准。多元主体参与治理活动,需要对主体利益进行协调,使主体在互动的秩序中产生共识性的行动,这是保持治理活动正义性的需要。在很多情况下,治理活动并不必然导致善治,主要原因是没有对原定目标重新调整。所以在治理活动中,面对不能预期的困难,在目标难以实现的情况下,还需要通过谈判、反思对目标进行调整。治理的价值在于保证活动过程的正义性,从而保证组织的有序运作和集体行动目标的实现。所以善治也被称之为良政善治,良政是好的政府或好的治理手段,善治是目标或结果意义上的良好治理。

治理有助于多元主体间形成良好的信任与合作关系网。在善治的框架下,治理要求通过主体的重构实现治理主体的多元化。由于各治理主体都掌握着

① 郭永元,彭福扬. 元治理:现代国家治理体系的理论参照 [J]. 湖南大学学报(社会科学版),2015(2):105-109.
② 魏治勋. 善治视野中的国家治理能力及其现代化 [J]. 法学论坛,2014(3):32-45.
③ 俞可平. 治理理论与公共管理 [J]. 南京社会科学,2001(9):40-43.
④ 俞可平. 治理理论与公共管理 [J]. 南京社会科学,2001(9):40-43.

一定的资源,都享有参与治理的权力,所以主体间形成了平等、合作的网络伙伴关系。这种网络伙伴关系决定了权力是彼此分散的,不是独立于某一主体的;利益是交织在一起的,而不是某一主体可以独享的;主体间的关系是合作式的,而不是统治、监督式的。治理活动的进行需要内外部的体系保障,在一定的体系框架下,治理主体通过上下互动、协商谈判的方式实现共同治理。所以治理是建立在共同利益和共同认识基础之上的,治理主体之间所形成的是一种合作关系;主体间以相互信任为纽带,治理活动运作的基础是协调和谈判,而不是行政命令式的控制;治理目标的实现并不维系于某个具体的机构,而在于治理的过程,因为治理也是一个过程而不仅是一个结构;在治理的过程中,不同的甚至是对立的利益集团可以相互合作以达到共同的目标。① 所以,在治理活动中,容易建立起决策者、管理者以及其他利益主体间的信任与合作关系网。

二、治理于民办高校的适切性

治理理论在不同领域的运用,说明了治理理论的普适性,但不同领域的治理有不同的意义。所以,我们应该根据不同的对象探讨其适用性,民办高校治理首先面临的问题是治理理论在民办高等教育领域的适用性问题。

(一)组织属性与民办高校治理

按照两分法,政府组织与企业组织分别被界定为第一部门和第二部门,但随着非营利慈善组织的出现,那些介于政府组织和企业组织之间非公非私、非政府非企业的部门被称之为第三部门,政府、企业、非营利性慈善组织分别是其核心代表。② 民办高校的组织属性是以第三部门视野界定的社会组织属性,是研究民办高校治理的重要基础。

民办高校是高等教育的重要组成部分,其高等教育组织的性质是无法改变的;知识材料仍然是民办高校组织活动的目的和实质的核心,其首要任务是为社会培养人才,学术性依然是其本质特征,这是第一部门和第二部门不能胜任的,所以民办高校不属于第一部门和第二部门的范畴。有人以民办高校的营利性为标准,建议把民办高校划分为第二部门的民办高校和第三部门的民

---

① 〔法〕阿里·卡赞西吉尔. 治理和科学:治理社会与生产知识的市场式模式 [J]. 国际社会科学(中文版),1999(1):69-77.

② 王建华. 高等学校属于第三部门 [J]. 教育研究,2003(10):36-39.

办高校。很明显,这种划分的标准类似于企业的营利性特征和类似于慈善组织的非营利性特征。政府和企业虽然是公与私的典型代表,但民办高校甚至是营利性民办高校,都不是企业,与企业在组织属性上有本质的不同,它们的首要目的是为社会提供教育公共服务。非营利性民办高校和营利性民办高校的组织使命是相同的,都具有很强的公共性。"我们不能想当然地通过公与私的二元对立引申出民办高校的社会组织属性。因为公立高校的'公'和私立高校的'私'与属于政府组织的'公'和属于营利组织的'私'不是同一范畴。"①营利性只是一种产权制度安排的形式,营利性民办高校并不是以利润为目的的企业组织。按照这种划分标准,民办高校是第三部门组织。

第三部门属性意味着民办高校不属于政府行政部门,政府行政部门的科层管理体制机制并不适合民办高校。作为第三部门组织,民办高校组织是公益性与营利性组织的统一体,公益性是由其人才培养的特征决定的。从发挥其公益性的角度讲,政府应该同其他公共部门、中介组织一起为民办高校的发展献策献力,办好民办教育事业。现代企业治理的核心在于所有权与经营权的分离,由专业化的管理团队来经营。民办高校虽然也不属于企业组织,但企业治理与高校治理仍有共同之处,企业组织的某些管理原则和方法可以适于高等学校,当然包括民办高校。只不过,民办高校因其特殊性,在治理活动中将面临与公办高校治理不同的研究问题。

(二)高水平大学与民办高校治理

组织是一个有共同目标,且为达成目标而相互依赖、相互合作的群体,促进民办高校组织的发展是民办高校治理的善治目标。对于某个组织而言,治理一是指为了实现特定目标的组织治理,二是组织内的治理主体为实现组织目标而参与的治理活动。若以组织为界,组织间参与的治理活动叫外部治理;组织内部及其相关主体参与的治理活动叫内部治理。民办高校治理是治理主体在一定的框架体系结构内,充分利用各种资源,共同参与的由共同目标支持的活动。这些主体不仅包括内部主体,也包括民办高校组织外部的某些主体,所以民办高校内部治理并不是不需要外部主体参与进来。

民办高等教育复兴得益于改革开放的契机,这只是一个时机,从实质来看,主要是因为举办者抓住了改革开放以来高等教育资源供给不足和行政监

---

① 王建华. 高等学校属于第三部门 [J]. 教育研究,2003(10):36-39.

管松散这样一个罅隙。供给不足给了民办高校快速扩招的机会,以至于内部管理无法跟上办学规模的扩大,而行政监管松散为部分民办高校违规办学开了方便之门。从20世纪50年代开始,我国的高等学校都是清一色的公办高校,国家办学实质是国家举办公办高校。所以在《民办教育促进法》颁布以前,民办高校举办者的重要使命是在努力办学的同时谋求学校的合法地位。当前,民办高校外部治理所有问题的核心是其未能实际上享有与公办高校平等的法律地位。虽然"公办"与"民办"并无本质属性的区别,只是办学资金来源与内部管理方式的不同,但在现实中很多地区的民办高校并没有享受到类似公办高校的优惠政策。民办高校自身、民办高校的教师与学生都在现实中被贴上了"民办"的标签,以至于在竞争中处于劣势地位。在政府的意识中,仿佛"民办"就是与作为政府的"公办"无关,政府对民办高校的管理基本是政策管理,具体办学几乎完全是由民办高校说了算,既缺少必要的扶持,也缺少必要的监督。在内部,民办高校发展的关键问题是法人治理结构不完善,并且缺乏相应的制度规范。在投资办学体系下,举办者权力独大,其他利益主体缺少参与决策、监督的权力;人治特征明显,举办者或其家族说了算,以至于有民办高校举办者挪用上亿元办学资金都无人察觉。

民办高等教育的出现在一定程度上弥补了高等教育供给量的不足,但从高等教育竞争、经济社会发展需求等角度来看,如果没有质的提升,民办高等教育将难以在与公办高校、同类民办高校的竞争中胜出。治理的核心问题是决策权力的分配,民办高校治理强调形成一个多元主体共同参与决策且参与利益分享的局面;强调多元主体间形成相互合作的关系,他们之间要通过协商、协调来处理公共事务,调动组织内成员的积极性,使他们参与到治理活动中,共同实现组织的目标。所以,民办高校治理是民办高等教育发展实践对于教育管理理论提出的创新要求。[①] 在未来政策渐趋明朗的背景下,民办高校必须自我觉醒,积极深化内部体制机制改革,调动利益相关主体参与大学事务的积极性,提高办学质量,提升办学水平,建设高水平的民办大学。无论从理论还是实践上看,与管理的一元决策缺乏必要的监督相比,治理都是对民办高校管理的超越。

---

① 〔瑞典〕英瓦尔·卡尔松. 天涯若比邻 [M]. 赵仲强,译. 北京:中国对外翻译出版公司,1995:17.

第二节　民办高校治理能力的影响因素

改革开放后，我国民办高校开始恢复办学。从最初的助学机构到后来的民办普通高校，民办高校的办学模式发生了根本变化。与公办高校相比，民办高校的典型特征是办学经费自筹与民间经营，这一特征决定了民办高校治理与公办高校治理面临不同的问题。

一、民办高校发展及其影响

我国当代民办高校具有自发性的特点，其快速发展离不开政策推动、市场需求以及举办者的积极进取精神等动力要素。综观其发展历程，民办高校发展具有明显的阶段性特征，因此对民办高校发展历程的研究可以按其阶段性来进行探讨。

（一）民办高校发展的阶段性

1982年，我国改革开放后的第一所民办高校——中华社会大学成立。在此之前，我国民办高校经历了一个近30年的空白期。在这30年里，我国经济社会发生了重大变化，最明显的是以全民所有制为基础的所有制经济形式的确立。所以，民办高校重新复苏以后，必然会面临一些新的问题。根据发展任务，民办高校发展可以分为三个阶段，即生存阶段、地位阶段和发展阶段。

1. 民办高校的生存阶段

生存阶段意味着民办高校还是一个新事物，发展还缺乏保障性，处于谋求生存权利、存在意义的阶段。从时间上来看，恢复发展期到20世纪90年代初期的民办高校处于这一阶段。民办高校的恢复发展，主要源于经济社会发展的需求和高等教育自身发展的需要。一方面，随着国家工作重心的转移，非公有制经济获得了发展，结果是人们对高等教育数量、质量和专业的需求结合在一起。然而，高等教育的10年停滞致使公办学校的人才培养根本满足不了社会的需求。另一方面，国家刚刚恢复高考，录取率偏低，高等教育并不能满足人们进一步接受教育的需求，所以自学考试辅导、实用技术培训从一开始就受到了社会的重视。这催生了第一批以考前培训或中等职业技术培训为主要办学方向的民办高等教育机构。在中华社会大学成立之前，我国已经有北京自修大学、长沙中山业务大学等一批助学机构成立。社会的需要促进了民办高校的恢复发展，1980年，我国仅有民办高等教育机构30所，随后民办高等教育机构快速增长。1986年,全国有民办高等教育机构370所;到1991年,民办高校发展到456所,其中民办普通高校6所,其他的民办高等教育机构450所。[①]

民办高等教育的恢复发展也源于政策的红利。从新中国成立以后,姓"资"与姓"社"一直是困扰社会发展的一个理论问题,在理论问题没有解决的情况下开办民办高等教育机构,政府的态度必定是尝试性的、小心翼翼的,许多立法也是临时性的。《宪法》提出鼓励社会力量举办教育事业,意味着民办高等教育的地位得到了认可,其存在具有合法性,这进一步刺激了社会力量办学的热情。1984年,黄河科技学院成立。社会上除去像黄河科技学院这样靠自身力量举办的辅导班和培训学校外,还有一批当地政府安排招生计划、毕业生颁发大专文凭但不包分配的民办普通高校,如北京城市学院、浙江树人学院、西安培华学院等。尽管这些民办高校依靠地方"粮票"发展而来,只能在省内招收全日制学生,学生自费走读,不包分配,但全日制类别的开办,标志着地方政府对社会力量办学开放高等教育,因而具有特殊的意义,标志着我国民办普通高校开始恢复办学。[②]

这一时期的民办高校多为离退休老干部、老教师举办,像北京经贸职业学院的举办者聂真、范若愚和陆琳等为老干部;黄河科技学院的胡大白为郑州大学中文系讲师;浙江树人学院的校长朱玉为浙江师范大学党委书记……民办高校多从"无场地、无师资、无设备"的"三无"状态起家,靠滚动发展开始创业,办学形式多以培训和自考助学为主,不过在高等教育短缺的年代,也颇受社会欢迎。根据黄河科技学院的校史记载,学校开学时,学员既有厅、局级干部,也有高考落榜生;有工人,也有农民;有的50多岁,也有的只有十几岁,几乎是三代同堂。《关于社会力量办学的若干暂行规定》(1987)认可了社会力量办学"教育事业的组成部分"的地位,但民办高校本质上还处于"拾遗补缺"的地位。

2.民办高校的地位阶段

地位阶段说明民办高校是否有必要存在的问题已经在一定程度上得到解决,之后所要解决的是在高等教育体系中的重要性的问题,即应该明确处于怎样的地位。之所以说民办高校是否有必要存在在一定程度上得到了解决,一

---

① 王文元. 中国民办教育——在理想与现实之间 [M]. 北京:北京出版社,2007:3.
② 徐绪卿. 我国民办高校内部管理体制改革与创新研究 [M]. 北京:中国社会科学出版社,2012:53.

是因为已经有大批的自考助学机构成立,二是一批享受地方"粮票"的民办普通高校建立,三是民办高等教育机构已经凭借其贡献在社会上形成了一定的影响力。之后,民办高等教育也因之进入了一个充满活力的实践探索期,这一时期也被业界认为是快速发展期。通过近10年的努力,民办高校成为我国高等教育体系的重要组成部分。但实质上,国家并没有省级政府审批民办高校的政策,所以之前的所谓民办高校并不是真正意义上的民办高校。

这一阶段,国家对民办高等教育发展最有影响的两项工作是学历文凭考试试点工作和民办普通高校的审核工作。1993年,国家开始了学历文凭考试试点工作,多数自学考试性质的民办高等教育机构改革成为学历文凭考试试点学校,并"拥有"了自己颁发文凭的资格,不少学校也在自考助学与学历文凭考试两个类别上招生。这样,在统招始终被严格控制的条件下,一些民办高校凭借学历文凭考试试点资格的东风,持续扩大办学规模,迅速进行原始资产的积累,很多民办高校在较短时间内成为万人高校。1993年,国家教育委员会又颁布了《民办高等学校暂行设置规定》,第一次提出民办高等学校的概念,规范了名称;规定了民办高校实行省级主管部门行政管理审批制度;规范了民办高校的设置标准和内部运行。这是改革开放后民办高校设置合法化的第一个文件,标志着民办高等教育办学进入了有章可循的时期。[①] 这一年,浙江树人学院、黄河科技学院、上海杉达学院、四川天一学院4所学校的办学申请获得批复,成为民办普通高校,参加全国高考统一招生。因为之前浙江树人学院、西安培华学院等民办高校基本是在省内招生,所以这意味着民办高校完全获得了学历教育的资格,成为真正意义上的民办普通高校。按照规定,这些学校名称前一律冠以"民办"字样。至此,国家层面上首次批准的具有独立颁发大专学历文凭的民办高校正式诞生。2000年,我国又出现了第一批由专科升格为本科的民办普通高校。

在国家政策刺激下,民办高校获得了快速发展。据统计,2003年底全国有学历文凭考试机构384所,在校生39.4万人,校均规模千人以上,其中北京的学历文凭机构校均规模近3000人;民办普通高校173所,民办其他高等教育机构1104所,在校生合计181.4万人。[②] 一些具备资金条件的投资者进入

① 徐绪卿. 我国民办高校内部管理体制改革与创新研究 [M]. 北京:中国社会科学出版社,2012:151.

② 北京吉利大学. 中国民办大学报告 [M]. 北京:红旗出版社,2009:52.

民办高校,民办高校的举办主体也在发生着重要变化。四川天一学院的建立,标志着企业筹办民办高校的开始,其投资主体为成都天一集团有限公司;仰恩大学的创建,标志着经过改制的具备独立颁发文凭资格的民办本科高校出现。不过,由于各方面的原因,政策法规总体上难以与民办高校的办学要求一致,争取"国民待遇"一直成为20世纪90年代以来民办教育界的强烈呼声。及至《民办教育促进法》及其实施条例颁布,国家以法律的形式明确了民办教育的重要地位。不过,国家政策框架有时还与民办高校的发展需求相矛盾,特别是要求民办专科高校走职业化道路,而以独立学院填补民办本科层次的空缺,作为民办本科的主体。[①] 这些看似不可调和的矛盾,直接导致了2004年民办教育发展的"倒春寒"。

3. 民办高校的发展阶段

在地位阶段,办学规模成为评判民办高校办学水平的重要标准,以至于外延发展压倒了内涵的提升,民办高校的规模增长速度可以用"野蛮生长"来形容。随着办学规模的扩大,许多民办高校开始了征地、盖楼、扩招的循环,粗放式的教学在这一时期比较常见。此后,随着国家政策的转向以及生源竞争的需要,民办高校进入了内涵发展的阶段,提升办学水平成为重要的任务。

2005年,国家开始对高等教育布局进行有意识的调整,这对民办高校的转型发展具有重要影响。这一年先是教育部开始停止学历文凭考试,并规定2008年不再安排学历文凭考试。高等教育学历文凭考试的取消,使得民办高校的办学领域由高等教育自学考试助学、全日制普通高校和高等教育学历文凭考试试点并行的办学形式,逐步转变为高等教育自学考试助学和全日制普通高校并行的办学形式,这为民办高校转变为以学历教育主体的教育机构奠定了基础。

随着全面提高高等教育质量和建设高等教育强国目标的提出,内涵建设提上日程,民办高校进入了转型发展期(也被业界认为是平稳发展期),主要标志是《民办高等学校办学管理若干规定》(2007)的实施。规范也是为了扶持民办高校的发展,提高办学质量是学校发展永恒的主题。为适应民办高校办学质量和办学层次提高的需要,继2000年黄河科技学院等民办高等职业院校升格为民办本科高校以后,2004年和2007年分别被列为专门考察民办高校晋

---

① 张宏博. 中国私立大学有效经营的制度研究 [M]. 北京:人民出版社,2009:55.

升本科院校情况的年份,这两年和随后几年晋升本科院校("升本")的民办高校特别多,其中2004年有14所,2005年有15所,2007年和2008年各有13所。民办高校借此突破了原有的发展空间,迎来了新的机遇。民办本科高校的出现是民办高校办学质量提升的重要标志,同时民办专科高校升本也有重要的辐射意义。为了提高办学质量,已经有近20个省级政府出台了规范和扶持民办高等教育发展的政策,半数省份的扶持资金已经到位。民办高校也出现了不少质量建设的成果,还有5所民办高校拥有了专业硕士授权点。所以,这一时期政府政策对民办高校布局产生了较大影响;随着有实力举办者的加入,民办高校不但举办者多样化,而且办学水平有了较大幅度的提高。最关键的一点是,民办高校进入了法制化的轨道。

(二)民办高校发展的影响

当前,民办高校已经形成了不小的规模,成为我国高等教育体系中非常活跃的组成部分,在高等教育体系中具有重要的价值,加快了我国高等教育大众化、普及化的步伐,同时,民办高校的特色发展也形成了一定的示范性作用。

1. 对高等教育大众化、普及化的促进作用

在高等教育发展历程中,高等学校在某种程度上天生就是精英化的高等教育机构。但在经济发展、社会文明以及政治民主等外部力量推动下,高等教育逐渐由精英教育体系进入了大众化和普及化体系。据统计,美国高等教育毛入学率1900年时仅为4%,到1956年达到了20%,1991年就已经超过了50%,实现了马丁·特罗所提出的普及化标准。在世界上,美国第一个建立了大众化的高等教育体系。美国当前的高等教育毛入学率达到了85.5%,私立高校的发展为高等教育大众化、普及化做出了重要贡献。欧洲高等教育大众化进程较慢,但大多数国家在20世纪70年代后期实现了大众化。据联合国教科文组织的统计,欧洲高等教育毛入学率在2000年时达到了50.7%,基本实现了普及化。与美国不同的是,欧洲国家高等教育大众化得益于福利国家的贡献。我们的近邻日本、韩国、菲律宾等国家,高等教育大众化都得益于私立高校的贡献。

我国恢复高考之后,第一批高考录取率不到4.8%,高等教育毛入学率还不到1%。为了选拔培养高素质的人才,我国高等教育一直走的是精英化的道路,高等教育毛入学率增长不是很快,到2000年时仅为12.5%。但此后,面对经济方式的转变、社会的需求,精英教育已经无法满足人们的需求,包括

民办高校在内的高等教育发展速度加快。民办高校在校生人数从 2002 年的 16.1 万人增长到 2007 年的 115.6 万人,助力高等教育毛入学率从 15% 增长到 23%。① 从世界高等教育发展历程来看,进入 21 世纪后,各国高等教育大众化、普及化速度明显加快。2014 年,我国高等教育毛入学率为 37.5%,2015 年达到了 40%,2016 年达到了 42.7%。预计 3~5 年之后,高等教育毛入学率将要超过 50%,进入普及化阶段。有研究者指出,随着高等教育大众化,如果要为至少 20% 的适龄学生提供高等教育,那么政府除了依靠私立高校外别无其他选择。② 在公共财政约束下,我国公办高校规模很难大规模增加,所以未来普及化目标的实现,离不开民办高校的贡献。

2. 民办高校办学资金的积聚作用

民办高校利用社会资金,自筹经费办学,在政府的优惠政策下,获得了快速发展。举办者投资和学费滚动发展是民办高校传统的资金积累模式,在 2002 年的民办高校资产统计中,举办者投资占 38.55%,办学积累占 41.6%,银行借款占 4.85%,国有资产占 7.64%,社会捐赠占 2.39%,其他占 4.9%。2003~2005 年,民办学校吸纳学费 300 亿元。③ 我们在 2012 年山东省民办高校调研中发现,全省 26 所民办高校的固定资产总值达 145 亿元,其中部分高校的固定资产已经超过 10 亿元;教学科研仪器设备总值达 15 亿余元,部分高校的教学仪器设备总值超过 1 亿元。④ 到 2014 年,全国民办高校固定资产超过 5000 亿元,每年继续用于办学投入的约为 200 亿元。⑤ 在几乎没有国家财政投入的情况下,民办高校改变了教育投入国家独自承担的局面,拓宽了教育资金来源渠道,吸纳、激活了社会上的闲置资金,形成了巨额财产积累。当前,我国经济上行压力还比较大,教育财政经费虽然已经连续多年保持在 4% 以上,但相对于巨大的高等教育规模和国外巨额的高等教育投入,高等教育办学经费整体上并不充足。单纯依靠增加政府的投入来举办高等教育,在一些贫困地区根本不可行,所以应该继续发挥社会力量投资办学在财产积聚方面的作用。

---

① 北京吉利大学. 中国民办大学报告(2009)[M]. 北京:红旗出版社,2009:43.

② Asha Gupa. India:the New Private Sector[J]. International Higher Education, 2007(46): 17-18.

③ 北京吉利大学. 中国民办大学报告(2009)[M]. 北京:红旗出版社,2009:57.

④ 石猛. 山东省民办高校发展战略探索[J]. 山东英才学院学报,2013(2):1-5.

⑤ 王佐书. 中国民办教育发展报告(2014)[M]. 北京:科学出版社,2014:118.

民办高校的发展也有利于激活其他社会资源办学。当前,全国约有550万在校生,如果按照教育消费每生每年2万元计算,每年将消费1100亿元。这种巨大的消费和固定资产投入对各行各业都是一个推动。另外,有一些企业,为了满足企业人才培养的需要,投资举办民办高校。北京吉利大学、烟台南山学院都是企业办学,这些企业投资的民办高校大都具有良好的办学条件,重视经营管理,产生了很好的示范作用。

3.民办高校体制机制的示范作用

改革开放之前,我国高等教育办学体制最主要的特征是政府举办,因而社会上是清一色的公办高校,学校由政府全额拨款,行政管理体制也由政府主导。而民办高校主要由社会力量创办与经营,因此,民办高校的创立和发展是我国高等教育领域最重大的制度创新之一。在公办高校,党委书记、校长及其他主要管理干部都有一定的行政级别,由政府委派或任命,有严格的行政任命程序;编制是教师岗位设置和政府财政资助的依据。所以公办高校在干部任命、教师选聘方面缺少灵活性。在某公办高校,校长曾经想聘请一位美籍教授担任副校长,为此向教育主管部门提交了申请报告。结果该申请报告在经过省组织部门、教育部等主管单位审阅后,相关部门表示在学校承担责任的前提下可以不反对地方高校聘任外籍校长。申请报告前后历经5个月,待该大学拿到此报告,待聘的外籍校长已经与其他高校签约。所以,管理体制是高校办学效益的重要影响因素。

我国民办高校自筹经费办学,与政府间几乎没有直接隶属关系,具有非政府、非传统大学的特点。因此,民办高校办学机制比较灵活、自主和高效,可以按照市场需求办学,根据自身需要调整管理体制。特别表现在教师与干部的聘用管理上,民办高校的人事制度没有"终身雇佣制"和"年功序列制"的规则,都是采取聘任制。这种管理制度没有"铁饭碗",具有竞争性和流动性,因而也具有更大的灵活性和更强的激励性,有利于干部与教师在竞争中展现才华,增加学校的活力。所以,我们可以看到有一大批退休干部担任学校的主要领导;一批来自行业的领导担任学校主要领导或二级学院、行政部门的领导;还成长起了一批年轻的干部。

二、民办高校治理能力的内涵

民办高校治理能力是民办高校的治理主体在一定的框架体系内,充分利用各种资源,共同开展治理活动,最大限度地实现办学目标的能力。从组织运行和功能实现的角度,学校的一切活动都可以称之为办学活动,所以民办高校治理能力是民办高校组织在办学活动中体现出来的办学能力,能力的高低主要体现在主体实现办学目标的活动上。民办高校治理目标的实现必须有一定的体系保障,所以治理能力和治理体系是民办高校治理的核心内容,是民办高校组织治理不可分割的两个方面。治理能力与制度、结构是分不开的,组织的治理水平不仅需要提高治理能力,更需要形成高水平的治理体系。通过以上分析,民办高校治理能力的内涵主要包括以下三个方面的内容。

第一,民办高校治理能力的理想状态是多元共治。民办高校治理能力,一是指民办高校组织整合资源、保证主体利益、实现办学目标的整体性能力;二是指民办高校相关利益主体共同参与决策、保障利益、实现组织目标的能力。所以,民办高校治理能力一是指民办高校组织的能力,主要表现为民办高校的办学水平;二是指民办高校组织相关利益主体的能力,表现为主体的素质状态。由于组织的能力主要体现为治理主体的能力,所以民办高校治理能力受限于治理主体的素质或准备状态,也就是主体的素质或准备状态影响着民办高校治理的水平。由于能力不是一开始就具备的,所以治理能力需要治理主体经过学习、实践等活动内化为自己的心理特征,如思想认识、品德观念、能力素质等。

在主体意义上,民办高校治理能力是治理主体在管理大学事务实现大学目标过程中所外显地表现出来的能力。传统上,高校的利益是一体化的,不存在谁来决定、谁来参与的问题。但学校职能的分化使利益越来越多元,利益主体也越来越多元,由此产生了不同的诉求,以及通过治理协调利益诉求的需要。民办高校的利益主体,包括政府、社会等外部主体,以及举办者、办学者、教师和学生等内部主体。保证公共性是政府的职能,所以,保证民办高校的健康发展是政府的重要职责,是政府公共性职能的体现。在民办高校发展问题上,政府要通过政策扶持、规范管理引导民办高校的发展。其他社会力量参与民办高校治理,有利于民办高校按照社会需求办学,培养符合社会需要的人才,避免人才培养的办学风险。举办者和办学者是民办高校的高专用性投资者与经营管理者,是民办高校发展不可或缺的主体。教师、学生是民办高校办学的具体传导者与承载者,他们参与治理,有利于出台符合学校发展实际的政策,有利于人才培养水平的提高。所以,不同的利益主体因其角色与地位的不同,决定了他们在治理中具有不同的特点,民办高校的治理能力主要取决于这些主体的能力。因此,人人参与、平等参与是民办高校治理能力提升的需要,多元共治是其理想状态,只是因为主体素质的不同决定了这种参与并不是均等参与。

第二,民办高校治理能力的核心是决策能力。能力是人们控制活动顺利进行的心理特征,只有单一能力不足以独立完成一种活动,所以能力是为完成某项活动的能力及能力要素的最佳组合。[①] 民办高校治理能力是治理活动中保障办学目标实现的能力,有什么样的治理活动就对应什么样的治理能力,能力的水平体现在治理目标的完成度上或者说活动目标完成的效率上。办学活动的顺利进行涉及了决策、执行和监督等具体活动,因而治理能力是一个囊括了以决策、执行和监督为核心职能的能力体系,民办高校治理能力应该处理好这三驾马车的关系。

不同的治理能力需要不同的治理主体,而不同主体间能力的差异往往很大。从职责的角度看,民办高校组织的运行可以分为三个层次,分别是技术层次、管理层次和决策层次。传统上,技术层次的职责由教师负责,主要承担教学、科研和社会服务等职能的落实;管理层次的职责由行政人员负责,主要承担学术和行政管理方面的职能,并帮助解决相关技术难题;决策层次的职责由董事会和校长负责,主要承担学校决策方面的职责。[②] 决策是董事会和校长等核心利益主体的行为,其他利益主体一般不能直接参与。所以民办高校的许多问题都与核心权力主体有关,主要是因为他们掌握了民办高校的决策权,其他主体基本不享受参与决策的权力,也无法对决策形成有效的监督。治理是管理模式的转变,它改变了管理的一元权力中心,成为多元主体共同参与的活动。只有共同参与决策,才能保证自身的利益,民办高校治理应该形成多元主体共同参与决策,同时参与利益分享的局面。决策是组织运行的核心,所以决策能力是治理能力的核心。当然,不同的主体在决策中的地位和作用是不同的,对于举办者、办学者这些权威主体来说,他们是学校办学的核心主体,能力也主要体现为决策能力;而其他主体所享有的主要是参与决策的能力。

多元参与并不否定权威,权威主体的能力来自公众对其权威的认可,这样其决策能力才有意义。在民办高校,举办者与办学者等主体因其高专用性投

---

① 康锦堂. 教学能力结构及测评 [M]. 厦门:厦门大学出版社,1991:20.
② 〔美〕罗伯特·伯恩鲍姆. 大学运行模式:大学组织与领导的控制系统 [M]. 别敦荣,译. 青岛:中国海洋大学出版社,2003:18.

资而享有决策权力。作为核心权力主体,他们所享有的决策权力是由他们在组织中的地位决定的,是强制性力量所赋予的。但决策权力本质上并不因为其来源于权威主体而具有合法性,应该得到公众的认可。决策权力得到公众认可的前提是决策能够兼顾所有人的利益,只有其他主体参与决策才能形成兼顾其利益的决策,唯其如此,只能代表少数人的利益。所以,参与决策、享有决策权力是民办高校的一般利益主体分享学校发展利益的关键,决策能力是民办高校治理能力的核心。

第三,民办高校治理能力本质上表现为制度能力。民办高校治理活动目标的达成需要良好的制度安排,即有助于治理目标实现的结构体系与机制,实质体现为参与主体间的权责配置,通常被称为治理体系。对某个特定组织而言,治理能力与治理体系是组织治理水平的体现。所以治理能力和治理体系是组织治理的核心内容。民办高校治理水平的提高不仅需要提高治理能力,更需要形成高水平的治理体系;有了高水平的治理体系,有利于提升治理能力。打造高水平的治理体系,其目的就是要实现治理范式的转换,提升治理能力,为善治创造条件。民办高校治理是制度化的治理,民办高校治理能力是治理主体在一定的制度环境中管理民办高校事务、实现治理目标的能力。制度能力是民办高校治理能力的本质特征,在能力组合中,制度能力越强,民办高校治理的效果往往越好。

善治的保障是治理结构体系,包括治理的结构和机制安排。大学治理结构的设置及有序运行,其本质就是权力和权利的优化配置问题,即根据大学运行规律做到大学权力分立,以及权力处于制约、监督的状态。① 制度的能力表现于此。民办高校治理主体间的权责配置及其关系体系构成了民办高校的治理体系,具体体现为一定的内外部制度结构。基于决策权力的分配与利益的协调这一核心,治理体系首先是关于决策权和作用机制的制度安排;其次,治理体系规定了民办高校各主体合法性的存在,并明确了他们之间的作用机制;再次,为了能够最大限度地吸引利益主体的参与、防止不当行为的发生,治理体系为此提供了一定的制度保障。从民办高等教育实践来看,作为制度的体系主要是外部的法律政策体系、科学的宏观管理体制和有效的中介组织,这主要解决了民办高校的法律地位和属性以及其他主体参与民办高校治理的问题;作为结构的体系主要是民办高校的决策机构、执行机构、监督机构等组织

---

① 周湖勇. 大学有效治理的法理分析 [J]. 中国高教研究,2014(3):8-15.

机构,以及民办高校内部的管理机制等。治理体系保障了各主体的权益,有利于民办高校治理目标的实现。当代民办高校已经基本在形式上建立了决策、执行和监督机构,但治理能力偏低,这主要是因为组织结构或权力运行缺少有效的制度安排。

三、民办高校治理能力的影响因素

组织结构、内外部制度或政策对组织的发展具有重要影响,但组织存在与发展的关键要素不仅是一座建筑或一套政策,更是基于人与人之间的相互关系。[①] 从民办高校治理能力的内涵来看,对民办高校治理能力有重要影响的因素主要有主体性因素以及制度性因素。制度性因素是保障性因素,内外部主体性因素是影响民办高校治理能力的主要因素。

(一)民办高校治理能力的影响因素分析

对民办高校组织来说,影响其治理能力的主体性因素主要包括政府、其他社会力量等外部利益主体,以及民办高校内部的利益主体,这些主体对民办高校治理能力产生着不同的影响。

1. 政府与民办高校治理能力

高校治理首先是高校作为法人的治理,各高校应该作为一个独立的法人而存在,由高校法人组织自主地处理学校事务。这意味着政府要将行政权力还给高校,使之真正成为可以独立承担责任的法人实体;政府主动退出对大学内部事务的直接管理,与高校形成沟通与协作的关系,转而通过服务与监督引导其发展;应该引入更多的办学主体,参与举办高等教育,参与高等教育决策。

政府是公共管理的主体,为社会提供教育服务是政府的重要公共职责。民办高校的责任在于人才培养,所以民办高校职能的实现可以认为是政府教育职能的拓展,政府必然要对民办高校进行扶持与监管,其管理水平影响着民办高校的治理能力。不过,从历史发展来看,政府对民办高校的规范、扶持基本是政策性的,并不直接参与管理;后来,一些民办高校也接受了政府的财政资助,但相对于举办者的投入和办学积累,政府资助只占极少的部分。据测算,很多每年都接受政府财政资助的学校,资助额度最高占学校当年学费收入的10%左右,其他的学校甚至没有财政资助或资助少得可怜。政府因其公共

① 王孙禺. 高等教育组织与管理 [M]. 北京:高等教育出版社,2008:2.

性必然会履行对民办高等教育进行监管的责任,这是正常的高校与政府之间的关系。但实质上,无论是扶持还是监管,政府往往还处于失位或缺位状态。从现实来看,民办高校自筹经费,在经费收入上与政府几乎不存在直接的隶属关系。

民办高校是独立的法人实体,在办学经费来源上表现为经费自筹,在运营体制机制上表现为民间经营。民办高校无论由哪一种社会力量投资举办,经费主要依靠学生缴纳的学费、住宿费等。民办高校成立了以举办者为首的董事会,董事会选聘校长负责教育教学和行政,有的学校也存在主管部门荐举领导的行为,但民办高校的行政领导基本不存在政府任命的现象。所以民办高校的举办者有独立地决定自己学校的事情特别是拥有管理人事、财务的权力。在内部办学上,最初的民办高校并无任何计划约束,而是按市场需要也就是专家们常说的“民办机制”来办学,这决定了民办高校治理能力的提高,主要是在政府政策及其他制度的规范、扶持下,保持正确的发展方向,提高办学质量,保持其公益性,促进学校的持续发展。

2. 其他社会力量对民办高校治理能力的影响

虽然大学在发端时也曾诗意地栖息于“象牙塔”,但之后逐步融入社会,与社会的联系日趋紧密,成为社会的中心。在这一过程中,大学一方面服务社会,承担其社会责任与使命;另一方面也从社会汲取必要的资源,满足自身发展的需求。在服务社会与汲取资源的过程中,大学会转让一部分控制权给社会,让社会参与治理,在满足社会需求的同时修正自己的办学行为。所以社会力量参与大学治理是高等教育管理体制改革的题中之义,现代大学治理已有一定程度的社会参与,并且也已取得一定的成效,从形式到内容经历了一个不断丰富的过程。[①] 所以,民办高校应该调动其他主体参与办学的积极性,并满足他们的利益诉求,这有利于其提高治理能力,提升办学水平,实现学校的职能。

民办高校具有自主办学、自控性管理的特征,这正是其与社会实现互通的渠道。因为这种自主性机制的存在,民办高校具有公办高校不可比拟的灵活性,可以在完成大学职能、实现办学目标的框架内,灵活地处理与其他社会组织等外部主体间的关系。民办高校办学经费自筹,迫切希望能够获得外界的

---

① 王建华,钟和平. 高校治理中社会参与的困境及对策分析 [J]. 大学教育科学,2011
(1):49-52.

支持,往往会对一些办学资源主动接触,实现办学的市场化。现实中很多民办高校都与外界办学主体开展了各种形式的合作,外部主体参与办学提高了民办高校的办学能力,既有利于民办高校教学,也有利于学生就业。而且从当前民办混合所有制高校与公办混合所有制学校的对比中发现,民办混合所有制具有明显的灵活性。实践中,很多民办高校成立了以企业命名的二级学院和课程班,电商学院、中兴学院、装饰学院、店长班等,这都是外部主体参与办学的结果。正是依靠这种自主机制,在与外部主体的合作中,民办高校也获得了更多的办学良机,走上了扩大合作办学的道路。相对于公办高校,民办高校具有较大的办学自主性,这有利于民办高校建立与外部社会的支持性关系,进一步获得办学经费和其他社会资源,拓展生存的空间。民办高校基本实现了办学主体的市场化、关键管理主体的市场化,外部主体已经在民办高校治理中发挥了重要作用。

3. 内部主体对民办高校治理能力的影响

高校作为一个特殊的利益相关者组织,没有特定的受益人,从参与决策、保证自身利益的角度,所有的受益人都应该参与学校治理。组织内部的利益主体是复杂的、多元的,所以在高校治理活动中,对学校治理能力产生影响的不是单个主体的活动,而是多个主体或主体的联合活动。组织内不同的主体拥有不同的素质状态、利益诉求和权力框架,因而他们在组织中的角色地位不一样,形成了不同的权力关系,带来了不同权力主体间的冲突。

我国民办高校基本是靠学费滚动发展壮大的,即使有企业投入,也往往在基本建设完成后靠滚动发展,所以几乎没有学校从一开始就可以完成现在的规模建设。由于政府制度供给的滞后,民办高校主要依靠举办者、家族成员、办学者等少数人的智慧以及其他主体的共同努力逐渐成长起来。在此过程中,他们的理念逐渐融入学校,因而往往具有很大的权威性,成为学校组织的人格化身。这些举办者成了现在的董事长、校长,民办高校也形成了董事会领导下的校长负责制。鉴于他们在学校发展过程中所起的作用,举办者掌握了学校决策的权力,民办高校也逐渐形成了以举办者为核心的决策机制。

根据在决策经营中的地位或角色,民办高校的治理主体可以分为核心利益主体和一般利益主体。能够在组织经营决策中称得上核心利益主体的,其典型特征是进行了高专用性投资,从而在组织发展中不可或缺;承担了高风险,能够影响组织的生存和发展。除此之外,其他皆可视为一般利益相关主体。一个主体是核心利益主体还是一般利益主体,是由其在学校经营中的地位所决定的。对于民办高校来说,核心利益主体首先应该是高专用性的投资者。理论上,民办高校的投资一是出资,二是人力资本的投资,前者主要是民办高校的举办者,后者主要是办学者等。但当前不少民办高校的举办者并不是出资者,而是人力资本投资者,这部分投资者可置于举办者的范畴。没有举办者的投资,学校将不能存在,而且他们还在办学中承担了经营风险,所以是当之无愧的核心利益主体。办学者主要是校长及其行政团队,他们与教师团队都是人力资本投资者,但相比后者,校长及其行政团队是核心利益主体。因为人力资本的专用性决定了校长的聘任主要是因为他们有特殊的经营管理才能,他们的离开,通常会给学校发展带来损失,他们的退出对于学校是一种不小的威胁。[①]

鲍德里奇认为,大学中存在着不同的利益群体;由于不同利益群体的存在,群体之间的矛盾就不可避免;提高决策的参与程度可以缓解矛盾;决策比领导和管理更重要。[②]但实质上,不少利益相关主体没有积极参与决策,民办高校的教师就是这样一个群体。教师参与治理是西方大学的重要传统,主要是对学术问题负责。所以,教师治理问题更多的是一种基于内部性的追求,包含一种学术自由精神与民主管理的理念。美国高校的教师,包括私立高校的教师,积极参与学术决策,拥有学术决策权。教师与董事会、校长团队各司其职,又可以相互制衡,形成了共同治理的结构。当代我国民办高校只有30多年的发展历史,还谈不上有学术自由或自治的传统,教师参与治理没有本土传统的土壤。一是在资本雇佣劳动的理念下,我国民办高校教师基本处于一种依附性的生存状态,不少人自觉放弃了参与治理的权利。二是民办高校的科研学术还处于起步阶段,教师的学术水平比较低,民办高校教师并没有展示出其应有的学术影响力。不过,民办高校都定位于教学应用型,学校办学遵循的"不是教授治理的学术逻辑,而是应用型的社会治理型"[③],特别注重教学。所以民办高校的职能相对单一,这也决定了民办高校的教师并不是公办高校那种教授型的,科研学术地位没有公办高校那么强。我国民办高校与政府的关系比较松散,民办高校处于一种自控性控制状态,具有较大的自主性。他们可以根据市场需求自主设置学科专业,根据办学需求自主聘任教师,这种决定权

① 张宏博. 中国私立大学有效经营的制度研究 [M]. 北京:人民出版社,2009:88.

② 阎凤桥. 大学组织与治理 [M]. 北京:同心出版社,2006:71.

③ 刘向兵. 变革内部治理结构,推进地方高校转型 [N]. 人民政协报,2016-3-30(10).

往往集中在二级学院等办学实体手中。在教学学术层面,教师具有一定的决策权,也就是民办高校教师具有自身程度范围内的学术决策权。而权力本身是自身业务领域范围内的,我们不能说民办高校教师没有参与决策的权力,只是这种权力的范围有待扩大。民办高校的办学水平相对较低,由于教师劳动的普遍性,某些教师的流失对于学校的经营管理影响并不是太大。所以,教师是民办高校的一般利益相关者。有人说学生应该是核心利益主体,其实学生的主体地位体现在教育教学过程中,而不是学校经营过程。所以,教师、学生及内部其他主体都是一般利益主体。

(二)民办高校治理能力的特殊性

高校治理首先是法人治理,民办高校自筹经费办学,具有相对独立的法人地位。民办高校与公办高校虽然在人才培养属性上没有本质差别,但由于举办体制的不同,民办高校治理与公办高校治理所面临的问题不同,因而民办高校治理能力有其特殊性。

第一,同是人才培养机构,但政府在公办高校发展与民办高校发展中的作用是不同的,民办高校治理能力的特殊性之一就表现在与政府的关系上。在公办高校,因为政府投资机制的影响,公共投入是公办高校最重要的办学来源,所以公办高校比较依赖于政府财政,因而与政府形成了一种从属关系。习惯上,政府是社会公共事业组织的管理机构,作为公共权力的中心,一直承担着一个无所不能的全能型政府的角色。过渡到高等教育行政,政府既对大学投资,又对大学进行指令性的直接控制与管理。公办高校校长由上级政府部门直接任命并对上级部门负责。在这种体制下,公办高校不可能像西方大学那样获得自治的地位和自主的办学权力。这种局面的存在使得我国公办高校治理面临很大困难。至少,目前这种制度安排还很难算得上是一种法人治理结构;甚至可以说,恰恰是和法人治理相矛盾。[①] 所以,政府的管学问题是影响公办高校治理能力的关键因素。

与公办高校国家投资、国家所有的体制不同,民办高校属于社会投资,因而不会像公办高校一样隶属于一个行政部门,也没被纳入常规的高等教育行政体系。高等教育行政部门的行政范畴只包括公办高校,不包括民办高校。在政府出台的一系列高等教育政策中,都只涉及公办高校,民办高校的相关政

① 李福华. 大学治理的理论基础与组织架构 [M]. 北京:教育科学出版社,2008:62.

策都要加上"民办"二字,而与公办高校相关的高等教育政策却无须特别注明"公办"二字。[①]在民办高校发展过程中,政府的制度供给一直处于滞后状态,有的还因为无法会签处于缺位状态,民办高校主要依靠举办者等少数人的智慧逐渐成长。相对于公办高校与政府关系的附属性、受限性,民办高校具有更大的自主性。民办高校是独立的法人,政府对民办高校组织的限制性规定,仅限于保证其公益性。与政府关系的问题,并不是民办高校面临的突出问题,并不是影响民办高校治理能力的关键性因素。反倒是未来,在教育管理体制改革以及对民办高校分类管理、加强财政扶持的背景下,政府对提升民办高校的治理水平还将发挥更大的作用。

第二,同样是为高校人才培养服务,但社会力量在民办高校中的地位与其在公办高校中的地位是不同的,民办高校治理能力的特殊性也体现在与外部其他社会力量的关系上。近年来,我国对高等教育管理体制进行了一定改革,对政府的管理权力也进行了调整,但在国家办学体制下,那只是"政府根据自身的认识单向度有限地把一些权力交给高校,大学的控制权仍掌握在政府手里,我国大学治理在很大程度上仍受集权体制、计划运行机制、行政模式特点的羁绊,难以逃离大学治理无效率的怪圈"[②],公办高校自主权式微的现状没有得到实质性改变。在现行高等教育行政管理体制下,政府是公办高校的举办者同时又不断插手学校事务成为一个办学者。为此,政府规定了公办高校的招生计划、专业设置和课程规划、国际合作和国际交流、经费使用等几乎所有的办学行为规范,从具体行为上指导学校的办学。借助于政府的全额划拨经费,大多数公办高校几乎没有生存的压力,普遍缺少与外界办学主体的沟通。有些公办高校也会重视社会力量的作用,但往往更限于资金的支持,除此之外基本不会让他们监督或参与其他内部事务活动。另一方面,由于没有独立的法人地位,公办高校无法实现与外界办学主体的平等沟通,难以通过谈判获得其他主体的办学支持。而其他外部主体的利益、需求,也很难直接反映到办学中,更不用说参与学校的管理。政府往往通过计划、审批、监管和处罚等方式直接管理学校事务,形成了控制与被控制的关系。其结果是公办高校作为独立法人的地位不完整,同时也造成了公办高校对政府的服从与依赖,自主办学

① 别敦荣,陈艺波. 我国独立设置的民办高等学校的现实困境与前景展望 [J]. 民办教育研究,2006(4):10-16.

② 张圣祺. 治理理论视域下我国政府与大学关系研究 [D]. 吉林:吉林大学,2012:4.

能力弱。

但在政府对民办高校进行政策管理并不直接进行行政干预的条件下,民办高校有更多的办学自主性。这有利于民办高校建立与外部社会的支持性关系,进一步获得办学经费和其他社会资源,有利于拓展其社会生存空间。与公办高校的行政架构不同,民办高校形成了一种应用型的治理结构,这种应用型来源于市场的应用性。同样都是外部主体,政府在民办高校与公办高校发展中所起的作用并不相同,因为举办者的价值选择不同。换句话说,举办者的因素决定了外部主体的作用。既然民办高校不需要面对体制内的那么多条条框框,不需要像公办高校那样处理外部关系,那么就应该着重处理怎么发挥董事会领导下的校长负责制的优势,充分开展与外界的合作办学,建立良好的关系,解决好筹资、融资、管理与办学环境问题。在治理的背景下,基于民办高校举办者的自主选择性,外部主体对于提升民办高校治理能力还有更大的发挥作用的空间,不是以后治理能力提升所要处理的重点关系。

第三,民办高校与公办高校面临着不同的内部矛盾关系,因而在处理内部矛盾关系上民办高校治理能力有其特殊性。理论上,高校是一个学术共同体,学术事务是学校所有活动的核心,学校事务应该由共同体成员共同参与,协商处理。实践上,欧美国家高校形成了内外部利益相关者参与学校决策的结构体系,内部利益主体在学校内部事务中享有决策权力。所以,高校共同治理有其理论基础和实践依据。我国公办高校的管理体制是党委领导下的校长负责制,高校治理就是要在这一体制之下,充分利用各种资源,开展治理活动,提升办学水平。党委领导下的校长负责制源于我国的高等教育体制,这是我国高等教育的特殊性。但在现行体制下,公办高校管理活动需要上级党委和政府的授权,所以学校内部治理实质是授权治理。落实到学校内部管理上,就是治理的权力既不是源于学术共同体的专业权力,也不是源于利益相关者的利益权,而是源于外部党政组织的授权,治理的合法性是外部党政组织所赋予的,治理的范围、内容、形式、程序等都是由相关政策法规文件所规定的。[①] 结果是学校党政部门要根据外部精神来办学,二级学院作为办学主体被动应付外来的和内部党政部门的要求,教授的权力有限且参与治理的意愿不强。学校内部存在着政治权力与行政权力、行政权力与学术权力、政治权力与学术权力之

① 别敦荣. 论我国大学治理 [J]. 山东高等教育,2016(2):1-7.

第二章　民办高校治理能力的内涵及其影响因素

间的冲突①,这种冲突是对高校独立自主办学权力的伤害,不利于其学术组织活力的发挥,不利于治理能力的提升。

公办高校与民办高校的内部管理体制本质上都是委员会制,但代表的权力是不同的。公办高校和民办高校都是国家办学,国家体制在教育上有所体现,那就是党的作用,在教育上都是各级党委在领导,在公办高校就体现为党委领导。从对投资者负责的角度上,督导专员的出现体现了国家和党对民办高校的规范、监督作用。督导专员可进入学校决策机构或行政领导班子,可参与学校重大决策问题的讨论,监督和引导民办高校的办学行为,而且也应该适时向政府主管部门提出工作建议。督导专员参与学校治理,很大程度上是在对上级主管部门、公众负责,贯彻上级主管部门或党委的意见。举办者、办学者对民办高校的经营决策产生重要影响,是核心利益主体。在举办者控制下,民办高校的决策权力缺乏制衡,举办者与办学者之间权力关系模糊,最终导致了董事长与董事会、董事长与校长等主体间的矛盾。在谁更具有决策权力的问题上,核心利益主体存在着冲突。所以对民办高校发展经营决策产生重要影响的是举办者、办学者等核心利益主体,这些主体也是影响民办高校治理水平的主要因素。民办高校治理所要解决的问题是投资者与办学者这种决策层的矛盾,是核心利益相关者的矛盾,并不存在公办高校那么复杂的权力关系。而教师、学生等一般利益主体的重要行为特征就是搭便车现象,他们对学校的生存和发展并不构成重大影响。民办高校治理能力提升,主要解决的是校内核心利益主体之间的矛盾关系。

总之,公办高校治理能力的提升首先需要梳理好与政府间的关系,在此前提之下处理好社会力量参与办学的问题以及自身内部的矛盾关系,概括起来就是管学、办学、内部关系问题。公办高校治理需要在原有的体制内,引入治理的理念,建立党政学平衡的体系、教授治学的实践机制、学校与学院有效互动的治理体系,从而解决公办高校行政管理体制下的痼疾,促进公办高校的持续发展。而民办高校董事会领导下的校长负责制更是一种核心利益相关者决策的体系,由于举办者与办学者关系的模糊性,形成了核心利益相关者的矛盾。民办高校治理能力与公办高校治理能力所解决的问题是不同的,民办高校治理能力所要解决的问题基本是领导体制的问题。与公办高校治理能力需要处理好管学、办学、内部关系等方面的问题不同,民办高校治理能力有其特

① 杨克瑞,祈型雨. 高等学校的政治权力及其监督 [J]. 复旦教育论坛,2005(5):52-55.

殊之处,主要是完善董事会领导下的校长负责制,理顺好内部权力关系,更好地吸引外部社会力量参与办学,提高办学能力。

本章小结

民办高校治理是治理理论在民办高等教育领域的应用,是为了解决民办高校发展中的问题,董事会领导下的校长负责制是民办高校治理最基本的制度安排。民办高校治理能力可以理解为民办高校组织的利益主体,在一定的体系框架内,充分利用各种资源,共同开展治理活动,最大限度地实现办学目标的能力。在这一概念结构中,各利益相关者是民办高校治理能力的主体,民办高校治理能力的核心是决策能力,民办高校治理能力本质上表现为制度能力。与公办高校相比,民办高校的特殊性表现为办学经费自筹和民间运营,投资体制和运营体制的不同是民办高校治理能力不同于公办高校治理能力的根本原因。与公办高校治理能力需要处理好管学、办学、内部关系等方面的问题不同,民办高校治理能力有其特殊之处,主要是完善董事会领导下的校长负责制,理顺好内部权力关系,更好地吸引外部社会力量参与办学,提高办学能力。

第三章
民办高校治理能力现代化及其分析框架

治理能力本身也是一个现代性的概念，是现代性因素在管理过程中的嵌入。这些现代性要素在民办高校管理中嵌入的过程是民办高校治理能力现代化的过程。实践中，因为投资模式与产权诉求等方面的原因，我国民办高校可以分为多种办学模式，但不同办学模式的高校往往面临着共同的发展问题。因为民办高校治理能力有其特殊性，所以民办高校治理能力现代化首先可以通过分析民办高校的治理实践与治理模式探索民办高校治理所面临的问题，形成民办高校治理能力现代化的问题分析框架。

第一节　民办高校治理能力现代化的要求

我国民办高校发展形态多样化，治理模式也呈现出明显的多样性和差异化特征，其根源在于举办模式。不同举办模式的民办高校形成了不同的主体关系，因而成为民办高校治理能力现代化的限制性因素。民办高校治理能力现代化的提出有利于民办高校创设外部法人治理环境、完善法人治理结构、促进高水平民办大学建设。

一、民办高校治理的实践探索

根据发展的任务或所要解决的问题，我国民办高校的发展历程可以分为生存阶段、地位阶段和发展阶段三个阶段。在不同的阶段，民办高校治理面临不同的问题，因而也体现出阶段性的特点。

（一）生存阶段的民办高校治理

民办高等教育的生存阶段也是我国早期民办高校的创业阶段，当时大部分民办高校的办学形态是辅导班或培训学校。由于认识上的误区，民办高校实质上并不受政府重视，所以此时的主要任务是争取办学权，内部管理体制还没引起广泛的关注。[①]

在姓"资"与姓"社"问题没有解决的情况下，政府对民办高等教育到底是扶持还是管制没有明确的概念，政府政策基本是尝试性的，对规模与内部管理体制等方面并无过多要求，基本看不到对民办高校内部管理的规定。《中华人民共和国宪法》提出鼓励社会力量举办教育事业这一原则之后，各地开始探索民办教育的管理办法。《河北省私人办学暂行办法》（1982）提出私人办学应由各级教育行政部门实行综合管理，私人办学的学校以办学者讲授为主，如学习内容过多，可以适当聘请兼课教师。《北京市社会力量办学试行办法》（1984）规定，社会力量办学经费自筹，教学和管理以举办单位和个人为主。《大连市人民政府关于社会力量办学管理办法》（1986）规定，市教育局和县（市）区职工教育办公室是管理部门，申请办学者个人负责管理。由此来看，个人举办、个人管理是当时政策对民办高校最明确的要求。

早期的民办高校创办者多为离退休老干部、老教师，很多本身是教育或管理方面的专家，有丰富的教育教学和管理经验，他们作为投资者也可以身兼办学者的身份。在内部管理方面，一些民办高校也在探索一种不同于公办高校的管理体制，建立了董事会制度，探索董事会治理。浙江树人学院由浙江省政协原主席王家扬担任学校的董事长和校长，北京经贸职业学院由国家教委原副主任柳斌任董事长和校长，都建立了校董合一型的治理结构。这种治理探索是民办高校的个体行为，并不具有普遍性，其出现一是与投资管理体制相关，浙江树人学院由省政协牵头举办，北京经贸职业学院由几位老干部共同发起；二是在不被社会认可的情况下，民办高校需要挂靠权威部门或依托老干部与领导。其他民办高校，多是举办者或举办者家族负责决策经营，学校规模很小，就像是小作坊式的管理，或者是传统的家族管理。由于举办者管理具有非常明确的法律规定性，所以初期的民办高校由举办者群体或举办者家族共同决策与管理的特征非常明显，处于一种古典企业式的简单治理状态；内部决策

---

① 徐绪卿.我国民办高校内部管理体制改革与创新研究［M］.北京：中国社会科学出版社，2012：89.

权力比较集中,但分工相对默契,较少出现与控制权相关的矛盾。与一般的知识性教学相比,自考培训在内容、形式上与之不同,而举办者们都没有管理具体的民办教育机构的经验,所以内部治理实质上还处于探索阶段,粗放式特征比较明显。

国家在《关于社会力量办学的若干暂行规定》中指出,社会力量办学是教育事业的组成部分,应该遵循经费自筹的原则,还提出了学校享有办学收入和固定资产的所有权,健全财务公开、教育审计的财务管理制度。虽然政府提出了管理规范,也提出了法人财产和财务制度的管理雏形,但对民间办学的态度与行为基本是试探性的、小心翼翼的。甚至可以说是放任发展的,往往是只有审批而没有监督。应该说,政府完全没有意识到社会力量办学可以有现在这么大的规模、这么复杂的管理。虽然当时已经有6所全日制专科教育的民办高校,但政府的管理思维基本还停留在辅导班和培训班的模式上。因此,民办高校的生存和发展,完全凭举办者个人的智慧,能生存者则生存,不能生存者则消亡。

(二)地位阶段的民办高校治理

地位阶段是民办高校发展壮大的时期,也是第二代举办者进入民办高等教育领域的时期。这一时期,政府明显加强了对民办高等教育的规范与监督。但限于办学条件和积累,很多规定本身还不完善,主要还是探索性和试验性的,不具有执行的刚性,不过这也为民办高校内部治理提供了依据和指导。

第一代创办者以其人格魅力及人力资本优势掌握了民办高校的决策权。与他们相比,第二代创业者作为拥有一定物力资本的所有者进入民办高等教育领域,他们以财产所有权换取了对学校的实际控制权,但由于大多数人并不熟悉教育管理,所以大多通过聘任校长开展办学活动。山东英才学院聘请了山东大学、山东师范大学等山东省的名校领导担任校长,湖南涉外经济学院聘请了原湖南师范大学的著名教育家张楚廷教授出任校长,上海建桥学院聘请了原上海电视大学黄清云教授出任校长。随着外部专家的介入,有的民办高校建立了校董分离的治理模式,但更多的民办高校采取的是家族治理模式,表现为夫妻校、父子校和兄弟校等,具有校董合一的特点。这种校董合一,一是举办者个人兼任董事长和校长,二是举办者家族兼任董事长和校长。不论是校董合一型还是校董分离型的治理结构,由于大部分学校的效益尚未充分显现,所以校董还处于齐心协力、艰苦创业的"蜜月期",而且学校经营者处于劣势谈判的地位,所以校董双方的交易成本不高,民办高校的经营绩效尚好。①

在快速发展时期,政府管理展现出相对明显的规制色彩。《民办高等学校暂行设置规定》(1993)规定了民办高校实行省级主管部门行政管理审批制度,对民办高校的设置标准和内部运行提出了要求,这标志着民办高等教育发展进入了有章可循的时期。《社会力量办学条例》(简称《条例》,1997),明确了加强对社会力量办学管理、严控社会力量举办民办高等教育机构的要求。这是改革开放以来,国家颁布的与民办高校发展直接相关的最高法规,明确了各级政府部门在民办高校发展中的责任并对民办高等教育的发展提出了相关的规范要求。《条例》规定,要把校长或主要行政负责人的资格证明作为学校申报的条件之一,初步规定了校长的任职条件和任职方式,提出了董事会的职能、董事的产生以及亲属回避的原则。后来,《民办教育促进法》在《条例》规定民办高校"可以"设立董事会的基础上,提出了民办高校"应当"设立董事会的要求,董事会制度在形式上成为民办高校治理体系的核心制度。地方政府对民办高校的管理也进行了有益的探讨,《广东省私立高等学校管理办法》(1995)提出,私立高校"一般"要实行董事会领导制度,也对私立高校的构成、权力与责任,校长的产生、权力和任职条件做出了限制性规定;设立董事会的学校,校长或董事长可以为法人代表;为加强权力监督、规避办学风险,提出了设立工会组织,建立健全会计制度。

(三)发展阶段的民办高校治理

在前两个发展阶段,生源被誉为民办高校的生命线,没有足够的学生规模就缺少收入来源,学校难以生存。所以,部分民办高校以打擦边球的形式,招揽更多的生源,不少民办高校都成了万人高校。对于民办高校来说,内涵发展时期是他们夯实基础、完善管理、提升质量和水平的阶段。

随着《民办教育促进法》的颁布实施,董事会制度在法律形式和实践中得以确立。早期创办的民办高校在形式上慢慢规范了内部治理结构,形成了董事会领导下的校长负责制。像黄河科技学院,一直都以校务委员会为决策机构,后来根据法律要求,在校务委员会的基础上成立了董事会,胡大白任董事长和校长。2012 年,胡大白不再担任校长,改由杨雪梅担任。这一时期,不少独立学院转制成为民办普通高校,也完善了董事会领导下的校长负责制。抛

---

① 张宏博. 中国私立大学有效经营的制度研究 [M]. 北京:人民出版社,2009:68.

开董事会治理的问题,这一阶段民办高校治理最引人注意的现象应该是第一代创业者的接班现象,黄河科技学院、西京学院等一批民办高校都实现了子女的接班,还有一些民办高校正在进行接班人的培养。

在前一阶段,民办高校办学规模形成的繁荣假象压倒了内涵的提升,危机也慢慢到来,政府也开始介入学校的微观治理。2006年10月,江西省先后发生了学生打砸校园的事件,这是民办高校内部管理不规范问题的集中爆发,充分说明学校发展应该与规范管理相结合。为了引导民办高等教育健康发展,国务院颁发了《关于加强民办高校规范管理引导民办高等教育健康发展的通知》,指出民办高校存在办学思想不端正、内部管理体制不健全、法人财产权不落实、办学行为不规范的问题,强调依法规范民办高校办学行为和内部管理,并对政府和有关部门的监督和管理职责,以及民办高校内部的管理体制和运行机制提出了具体要求。中共中央组织部门和教育部党组专门下发了《关于加强民办高校党的建设的若干意见》,对民办高校党组织建设等几个问题做出了阐明与规定,并且要求党组织负责人应该进入董事会。2007年,教育部通过了《民办高等学校办学管理若干规定》,对民办高校内部管理做出了更为详细的规定,其中比较突出的是提出了民办高校督导专员制度和落实民办高校法人财产权的问题,政府对民办高校宏观管理全面加强,民办高等教育的发展进入了一个新的转型期——调整规范期。① 董事会制度、督导专员及其"双向"进入制度、法人财产权制度等一系列制度规定成为未来民办高校运行的重要行为规范。

二、民办高校治理的基本模式

关于民办高校的举办模式,很多研究都有不同的分类,考虑到办学资金的来源方式与使用发展方式,可以将民办高校的举办模式区分为捐资办学、滚动发展和投资办学三种模式。与这些举办模式相适应,民办高校治理分为利益相关者治理模式、人力资本控制模式和出资者控制模式。

(一)滚动发展与民办高校治理

我国大多数民办高校发展的模式可以界定为滚动发展,这种模式的突出特点是没有或只有少量的初始投入,主要依靠学费运行,并将办学积累再次投

---

① 董圣足. 我国民办高校的内外部治理特征 [J]. 现代教育管理,2010(8):29-33.

入学校,以此推动学校滚动发展。这是一种低成本的扩张运作模式,传统上我们又习惯于称之为以学养学的发展模式。①

滚动发展模式与我国的经济发展水平、民办高校投资者的资本积累情况密切相关。众所周知,我国民办高等教育消失的根本原因在于其赖以发展的经济基础的消失。改革开放以后,民营经济开始发展,从理论上说,民办高校是与民营经济同步发展的,其实那是在改革开放一段时期以后。因为很多早期民办高校的举办者并不来自民营经济,而是体制内的教师以及离退休老干部。民办高校基本是在并不具备办学条件的情况下发展而来的,处于典型的"三无"状态,其实连最基本的办学经费都没有,一般是先开办,然后利用学费节余滚动发展起来。如北京城市学院,由海淀区人大代表、清华大学教授傅正泰发起。傅正泰教授先借了5万元,算是最初的开办经费。黄河科技学院的创办者胡大白用30元钱制作了高考复习班和自学考试的广告,开启了办学的历程。因为身体原因,胡大白通常由其丈夫用自行车推着找教室、求教师,而且开学第一天还因为租借的教室准备不充分与学生发生了一些小矛盾。到了20世纪90年代后期,一些民营企业家有了一定的积累,也开始投资办教育。青岛恒星科技学院的董事长陈昌金,最初一共创办了12个微小企业,当决定投资办教育时,就卖掉了其中的11个,筹资1000万元用于开办学校。他说:"从发展模式上看,恒星科技学院应该归于滚动发展;我们整个国家没有多少民办高校是真正投资办学的,而且1000万元的初期投入相对于发展过程的巨额投入与积累,属于滚动发展比较合适。"这些最初的投入对学校的发展是重要的,但相对于学校巨额的开办经费,却是杯水车薪。这些学校都经历了一个艰难的发展过程,从借贷办学,通过办学盈余滚动发展,形成了今天的规模。许多学校也因经营不善而倒闭,生存到现在的学校,大都有几千人或几万人的在校生规模,积累了不少资产,在社会上具有较高的声誉。像陕西省,全省民办高校前期均无大的投入,主要依靠学费的积累形成了今天的规模,滚动发展的积累资产已经成为学校资产的主体。

滚动发展模式的民办高校在创建时没有或只有少许的资金投入,学校的发展更多地依靠举办者的知识、背景、经历、性格等以及由此而决定的办学理

① 徐绪卿. 我国民办高校内部管理体制改革与创新研究 [M]. 北京:中国社会科学出版社, 2012:166.

念。① 举办者以投资换取控制权,并通过控制权来办学,体现出人力资本控制型的治理特点。民办高校的发展成就与第一代创业者的智慧、奉献精神是分不开的,因而他们在学校拥有充分的权威;民办高校自发性权力的分配往往不是一种契约行为,所以学校也因之形成了不同的发展方向或治理模式,面临着不同的发展难题。有的民办高校形成了一种权力的约定,进入了良性的循环。黑龙江东方学院实行董事会领导下的校长负责制,董事会负责决策,校长负责教学与行政。学院创建初期,举办者明确举办学校不为"稻粱谋",杜绝家族管理,这从根本上明确了产权归属与控制权力。有的没有权力约定,以至于出现了董事会之争、董事会与校长之争等。三江学院董事会在 2000 年出现了较大变动,2003 年出现了双董事会的合法性之争,为此还对簿公堂,引起了省教育厅介入。最后以教育厅荐举新的董事长成立董事会而结束纷争。个人举办的民办高校形成了家族制办学,有的第一代创业者年事已高,有的逐渐退出了具体管理层由子女担任校长,形成了董事长—校长的治理方式,像黄河科技学院和西京学院。这类学校的控制权掌握在举办者手中,具体的行政事务由副校长及行政部门来完成。有的第一代创业者依然活跃在管理、办学一线,个人或家族成员在管理和教学中具有很强的影响力或控制力。这些学校,一般都是举办者担任董事长,甚至是董事长、校长一肩挑,举办者的家族成员往往在关键岗位上任职。这种发展模式容易形成控制型的董事会,在举办者控制之下容易形成过度的家族化管理,外聘校长的办学权力问题、工作激励问题都是学校办学的重要障碍。

(二)出资举办与民办高校治理

从法律和经济学角度来说,出资主要是投入资金,也就是《民办教育促进法》中所用的"出资"的概念。基于民办高等教育的办学实践,出资办学的资金投入主要有两种模式,一是举办者在办学初期有大量的资金投入,然后借助政策,开展多样化办学,逐步积累资金建设校园,并利用办学积余再投入滚动发展。二是学校基本建设由举办者负责投资,之后依靠学费滚动运行。②

相对于滚动发展模式的民办高校,出资举办模式的民办高校往往具有企

① 苗庆红,周红卫. 民办高校治理结构的三种模式 [J]. 中国高等教育,2005(13/14):47-48.

② 徐绪卿. 我国民办高校内部管理体制改革与创新研究 [M]. 北京:中国社会科学出版社,2012:166.

业背景，因此办学资金更为充裕。有的出资主体为国有企业，像浙江的宁波大红鹰学院；有的出资主体是乡镇企业，像山东烟台的南山学院。宁波大红鹰学院成立时，宁波卷烟厂下属的宁波大红鹰经贸有限公司创办宁波大红鹰教育集团，一次性投入近 2.4 亿元，用于基本建设投资，经过滚动积累到 2014 年资产总额已超过 8 亿元。烟台南山学院由民营企业烟台南山集团投入，最初投入近 1.5 亿元。后来，企业又持续追加投入，随着学费积累，2002 年累计投入将近 9 亿元，到了 2014 年，学院总资产已超过 23 亿元。厦门安防科技职业技术学院有 5 位股东出资人，他们通过产业、借贷投入 1.2 亿元用于基本建设投资。闽南理工学院由石狮华景集团有限公司投资，公司初期投资 1.7 亿元，随着办学积累形成了近 5.5 亿元的资产。这些学校无一例外都是在学校开办后，通过借贷以及学费积累扩大投入，以促进学校更大规模的发展。

作为一种物力资本的出资行为，投资总会产生获利与资产保护的意识，从而使出资办学的民办高校形成不同的管理体制。不过，不同的投资主体会形成不同的控制模式，因而民办高校也面临不同的发展情形或治理困境。有的出资者，像宁波大红鹰经贸有限公司已经退出了具体办学，宁波大红鹰学院现在已经成为民办事业单位，完全依靠学费滚动发展。宁波大红鹰教育集团作为出资者继续委派代表担任学校董事长，聘请专业校长进行管理，形成了董事会领导下的校长负责制。有的学校形成了股东控制模式，一种形式为出资者凭借出资成为学校的股东，并最终拥有学校的控制权。像厦门安防科技职业技术学院，5 位出资者作为股东组建和控制董事会，出资较多者担任董事长，从外部聘请校长负责教学与行政事务。闽南理工学院由石狮兴达集团公司出资创办，集团总裁许景旗担任学校董事长，家族成员在董事会、校长等职务中担任重要角色，形成了传统意义上的家族控制模式。还有一种形式是出资者选派代理人担任董事长，经过出资者（或出资者构成的股东会）同意后，董事长选拔校长负责学校事务。烟台南山学院一度由企业集团选派中层干部担任董事长，从外部聘请校长处理相关事务。

出资办学所形成的产权保护思想极易产生利益集团控制的现象，一些民办高校因之形成了家族制管理模式，表现为学校经营权的家族控制与家族传承、学校财产权利的家族所有、外聘校长的授权非常小等特征。所以，出资举办的民办高校滚动发展的民办高校面临同样的问题，举办者控制、家族化管理、举办者与董事会的关系是不少出资举办的民办高校治理能力提升的重要障碍。

（三）捐资办学与民办高校治理

捐资办学是举办者把出资办学的资产或学校发展所形成的资产无偿捐赠给学校法人的办学方式，这些学校往往被业界称为"无主民办高校"。理论上，只要选择了无偿捐赠，举办者就不能要求产权和回报，也不能在学校运行过程中谋求控制权和继承权。从《民办教育促进法》以及相关省份的法律政策来看，我国当前的非营利性制度设计还是以捐资办学为主。

近几年来，我国不少人士热衷于教育捐资，像邵逸夫、李嘉诚等，前者每年捐赠的财产数以亿计，后者巨资捐助汕头大学和广东以色列理工技术学院，但大量捐助建设民办高校在我国并不多见。当前的民办高校捐资办学主要有以下几种形式：一是学校最初创办时由私人捐资建校，学校建成后向政府或社会明确其捐资性质，仰恩大学刚创办时就是此种类型。二是学校发展过程中，获得了较为可观的捐助，捐助者放弃了产权权利与控制权，上海杉达学院即为此种类型。三是学校建成运行后，举办者将学校捐赠给政府或社会，捐赠之后举办者不再享有产权权利甚至是控制权，黑龙江东方学院就是此种类型。

仰恩大学由吴庆星先生及其家族设立的仰恩基金会创建，学院建成以后，吴庆星将其捐献给福建省，具体办学由省政府负责。1994年，经福建省政府同意和国家有关部门批准，仰恩大学改为独立设置的民办大学。上海杉达学院连续几年都获得了不少的捐赠，是获得教育捐赠比较多的民办高校。1995年，我国香港企业家古胜祥先生捐助100万美元，建立了古胜祥教学楼；1996年，香港企业家曹光彪先生捐助100万美元，建立了光彪综合教学楼；2002年，曹光彪先生及其子女曹其镛先生等捐助1300万元支持建立上海杉达学院嘉善光彪学院。黑龙江东方学院在缺少政府投入的情况下，形成了7亿多元的净资产。几位举办者认为，学院的财产一旦形成就应该是公益性的永久教育资产，他们个人及后人都不应该索取一分，也不接受任何形式的奖励和回报。学校虽然是民办，但不代表是个人的私有财产。虽然民办高校法人财产应该界定清晰，但并非量化到个人头上就是清晰。东方学院不能搞企业式的股份制分红，内部管理实行亲属回避制度，不搞家族化管理。[①]2010年，几位举办者放弃财产所有权，将学校捐赠给社会。

按照国外私立高校的治理模式，捐资而成的民办高校一般会形成利益相

---

① 王佐书. 中国民办教育发展报告（2013—2014）[M]. 北京:科学出版社,2014:378.

关者治理模式,但现实中这些学校的发展通常还面临着一个控制权的问题。这是因为一旦举办者控制了学校的经营决策权,就意味着对学校事实上的所有,所以民办高校的所有权主要是指控制权,对控制权的分享才是真正对学校所有权的分享。[①]在捐资办学的民办高校,部分举办者对剩余索取权和控制权的追求带来了治理困境。仰恩大学曾经在捐资办学的民办高校中非常有代表性。但吴庆星去世后,其后代掌握了学校的控制权,因家族因素的介入,学校管理出现了家族控制的现象,曾经一度走了段下坡路。对于具体的内部问题我们难以研究清楚,但从招生计划上可以看到端倪。根据仰恩大学公布的招生计划和学校招办主持的招生访谈记录可以看到,2010～2015年学校招生计划的情况基本为:2010年省内外招生计划3200多人,2011年省内计划3200多人,2012年省内计划700多人,2013年省内计划1500多人,2014年省内计划近1500人,2015年省内计划近1400人。当前,民办高校办学经费主要来源为学费,而招生计划即是学费的代名词。对于仰恩大学招生计划遭到疯狂缩减的原因,外界人士认为,这与学校的家族管理及其所导致的办学水平下降有关。上海某民办高校,也是因为对学校控制权的争夺,形成了经营管理者的矛盾,最终教育主管部门介入,更换了董事长与校长。新的董事长与校长都是公办高校的退休领导,这些新聘任领导的激励问题是学校面临的又一个大问题。一些学校建成后,捐资的举办者大多签订了公益性规约,有的由上级教育行政部门推荐选聘领导,有的由举办者继续担任领导,而后者还存在家族成员参与管理的问题。

不同举办模式的民办高校会面临不同的治理问题,这些问题往往有共同之处,主要表现为董事会制度、家族控制、校长团队的构建与激励等问题,这些问题也成为一些民办高校治理能力提升的障碍。

三、民办高校治理的基本特点

民办高校治理需要处理好与外部主体和内部主体间的关系。结合我国民办高校治理的实践和民办高校治理的基本模式,民办高校的外部治理主要在于探索法人治理的环境,内部治理的探索具有明显的自控性。

第一,民办高校的外部治理在于探索法人治理的环境。民办高校的外部治理主要体现在政府政策和政府行为上。在西方发达国家,私立高校在处理

① 张宏博. 中国私立大学有效经营的制度研究 [M]. 北京:人民出版社,2009:43.

与政府的关系中处于一种相对自治的状态,即学校独立地决定自身的发展目标和内部重大事务。作为法人机构,高校不受政府、教会或其他法人机构的干预。[①] 我国政府对民办高校的态度最初是默认发展,对于应该如何发展并没有详细的规定。从政策演变来看,民办高校政策经历了试探性发展到规范性发展的转变,政府对民办高校的治理基本不依靠具体的行政措施,而是政策要求。后来,民办高校发展壮大,在高等教育体系和经济社会发展中的作用得到提升,在内部管理中也出现了诸多问题,政策提出了规范发展的要求。这种规范主要是政策性的,要求民办高校在审批、办学时应该达到一定的规范化条件,表现为完善法人治理结构、规范权责运行机制,建立和完善教学质量保障制度、规范民办高校办学行为等。为进一步发挥公共性、满足社会需求,政府在民办高校规范发展的同时,还通过各种方式给予办学规范、特色突出的民办高校财政性资助。政府的规范以民办高校的自主办学为基础,为了防范民办高校的办学风险,政府规范以完善法人治理环境、提升办学质量为主要内容。

第二,民办高校内部治理具有明显的自控性。民办高校内部治理的自控性是与公办高校治理的外部规定性相对而言的。公办高校因其经费来源的关系,与政府形成了附属性的关系,结果是独立法人地位缺失,缺乏独立的办学自主权利。与公办高校的这种外部规定性不同,民办高校主要依靠自筹经费办学,从一开始办学就具有内部管理的自主性。在董事会治理制度下,董事会成为最高决策机构,把握着学校的宏观政策和发展方向;如果出现董事缺额,董事会可以自我增补;如果校长出现缺额,董事会可以根据办学需要自主选聘校长,而这种自我增选机制是公办高校所不具有的。所以,民办高校的治理机制具有自控性特征,可以自我完善,自我修正,基本不受外部势力的影响。另外,自控性治理也体现为举办者主导的精英治理。民办高校治理是多元主体的共同决策,但各主体因其角色和地位不同,核心利益主体在民办高校决策中居主导地位。特别是举办者、校长在民办高校发展甚至是整个民办高等教育发展中都起了重要作用。像丁祖诒、胡大白、秦和等,在民办高校治理中具有极大的权威,在学校治理中起着风向标的作用。

---

① 别敦荣. 中美大学学术管理比较研究 [D]. 厦门:厦门大学,1997:40.

第二节　民办高校治理能力现代化的分析框架

对于治理能力如何实现现代化,学界有两个切入点,一是沿着统治—管理—治理发展的基本思维路径;二是从现代化问题的研究角度来看待治理能力。[①] 民办高校治理能力现代化的提出源于民办高校治理的实践,可以通过研究现代化的关键问题,形成分析框架;进而通过关键问题的解决,达到提高治理能力、提升办学水平的目的。

一、民办高校治理能力现代化的内涵

治理并没有否定管理,反而是在管理的过程中,嵌入有利于组织目标实现的现代性因素。民办高校治理能力现代化是民办高校组织治理能力提升的过程,是现代性要素在民办高校管理中的嵌入,主要体现为与治理相关的教育要素形态的变迁,以及与形态变迁相适应的现代性先进属性的增长。组织的治理能力体现为主体的治理能力,所以民办高校治理能力现代化表现为民办高校的利益主体在治理活动中所展示出的具有现代性特征的行为素质。既然治理是现代性要素在民办高校管理中的嵌入,那么民办高校治理就没有否定现有的管理制度,不会对现有管理制度推倒重来,而是在其中嵌入了现代性要素,以提升管理能力。所以民办高校治理能力现代化是在现有的管理体制下,嵌入现代化的因素,补充新的体系,改变其弊端,促进民办高校的进一步发展。从民办高校治理能力目标实现的角度,民办高校治理能力现代化的内涵主要包括主体层次、目标层次、工具层次和制度层次四个层面。

第一,提升办学水平,形成与公办高校共同发展的局面是民办高校治理能力现代化的目标。民办高校治理能力是民办高校组织在办学活动中体现出来的能力,能力的高低体现在主体实现办学活动的目标上。参与民办高校治理的主体是多元的,有核心利益主体,也有一般利益主体,不同主体的价值追求在本质上是不同的。很多投资者以一种教育理想为奋斗目标,但他们无法摆脱对办学回报的追求;很多管理者是公办大学的退休领导,有的来民办高校继续工作是为了一种教育热情,有的是为了实现他们的教育理想;很多民办高校的教职工有满足生存需要的需求,也有实现职业理想的需求;有的教育主管部

---

① 宣勇. 我国高等教育治理:体系构建、逻辑审视与未来展望 [J]. 国家行政学院学报,
2015(9):3-10.

门是迫于法律政策的要求才支持民办高校发展,有的是有感于民办高等教育的重要性认为应该促进民办高校与公办高校的共同发展。从理论上来说,治理主体价值诉求的多元化有可能造成治理目标的多元化,而目标的多元也导致了矛盾的多元,所以民办高校从一出生就面临着许多问题,包括内部的和外部的。

利益相关主体的目标是多元的,只有个体的多元目标统一于民办高校组织内,才能实现其个人的目标,共同的目标是组织吸引各主体参与治理活动的最大动力。善治目标首先是组织发展的目标,其次才是个体发展的目标,因为我们很难通过保证所有个体目标来实现组织的目标,而只能通过保证组织目标的实现来尽量达成个体的目标,否则,任何主体的目标都很难实现。所以,民办高校治理能力现代化的终极目标是民办高校办学能力的提升,通过提升其办学能力,形成与公办高校共同发展的局面。

第二,治理主体是民办高校治理能力现代化的关键性要素。能力属人,人如何参与治理活动,是组织治理目标实现的关键性要素。民办高校治理能力现代化的首要因素是人的现代化,而人的现代化首先是其主体性,民办高校的利益相关者应该有主体性的地位和能力。按照行为学派的观点,现代化的过程主要涉及个体心理和行为的改变,如果个体的价值观念、心理素质和行为特征不能实现从传统向现代的转型,是难以适应现代化的变化的,现代化也不可能实现。[1] 对于社会或其他组织,之所以被称为是现代性的,关键是处于其中的人形成了现代性的人格,所以人是实现现代化的最基本因素。如果他们不能在心理、思想和态度方面有现代性的转变,那么他们就缺乏现代性的心理基础,即使制度再先进,因为人的因素,国家和社会的发展也必然是失败的或畸形的。人只有在素质上实现了转变,才能实现角色和意识的转变,才有利于治理能力的现代化。

在民办高校组织管理中,人的能力的现代化主要表现为管理能力的提高,其重点在于实现角色转换,加强沟通、协商和协调能力,调动其他主体参与办学、管学和治学的积极性,充分发挥其他主体的作用,保证高等教育治理目的的实现。[2] 对于决策者来说,能力的现代化主要包括决策能力、沟通能力、协商

---

① 何传启. 东方复兴:现代化的三条道路 [M]. 北京:商务印出馆,2003:134.

② 别敦荣. 论治理体系和治理能力现代化与高等教育现代化的关系 [J]. 中国高教研究, 2015(1):29-33.

和协调能力的提高。在治理的框架内,治理目标的实现需要多元主体的参与,其他治理主体的能力主要是对民办高等教育理念与实践的理解与掌握能力、参与治理的意愿表达能力、沟通协调能力和监督评判能力等。其他主体参与能力的提高可以提升治理的效率与质量,从而保证治理能力的现代化水平。

第三,高水平的治理体系是民办高校治理能力现代化的基本前提。民办高校治理体系通常是指有助于民办高校治理目标实现的结构体系,实质上指的是主体间的权责配置及其关系。在善治视野下,治理理念因为主体的重构而面临着根本性的意义转换,不再存在绝对二元对立的治理主体与治理客体的划分,因为治理事业所关注的焦点不再是治理对象而是治理主体自身。治理能力是通过人的活动体现出来的,利益主体是治理能力的关键性因素,治理体系是治理活动或治理能力善治目标实现的重要保障。主体治理能力的提升和发挥需要完善治理体系,它为善治目标的实现提供了控制、激励结构和策略空间。高水平的治理不仅与人的治理能力有关,还与高质量的治理体系有关。

民办高校治理能力外在的表现为治理主体、治理方式、治理体系等方面。在概念层面,民办高校的治理体系并不是治理能力的范畴,但它对组织的治理能力有重要的影响。民办高校治理能力现代化主要是为了民办高校组织的发展,并最终是为了治理主体和整个社会的利益,可以视为治理的功能。治理体系本质上是治理的结构安排,是为了保障治理能力的提高,保障治理目标的实现,它与治理能力现代化形成了结构与功能的关系。治理体系和治理能力现代化是一种全新的理念,实质是一个制度体系和制度体系的执行[1],治理能力现代化是要把治理体系的体制和机制转化为一种能力[2],发挥其功能,从而真正提高组织的治理能力。所以,民办高校治理能力现代化必须要实现治理体系的现代化,发挥治理体系的制度能力。治理体系的现代化具有本质属性,是治理结构的转型,只有实现了治理体系的现代化,才能培养治理能力的现代化。[3]治理能力是对制度体系的执行能力,如果治理主体的能力不强,就不能很好地发挥结构体系的作用,从而影响民办高校治理的效果。

第四,民办高校治理能力现代化需要治理工具的现代化。从工具的层次

---

① 俞可平. 推进国家治理体系和治理能力现代化 [J]. 前线,2014(1):5-8.

② 高小平. 治理体系和治理能力如何实现现代化 [N]. 光明日报,2013-12-04(2).

③ 周晓菲. 治理体系和治理能力如何实现现代化——专家解读"全面深化改革的总目标" [N]. 光明日报,2013-12-04(4).

讲,主体采取了有效行动主要是指主体采取了新的策略、方式或方法而取得了效果。这些新的策略、方式或方法就是治理的工具,民办高校治理能力的工具层次主要是指通过何种方式来实现治理的目标。治理能力是通过人的活动体现出来的,反映了各主体的能力水平和素质状态;治理能力是对制度体系的执行能力,但民办高校治理能力现代化目标的实现,仅靠制度是不够的,必须通过合适的方式和手段,激励主体采取有效的行动,参与治理活动。

治理兴起于解决问题的实践,治理的广泛应用,在于它有极大的涵盖面和一定的协调性,能够为解决问题提供一种有效的分析框架和手段,并不是为了治理而治理,因而治理本身并不仅仅提供一种目标导向,它更具有方法论上的意义。[①]这种方法论上的意义要求在问题处理过程中,不能一味固守传统,而应该注意革新。全球治理委员会把治理界定为个人与公共和私人机构管理他们个人事务的各种不同方式的总和,是一个连续不断的过程,多种多样或互相冲突的利益集团可以借此走到一起,找到合作的办法。[②]治理委员会之所以有这种定义,在于治理的能力也取决于治理方式,而善治考虑了利益主体的普遍利益,使多元利益主体在民办高校这样一个共同体内,通过协商、妥协达到最后的目标。所以,协商、协调被称为是民办高校治理能力的"方法论",是民办高校治理工具的核心。只有协商,才能考虑到各主体的利益,并逐渐消除不同主体间的信任鸿沟,实现民主决策,提高治理能力。在共同治理中,多元主体的地位和作用是不同的,很难达成共同的目标或策略,特别是那些权威主体到底是遵守组织的规则还是破坏组织的平衡是必须要考虑的问题。然而,治理是一种规则之治,即现代法治而非人为之治,是共同参与而不是统治,这需要摒弃传统的单向度的统治、命令的管控方式,实现多元主体间的双向沟通与互动,通过协商达成主体间的妥协,从而实现规则之治,这种规则之治也是善治。多元主体共同参与是现代社会的内在要求与现代文明秩序的必然选择,是善治目标达到的前提,合适的方式和手段也是民办高校治理能力现代化的重要保证。

二、民办高校治理能力现代化的价值

民办高校治理主要解决创设法人治理环境、保证法人自控性管理的问题。

---

① 龙献忠. 从统治到治理 [D]. 武汉:华中科技大学,2005:44.

② 〔法〕阿里·卡赞西吉尔. 治理和科学:治理社会与生产知识的市场式模式 [J]. 国际社会科学杂志(中文版),1999(1):69-77.

所以民办高校治理能力现代化有利于完善法人治理环境,有利于法人治理结构的完善,也有利于高水平民办大学建设。民办高校治理的内外部关系理顺好了,最终将有利于民办高校办学能力的提升。

(一)有利于完善法人治理

当前,民办高校存在的合法性、存在的地位等问题已经基本解决。但与国外相比,我国几乎没有专门的民办教育立法,在政府与民办高校的关系问题、民办高校的产权问题、民办高校法人治理的权力配置与运营机制等问题上,还缺乏有效的、可操作性的法律建构。提高民办高校治理能力,促进民办高校治理能力现代化,应该有专门的民办教育立法保障。通过法律保障,完善民办高校法人治理的环境。依据民办高校法人治理的实践与困境,专门的民办教育立法首先要解决两方面的问题:一是界定清楚民办高校的法人属性,据此明确政府与民办高校的关系,保证民办高校自主办学的法人地位,同时又有利于规范政府对民办高校的监管与扶持;二是界定清楚民办高校法人治理结构,据此明确民办高校内部权力主体间的关系,规范权力运行。通过专门的民办教育立法,完善民办教育的法律体系,使政府和民办高校组织自身的权力运行都有法可依,同时确立政府规范和扶持民办高校的责任,促进民办高校的良性发展。

当前,我国民办高校治理有三种基本模式,每种模式下的民办高校都会面临不同的发展问题,但核心是权力缺乏监督与约束。在举办者控制模式下,民办高校董事会与董事长的关系不明确、董事长与校长的权责关系不明确、有的家族化管理问题严重。民办高校治理能力的提升要求解决民办高校管理中的问题,提高办学能力和办学水平。完善的法人治理结构是民办高校从自然人治理转向法人治理的前提,是民办高校可持续发展的关键。民办高校治理能力现代化要求建立健全董事会制度,完善董事会的组织结构和运行程序,构建规范的民办高校法人治理的核心;理顺董事长与校长的关系,形成对校长的有效激励,完善校长治理机制;完善权力运行机构和机制,形成对决策权力的有效监督;要求多元主体都参与决策,形成多元主体共同参与决策的局面,使多元主体享有决策权力,学校政策可以体现大多数人的意志。所以,治理能力现代化有利于完善法人治理结构。

(二)有利于创设高水平民办大学

如何完善治理结构、提高治理能力、提升办学水平是现代大学的共同命题之一。治理的意义在于进步和发展,我们之所以要提出治理能力现代化的命题,在于它是民办高校的发展战略之一,建设高水平的民办大学必须提升治理能力。治理是有目标的活动,参与治理活动的主体都应该有共同的目标,这个目标就是民办高校组织发展的目标。当前,我国民办高校已经取得了很大的发展成就,特别是进入新世纪以来,民办高校的发展速度更快,但这个发展首先是就其发展的基础和发展的阶段性历程而言。我国民办高等教育只有30多年的发展历史,其发展基础普遍要比公办高校弱,办学条件整体上也比公办高校差,社会声誉和资源占有率明显不足。但相对于公办高校的行政附属性,民办高校是一个顾客支持型的组织,运行机制更为灵活,可以突破人才机制的约束,按照市场需要办学。民办高校要想在竞争中生存下去,必须发挥机制优势,实现管理创新,努力提升办学水平。

民办高校治理能力现代化要求多元主体共同参与治理活动,既尊重了投资者的权力与利益,也吸收了教育行政管理部门、相关社会组织部门或个人对民办高校的监督与管理,同时也给予了学校利益相关者参与决策、监督的权力。这有利于形成统一的意志和行动,而不是莫衷一是,各行其道。完善的法人治理结构有利于形成一个责任明确、权力制衡的民办高校决策与管理体制,减少学校内部运行的摩擦与矛盾,有利于民办高校提高办学的效率与效益。良好的法人治理环境有利于民办高校保持独立的法人地位,建立新型的政校关系,使举办者和办学者根据外部条件的变化来决定发展目标,根据条件变化进行重大决策,探索符合我国国情的高水平民办大学。

三、民办高校治理能力现代化的分析框架

治理与管理并不是完全相同的概念,管理活动从人类出现就已经开始存在,治理活动要晚于管理活动,治理的出现主要是为了解决管理活动中存在的问题。民办高校治理能力提升的过程是治理能力现代化的过程,需要在分析治理能力构成要素的基础上,理解制约治理能力现代化的关键问题,从而形成现代化的分析框架。

(一)民办高校治理能力的基本构成要素

民办高校治理能力是民办高校治理主体处理相关事务,实现办学目标的能力,本质上是办学能力。办学活动主要涉及决策、执行和监督等具体活动,所以民办高校治理能力是一个囊括了决策能力、执行能力和监督能力的能力体系,决策能力、执行能力与监督能力是从主体和能力角度建构的民办高校治理能力的基本构成要素。

第一，决策能力是民办高校治理能力的战略性要素。决策能力是决策主体基于组织的内外部条件，制定经营战略规划、做出战略决策的能力。在决策管理理论中，全局性和长远性的决策称为战略决策，局部性、临时性的具体决策称为战术决策，日常生活中合理组织业务活动的决策是业务决策，所以决策贯穿于管理活动的始终，管理的实质是决策，能否做出科学的决策成为组织运行最重要的战略性因素。决策贯穿于民办高校治理活动的始终，是民办高校治理能力的战略性要素，对民办高校组织的运行起着首要的作用。缺少了决策能力，民办高校将缺少目标、计划、组织与协调，难以保证活动的效率，最终可能会从碌碌无为中消失。

能够从多种可能中做出选择是主体能力的体现，所以决策能力是决策主体在组织发展中地位的重要体现。传统上，决策能力是一种领导性的能力，能起决策作用的往往是权力主体，大都是管理者或高层管理者，所以决策都是领导者的事。但治理是多元利益主体共同参与的活动，治理的核心是决策权力的分配，因为只有共同参与决策活动才能保证因决策而带来的利益，所以民办高校治理应该形成多元主体共同参与决策、同时参与利益分享的局面。民办高校治理主体可以分为核心利益主体和一般利益主体，不同主体在决策中的地位和作用是不同的。从治理理论与治理实践来看，这些核心利益主体主要包括举办者、办学者，但在民办高校创办、发展过程中，家族成员也成为不可缺少的核心力量，这些核心利益主体的作用影响着民办高校治理的水平。基于其特殊性，民办高校治理能力主要是指核心利益主体的能力。其他利益主体也应该参与决策，体现出参与决策的能力。

第二，执行能力是民办高校治理能力的竞争性要素。执行能力又叫贯彻实行能力，是主体贯彻组织的经营战略、方针政策，实现组织目标的能力。在组织发展中，执行能力直接影响着决策的质量，影响着组织目标的实现，而且在竞争激烈的情况下，组织的竞争力直接取决于执行力，执行力是组织核心竞争力形成的关键，决定着组织的生存发展。对于某个个体而言，执行能力是个体理解、贯彻决策的能力；对于组织而言，反映的是经营能力，是组织的竞争能力，组织能力的强弱通过执行能力展现出来。对于民办高校组织来说，执行能力是民办高校核心竞争力形成的关键，是民办高校治理能力的竞争性要素。缺少执行能力，就没有了品质，民办高校的生存将缺少外部竞争力，很难与同类高校或者是公办高校竞争，难以在竞争中生存下去。

对于组织整体来说，竞争能力往往并不取决于某一个人，而是一个团队。

因此,组织目标的完成并不是一个人的能力,而是一个团队,执行能力是一个团队的执行能力,这个团队又叫行政团队。战略的目标是组织的生存和发展,如果没有好的决策者,就更需要有高素质的行政团队。民办高校形成了以董事会为核心的治理体系,校长在董事会授权之下负责教育教学与管理工作。校长的权力来自董事会的授权,是一种授权权力。在董事会授权之下,校长是学校工作的实际承担者和负责人,与董事会形成了委托代理关系。董事会负责决策,校长负责执行,他们之间明确的权责关系有利于提高管理的水平和效率。校长负责虽然是一个人,但民办高校校长的代理效率并不源于校长一人,而是整个团队。面对管理工作的专门化和专业化,校长需要选聘副校长,组建行政团队,全面负责学校管理工作。所以行政团队的素质、构成影响着决策的效率和竞争能力,为此民办高校应该打造一支高素质的行政团队。

第三,监督能力是民办高校治理能力的控制性要素。控制的实质是对组织的监督,为了维护组织的利益,应该对权力进行必要的监督。缺少了监督与约束,可能会出现权力的真空,从而出现决策与执行的失误,组织的运行就会存在风险。监督是一个既分离又联合的系统,一是存在组织外部系统的监督,二是来自组织内部系统的监督。民办高校办学运行存在着决策权力与行政权力,如果这些权力不能被来自学校内外部的力量监督,就可能存在着权力滥用的现象,从而出现权力冲突,致使办学存在着风险。缺少了监督,民办高校就缺少了重要保障,不是出现权力冲突,就是出现办学风险。所以,监督能力是控制性权力,是防范办学风险、提升治理能力的保障性因素,又叫控制性要素。

能够对权力进行约束的,必然也是权力,所以监督的能力来源于权力。从本质上说,监督能力就是监督的权力。如果主体没有权力作为监督的后盾,监督就缺少了权威性,从而缺少实效性。监督有内部监督和外部监督之分,外部监督强调权威性,内部监督强调自愿性,所以往往更有实效性。能够对被监督者进行监督的至少与之有同等权力,双方至少是一个平等的权力主体,只有这样才能形成监督。权力等级低的主体不能形成有效监督,双方反而会形成一种依附关系,因为过于强调服从而缺少实效性。监督与决策和执行构成了民办高校管理体制的"三驾马车"。监督是在制度健全的情况下,对具体工作的监督,监督能力是依靠制度对权力进行制衡的能力。我国民办高校的基本特征是投资办学,举办者具有法律所规定的控制董事会的能力,容易形成举办者控制学校办学的现象,其行为可能对受教育者、学校甚至是社会都会产生消极影响。当前,民办高校办学水平和社会声誉整体上不高,决策和执行能力有限,有效的监督既可以防止错误决策,也可以产生预防和补救性作用。民办高校的监督一是法律政策对民办高校的规范和教育行政部门对民办高校办学行为的监督;二是董事会作为最高决策机构,聘任校长执行董事会决策,也应该形成对决策执行的必要监督;三是民办高校的办学主体,不仅有举办者、办学者等权力主体,还有教职工等一般利益主体,一般利益主体参与基层民主机构通过监督来保证自己的利益。

(二)民办高校治理能力现代化的分析框架

现代化不是一个抽象的概念,而是一个动态的有机整体,其动力在人,目的是人,人是关键。① 民办高校治理能力的核心是决策能力,治理能力的提升并不应该是决策能力、执行能力和监督能力等具体能力因素成比例的增长,而是在现有的管理体制中嵌入现代性的要素,提高主体的能力,保证民办高校治理的效率,真正提高办学水平。基于民办高校投资办学的性质及其发展历程,这些主体主要包括举办者、家族成员、校长。

第一,以举办者为主导的董事会是民办高校的最高决策机构,是民办高校治理体系的核心,具有牵一发而动全身的作用。我国民办高校的基本特征是投资办学,所谓投资主要包括物力资本的投资和人力资本的投资。根据《民办教育促进法》修正案的规定,民办高校对举办者投入的财产、国有财产、受赠的财产以及办学积累,享有法人财产权;学校存续期间,所有资产由学校依法管理和使用,任何组织和个人不能侵占;民办高校终止办学并进行财产清算时,剩余财产按照有关规定处理,同时举办者可以根据出资、获得合理回报的情况以及办学效益获得补偿和奖励。按照这些规定,出资者并不拥有学校的所有权,但享有有限的收益权。学校财产权并不属于举办者,而是学校法人;民办高校法人享有财产的管理和使用权,所以举办者一旦将财产投资民办教育,就失去了对财产的管理和使用权;法律虽然对出资人所出资财产的最后归属进行了制度性安排,但在捐赠办学的制度设计下,举办者可能会面临血本无归的局面。在现实中,这两种情况都时有发生,所以从根本上说,这都不符合举办者作为民办教育投资者的需求。举办者所拥有的是残缺的、不完全的产权,这成了民办高校权责不清、权力运行不规范问题的根源。民办教育法律所界定的产权实质上是狭义的财产所有权,即物力资本的所有权。与物力资本密集

① 庞绍堂. 现代化主体的现代化——梁启超关于人的现代化思想 [J]. 江苏行政学院学报,2014(2):29-34.

型的组织不同,高等学校的核心资源是人力资本,民办高校是物力资本所有者和人力资本所有者形成的一系列契约关系的载体。民办高校的产权关系也就应当是物力资本产权之间、人力资本产权之间以及物力资本和人力资本产权之间的关系链组成。[①] 很多举办者是人力资本形式的投资者,他们在办学过程中以人力资本的收益换取了对学校的控制权,从而享有了学校所有权。对于举办者来说,他们投资举办学校就必须掌握控制权,只有这样才能获得办学收益,如果不能掌握所有权反而让其他人控制学校,不仅不能获得收益,其原始投入也往往难以保障。特别是当民办高校已经形成巨大财产积累的时候,举办者必须要获得对学校的控制权,才能有收益权,其合法途径是控制董事会。

法律规定,民办高校应该设立董事会或其他形式的决策机构,所以学校的最高决策权属于董事会,董事会的构成以及董事会的运行成为影响民办高校治理能力的关键。首批董事会由举办者推选,以后的董事按照董事会规程推选,举办者由此获得了进入最高决策机构并对学校进行控制的法律依据。举办者通过让渡财产权获得了进入董事会、决定董事会人选进而控制董事会的权力,实质上控制了学校,从而在实际意义上拥有了学校的所有权,也拥有了获得办学剩余的权力。所以,民办高校的所有权往往是指对学校的控制权,掌握了控制权就掌握了学校的全部权力。董事会在举办者控制下,容易导致权力关系不清、权责模糊,影响民办高校治理的水平。高校董事会制度是高等教育发展的自然要求,也是西方私立高校一种重要的大学传统。董事会是私立高校的法人机关,是大学法定的拥有者,以信托的方式治理大学。从职能来看,董事会的主要工作权力是:合理配置资源,争取最佳效率;决策学校重大问题,承担经营风险;选择经理人,并对其进行适当地激励与约束。董事会拥有了最高决策权力,成为治理体系的核心。董事会的治理水平主要体现为董事行为的合法性和董事会运作的效率性,任何担任董事职务的自然人都会存在个人目标与职务目标之间的偏离或矛盾,如果对董事行为监督约束不力,就容易出现董事谋私利和董事渎职的行为。[②] 民办高校治理能力现代化首先是民主、科学、协商、合作等现代精神或价值追求在董事会制度中的嵌入,这要求学校董事会保持一定的规模,董事会董事有广泛的代表性,能够代表内外部利益主体的利益;董事的产生有一定的任职资格和选聘程序,能够保证董事会的决策能

---

① 张宏博. 中国私立大学有效经营的制度研究 [M]. 北京:人民出版社,2009:40.

② 汪爱娥. 我国公司董事会制度研究 [D]. 武汉:华中农业大学,2004:14.

力;董事会有严格的议事制度,采用少数服从多数原则,董事能够对自己的决策负责;董事会有清晰的职责,明确与校长的权力关系;董事会应该有科学的绩效评价机制,据此可以对其进行定期评估。

第二,以校长为首的行政团队不仅是董事会决策的执行者,更是民办高校作为一个学术机构的专业领导者与决策者,对民办高校的专业化管理有决定性的影响。在董事会制度下,董事会聘任校长,校长是学校行政的最高负责人。校长负责教育教学和行政管理工作,是办学者,肩负着学校发展和人才培养的重任。在民办高校,举办者作为"老板"具有不可替代的作用,但作为管理专家,校长及其行政团队以其理念与经验对民办高校的办学方向和目标产生重要影响。从民办高校的初创期一直到现在,校长都是学校的核心领导成员之一。一方面,一些举办者没有办学经验,必须依靠这些校长的专业经验来进行管理。另一方面,即使到了现在,民办高校总体上还缺乏社会认可度,只有聘用名校长才能提高学校的社会影响力,才能吸引学生就读从而生存下去。民办高校管理的规范、办学质量的提高、社会美誉度的提升,都与校长的奉献相关。作为民办高校为数不多的管理专家,校长不仅要发挥组织、协调、激励的职能,还要充当战略管理者、资源匹配者、任务分配者、危机处理者、变革执行者和运行考核者等各种不同的角色,处于教师、管理人员和学生三大群体的顶层。[①] 由此,鉴于校长的理念、能力以及在学校中的地位,校长及其行政团队必然会对学校的治理水平产生影响。

校长是经董事会授权的最高行政官员,受董事会委托领导学校行政工作,是董事会的代理人。作为一个学术组织,校长还应该是一个学术领导者。由此,罗伯特·伯恩鲍姆说,校长应该既是一个复杂的官僚体制的行政首长,同时又是一个专业社团的同僚召集人;既像是大学校园文化中共有的价值与符号的象征性长老,又是对董事会负责、对其他政府机构的要求予以回应的公务员。[②] 校长是董事会遴选的职业经理人,董事会把多元公开选拔视为挑选合适校长的重要措施,而为自己挑选到合适的代理人成为校长选拔机制的重要功能,也是民办高校治理的重要内核。作为董事会的受托人,校长的一项重要使命是向董事

---

① 徐绪卿. 我国民办高校内部管理体制改革和创新研究 [M]. 北京:中国社会科学出版社,2012:87.

② 〔美〕菲利普·阿尔特巴赫. 21 世纪美国高等教育:社会、政治、经济的挑战 [M]. 北京:北京师范大学出版社,2005:321.

会推荐副校长,形成专业化的执行团队,而董事会的效率在很大程度上取决于校长的代理问题。这主要是因为在学术和经营专业化的背景下,各高校都需要专业化的行政团队,而校长并不是一人在办学,是校长与其行政团队共同办学。校长及其行政团队的办事效率影响着民办高校的治理水平。民办高校治理能力现代化要求进一步明确民办高校校长的法律地位,使其具有一定的合法性,便于校长工作保持一定的权威;明确校长的素质标准和准入制度,组建高素质的行政团队;引进与培养相结合,形成合理的行政团队结构,保持行政团队的稳定性;建立科学的考核、培训和激励制度,促进行政团队职能的发挥。

第三,家族团队是民办高校发展的可靠力量,因为利益相关程度高,对民办高校的办学效率有重要影响。家族成员参与管理是企业经营中常见的现象,在民办高校发展过程中,家族也是法律制度极力想规避的问题。这主要是因为家族管理极易形成家族控制现象,以至于责权区分不清,影响学校管理;同时,家族成员若产生权力诉求,极易产生内部矛盾,这是历史和现实中就已发生过的问题。发达国家的一些私立高校最初源于家族,只是随着时间的推移才慢慢在管理形式上消除了家族化。

我国很多民办高校由家族创办,一些学校也在发展过程中吸收家族成员参与管理。家族成员参与管理与民办高校的发展历史、投资模式和经营模式有关。家族的最大特点是利益相关程度高,家族成员有共同的奋斗目标,会为了家族利益与家族荣誉共同奋斗。因此,家族成为民办高校快速发展、稳定发展的可靠力量,在民办高校中也出现了一批竞争力较强的家族学校。黄河科技学院是胡大白夫妇共同创建的,胡大白是学校的顶梁柱,但其身体不好,所以其丈夫杨钟瑶是那顶梁柱下的根基。在学校准备本科评估的时候,杨钟瑶因病去世,他们的女儿杨雪梅走到了前台,并发挥了极其重要的作用。在本科评估中接受锻炼的杨保成也通过选聘的形式上走了领导的岗位。我国很多民办高校都是在这种情况下发展起来的,而且现在也有不少夫妻学校、兄弟学校。家族成员是董事会、行政团队和其他关键部门的可靠力量,因为利益相关程度高,所以对民办高校的决策和执行效率有着重要影响。家族管理的民办高校已经形成了一定的规模,而且有的民办高校爆发出了比其他民办高校更大的发展潜力,要在短期内规范和消除民办高校的家族办学,既不可能,也没有必要。① 何况举贤不一定要避亲,鉴于家族成员在民办高校发展过程中的作

---

① 徐绪卿. 我国民办高校家族化管理问题研究 [R]. 杭州:浙江树人大学,2011:184.

用,也没有必要立刻取消。但经济理性人的存在以及家族成员对民办高校产权及控制权的需求,容易造成过度的家族化管理。民办高校治理能力现代化,要求对家族成员及其权力进行一定的公共制度约束,规避家族化管理的弊端;形成完善的法人治理结构,对其权力运行进行必要的监督与限制;形成完善的财务公开制度,防止办学经费遭受侵蚀;加强培养、培训,提升其思想素质和专业化管理水平。

总之,董事会、行政团队、家族成员是民办高校发展的主要力量,董事会是学校的引领者,行政团队与家族成员成为学校发展的助力者。他们之间是"一体"与"两翼"的关系,所以这三者间的关系如何影响着民办高校的办学水平。民办高校治理能力现代化所要解决的基本问题是领导体制问题,其特殊之处主要是完善董事会领导下的校长负责制,理顺好内部权力关系。基于董事会、家族成员、校长及其行政团队在民办高校治理中的地位和作用,以及当前民办高校所存在的各种问题,董事会制度、家族化办学、行政团队制度成为影响民办高校治理能力现代化的基本要素,构成其治理能力现代化的分析框架。

本章小结

我国民办高校的发展可以分为生存阶段、地位阶段和发展阶段三个阶段,在不同的发展阶段,民办高校治理面临不同的问题。基于民办高校治理的特殊性,民办高校治理能力现代化是在董事会领导制度下,嵌入现代化因素,补充新的体系,改变其弊端,促进民办高校的进一步发展。在概念上,民办高校治理能力现代化主要包括主体层次、目标层次、工具层次和制度层次四个层面。民办高校治理主体可以分为核心利益主体和一般利益主体,民办高校治理能力主要是指核心利益主体的能力。在民办高校创办、发展过程中,家族成员也成为不可缺少的核心力量。基于举办者、家族成员、校长及其行政团队在民办高校治理中的地位和作用,及当前存在的各种问题,董事会制度、家族化办学、行政团队制度成为影响民办高校治理能力现代化的基本要素。民办高校要提升治理水平,实现治理能力现代化,应该深入剖析其组织属性及运行机制,理顺董事会制度、行政团队、家族成员之间的关系,提升办学质量,建成高水平的民办大学。

第四章

董事会制度与民办高校治理能力现代化

董事会制度是以董事会为核心的治理体系。从治理结构体系安排的角度讲,董事会制度应该形成规范的结构和权力运行机制,这是对教育公益性、决策民主性与权力制衡性价值需求的回应。但在举办者控制下,民办高校董事会制度的形式意义大于实质意义,其结构与权力运行在实践中都存在着偏差,影响着民办高校治理的水平。

第一节 民办高校董事会制度及其发展

高校董事会制度产生于美国。我国民办高校董事会制度的建立有其法定规范与价值需求,在民办高校治理实践中,董事会制度已被广泛接受。董事会制度体现了民主共治的理念,体现了多元自治、民主协商、共同发展的价值取向,对民办高校的发展具有重要意义。

一、高校董事会制度及其价值

高校董事会制度是高校法人治理组织结构的重要特征,其产生有深刻的理论与实践渊源。我国民办高校在发展初期就建立了董事会制度,从其发展历史看,董事会制度的建立既是一种法律的要求,也是部分民办高校实践经验的总结。

(一)高校董事会制度的产生

董事会制度可以追溯到英国的土地用益制度,而以信托的方式管理财产是其理论源头。英国的土地用益制度主要是通过使第三方在名义上享有对土地的所有权来保障受托方（教会）对土地的使用权。这一时期，为了把教会和牧师的财产区分开来，教会法给予了前者抽象法人的资格，教会像是今天的财团法人。在英国，法人的设立必须得到国王的特许，因此，殖民地学院因为英国国王的特许而具有了独立法人的地位。按照法人的特质，被特许的法人享有内部事务自治权。作为最高决策机关，董事会就有了最早的内部事务决策权，以保证其自治地位。在现代意义上，法人是人们参加各种活动实现利益的工具和手段，法人参与活动的具体实施者是法人机关。法人机关如果由自然人一人担任，这个人就是法定代表人；如果由自然人集体组成，这个集体就是董事会。在欧洲，中世纪大学的共同特征是行会主导，实质上也是学者主导。

　　一般认为，高校董事会制度可以追溯到欧洲的中世纪大学。由于董事会是一个法人的机构，所以高校董事会制度的形成应该以大学法人地位的获得为前提。早期的中世纪大学还没有进入法人的行列，自然就不存在董事会。其实，法人作为一种观念早已存在于罗马法关于"团体"的界定中，但法人观念直到12世纪末才被提出。后来，大学在法人化进程中提出了"法律人格"即法团的概念，但一直到14世纪初，法人都没有用于大学自身的构建。中世纪大学也有校监、学监等职务，这些人员可能与现代大学在名称和职能方面存在相同点，但他们差不多只相当于服务员的角色，既不掌握任何权力，也完全不能参与决策。掌握实质性权力的是学院或族裔共同体，这些机构也都是法团，有自己独立的法律人格和财政系统，但从未设置过中间的管理层次，因此它们和现代大学的董事会制度没有相通之处。①

　　到了14世纪中叶，随着世俗势力对大学管制的加强，大学董事会制度开始萌芽。在博洛尼亚大学，教授和市政府官员开始参与学校的管理，这实质上标志着内部和外部的利益相关者已经在大学管理中享有话语权。外部世俗人士参与管理有一个很重要的原因，就是希望成立专业化的教师院，把权力交给教师，让教师管理内部事务，这是大学董事会治理模式深刻的社会根源。当时的加尔文加派建立的大学要求将学校置于教会和国家的监督之下，他们在瑞士日内瓦、荷兰莱顿、英格兰爱丁堡建立的大学都实行了这种治理结构。与此同时，欧洲建立了许多公司，如早期的各种规制公司、商人冒险家公司；后来的主要是以殖民为主业的合股公司，包括东印度公司、俄罗斯公司等，有证据表

---

① 湛中乐，苏宇. 对中国大学引入董事会制度的反思 [J]. 陕西师范大学学报，2011（9）：157-164.

明,它们均持续采用了董事会制度。① 在这种治理制度下,公司成员选举产生董事会,董事会任命总管负责具体管理,董事会对内主要负责解决内部成员间的纠纷,对外主要保持组织成员贸易的开展,这被誉为现代公司董事会治理的雏形。

董事会治理的思维也移植到了美国。1636 年,哈佛学院成立时,州议会任命了一个 12 人的建校筹备委员会,负责学校筹备工作。后来,根据特许状,筹备委员会改组为监事会,因其以信托的方式管理财产而成为事实上的董事会,哈佛学院监事会由此成为现代大学董事会制度的源头。但由于美国殖民地学院缺少欧洲大陆那样足够数量的高水平学者,难以组成学者行会;而且即使能够组成学者行会之类的自治组织,学院也缺乏保证学术独立的经费或其他物质基础,在这种情况下,殖民地学院引入校外力量参与学院管理也成了唯一的选择。② 校外力量对殖民地学院进行管理,是外行董事会的最初由来。美国私立高校董事会的成立借鉴了加尔文教派关于外行治理的理念,从一开始就有外部人士参与学校治理,因而其成员构成比较复杂。但董事构成往往因功能性需要而发生变化,导致规模不一,大多保持在 20～40 人。董事主要通过现有成员选举、校友选举、宗教组织选举任命、当然董事等方式产生。有学者研究了美国 15 所私立高校董事会的规模和产生方式,结果发现,董事的产生以现有成员选举为主,但部分学校,像杜克大学以宗教组织选举为主。在这 15 所高校中,共有董事 559 人,平均每所高校超过 37 人;其中,宗教组织选举任命 54 人,占董事比例的 9.7%;当然成员 37 人,占董事比例的 6.6%;现有成员选举 445 人,占董事比例的 79.6%;校友选举 23 人,占董事比例的 4.1%。与公立高校董事会基本为州长任命不同,私立高校董事会保持了一种自我延续性,即当董事任职期满后,新任董事主要由现任董事会成员选举产生。私立高校董事的选举往往可以挑选与大学使命吻合的董事会成员,而且受政治利益干预较小,可以保证自主办学。因选举产生的董事在议会中拥有较大的政治影响力,他们敢于反抗不太友善的州长。同时,通过选举产生的董事会成员在董事会中也更独立,他们敢于依照自己的愿望行事。③

---

① 邓峰. 董事会制度的起源、演进与中国的学习 [J]. 中国社会科学, 2011(1): 164-176.
② 贺国庆,王保星,朱文富. 外国高等教育史 [M]. 北京:人民教育出版社,2003:175.
③ 欧阳光华. 董事、校长与教授:美国大学治理结构研究 [M]. 北京:高等教育出版社,2011:125.

（二）高校董事会制度的治理价值

在以董事会制度为核心的治理体系中，董事会是最高决策机构，校长基于董事会的授权处理教学和行政事务，是学校的最高行政长官。董事会治理制度体现了董事会在遴选功能方面的效率，也体现了自治的理念、制衡的精神与发展的价值。

高校董事会制度的遴选效率。不同的人担任董事，会对效率产生不同的影响，所以董事会应该为学校遴选合适的董事，这种遴选效率是一种机制性效率。理论上，第一届董事由举办者决定，董事发生缺额时要根据法定程序自我增选，所以董事会形成了自我永续的董事增选机制。董事会的自我增选有利于避开不必要的政治势力的干扰和操纵，保证了办学的独立性；可以避开竞选的烦琐，高效地挑选合适的董事。自我增选的实质是挑选自己的合作伙伴，这有助于延续决策，维系董事会的文化传统，保证创办者理念的延续性。另外，董事会的遴选效率还表现在为大学遴选合适的校长。董事会是最高决策机构，其决策的基本责任是坚守信托责任，维系办学使命，遴选大学校长。在委托代理机制下，董事们并不直接参与学校的管理，这就突显了校长及其团队在学校发展中的作用，保证了教育管理的专业化。

高校董事会制度体现了自治的理念。自治即大学自治，是高等教育的基本价值追求，主要是指学校独立决定自己的事务。联合国在《关于高等教育机构学术自由和自治的利马宣言》中指出，高校自治是高等教育机构在国家和其他社会力量面前的独立性，能够独立地在其内部管理、财务、行政方面做出决定，并制定教育、研究、附属部门工作以及其他活动方面的政策。[①] 根据法律规定，作为最高决策机构，董事会主要负责大学决策、资金筹措、校长任免等重大事务，沟通学校与社会的关系。在董事会决策制度下，政府很少直接插手民办高校内部事务，而交由学校自己做主。在职责层面，民办高校由三个层次的职责和控制构成，即以教师为主体的技术层次、以管理人员为主体的管理层次和以董事会与校长为主体的决策层次，而大学共治要求多元利益主体共同参与学校决策，独立自主地决定学校方面的事务。董事会处于整个治理体系的核心，其周围有举办者、校长、管理人员、教师等利益主体。由于董事会不可能事必躬亲，所以为了提高治理的效率，董事会制度对其他利益主体的责任与权力

---

① 徐小洲. 论博克的学术自由和大学自治观 [J]. 浙江大学学报（人文社科版），2002（6）：22-26.

进行了界定,形成了各利益主体参与决策的制度安排,这有利于多元自治目标的实现。

高校董事会制度体现了制衡的精神。共同治理作为一种理念在美国被提出,大约是在宪法起草之时,其实质是为了避免纷争,要在民主、平等的基础上处理国家事务,基本措施是对权力进行制衡。共同治理要求校长和教师也分享决策权力。所以,高校共治是在董事会决策制度下,教师和行政部门的权力与政策的责任分工,它代表着教师和行政人员的共同承诺。[①] 高校共同治理概括为一点就是所有相关利益主体都有发言权,校长和教师都可以分享决策权,并通过相关制度保证其他利益主体的参与。决策必须在诸多利益相关者之间寻求一种平衡,而不能走向任何一个极端。因此,高校的决策应该权衡和照顾各利益主体的需要,不能顾此失彼。要平衡各方面的利益,应该平等地让各利益主体参与决策,通过民主协商的方式实现合作。协商民主是对决策机制的描述,体现了一种工具性价值。共同治理强调多元主体共同参与,这是针对大学的学术组织属性和大学事务专业化的需求而提出来的。这是一种民主机制,利益相关主体应该根据自己的能力和职责参与决策,但不是人人都要参与投票的消费式民主。一般来说,主体有什么能力、承担什么责任,就有什么样的发言权。董事会是一个混合的、多元的结构,不同的群体拥有不同的意志与权力,享有不同的决策权,在决策中起不同的作用。当决策出现分歧时,要考虑各利益群体的需要,通过妥协、民主协商的方式解决,最终实现共同决策。具体表现为:保证所有的组织机构和利益相关者包括教师、行政人员和学生都有参与决策的权力;构建开放的信息系统,以保证信息共享;尊重多数人的意见,通过协商解决问题,加强沟通,减少彼此间的摩擦;明确责任体系,通过治理过程分配责任,保证治理效果。

高校董事会制度体现了共同发展的价值。共同发展的价值实质是组织发展的价值,而"共同"代表了价值的一致性。在民办高校,学校法人是财产所有者,董事会有经营决策权,但没有利润索取权。这说明董事会没有获利的动机,其行为具有明显的公共性,都是为了学校,为了相关群体的利益。所以,对于各相关利益主体来说,董事会的价值取向就是学校的使命,而学校的发展与主体的利益是相关的,董事会的工作与各相关主体的利益是高度统一的。相关利益主体参与决策实现共同治理是董事会制度的基本理念,其他主体参与

---

① 彭国华,雷涯邻. 美国大学共同治理研究综述 [J]. 高教探索,2011(1):64-68.

决策并不意味着董事会权力的旁落。恰恰相反,董事会治理的核心不是权力,而是保证有效的决策。① 董事会授权并不代表其权力的丧失,反而有利于获得更多的信息,通过民主协商,提升董事会的决策效率。像校长、教师参与决策,更有利于大学保持其学术组织性,因此共同治理是在同一个目标的集聚下,共同关注学校发展问题,促进学校发展、保障各利益主体的利益。

二、民办高校董事会制度的演进

我国民办高校董事会制度出现得比较早,有些民办高校从建校开始就实行董事会制度,也有很多民办高校创建董事会源于制度性的规定。结合民办高校的发展,不同阶段的民办高校董事会制度有不同的特征。

(一)雏形阶段的民办高校董事会制度

我国有着悠久的私人办学传统,2000多年前曾出现过影响广泛的私学,19世纪后期也涌现出一批著名的民办高校。但在改革开放之初,私人办学传统恢复时,我国并"没有鼓励私人办学发展的政策"②,以至于在公办高等教育系统之外产生的民办高校并不受社会认可。所以,在恢复发展阶段,举办者的主要任务是提升办学能力,争取办学权力。此时的内部管理处于相对粗放的状态,基本是举办者说了算,以举办者或家族管理为主。例如,北京城市学院由创办者傅正泰主持,黄河科技学院由胡大白夫妇管理。因为办学规模较小,举办者又大都是体制内的离退休老干部、老教师,本身有一定的管理经验,所以通常既是管理者又是办学者。

这一阶段,一些民办高校主动学习企业和私立高校的治理模式,探索董事会制度。浙江树人学院、北京经贸职业学院成立时就创建了董事会,因为管理事务比较简单,为了迅速决策、节约办学成本,基本建立的都是校董合一型的治理结构,举办者兼任董事长与校长。在政府层面,无论是国家还是地方政府对于民办高校的发展态势、内部管理的具体形式等问题,都没有什么明确的法律规定,只是模糊地提出了领导机构、专职校长、董事会、理事会等概念名称。直到1989年,在民办高等教育出现近10年之时,国家才提出民办高校可以设立

---

① 〔美〕沃尔特•J•萨蒙. 公司治理 [M]. 孙经纬,译. 北京:中国人民大学出版社,2001:73.

② 别敦荣. 中国发展私人办学从政策到实践的文化障碍 [J]. 武汉职业技术学院学报,2003(3):3-8.

董事会、理事会,这是主管部门第一次提出民办高校董事会治理的雏形。在雏形阶段,董事会制度基本是作为一个概念而存在,民办高校治理尚未制度化。

(二)发展阶段的民办高校董事会制度

在办学权力得到《中华人民共和国宪法》确认之后,民办高校存在的合法性问题得到解决,民办高等教育得到了快速发展,不少学校的在校生规模迅速达到万人以上。随着办学规模的扩大,内部事务的复杂性日益增强,仅凭举办者个人的智慧已经很难应付越来越复杂的外部环境和内部事务,许多举办者开始探索专家治校。这一时期,不少民办高校在开始办学时就建立了董事会制度,一些民办高校在内部管理体制改革中建立了董事会制度。三江学院在1995年获准建立时成立了董事会领导的校长负责制,由南京工学院原院长钱钟韩教授任董事长,东南大学陶永德教授担任首任校长,另外还聘请了名誉董事长和名誉校长。2001年,湖南涉外学院创建了董事会制度,湖南猎鹰实业有限公司董事长张剑波担任学校董事长,湖南师范大学原校长张楚廷教授担任校长。

与此同时,国家也在探索民办高校内部治理形式,提出了董事会治理制度的基本设计。《民办高等学校暂行设置规定》(1993)确立了民办教育审批制度,提出了办学标准问题。在内部管理制度上,提出了董事会制度、董事会章程、董事长、董事等概念名称。这时,我国民办高等教育管理体制还处于探索期,对于民办高校内部应该实行何种管理方式,国家还没有明确的制度设计,还是一个概念框架。《社会力量办学条例》(1997)(以下简称《条例》)提出了董事会的决策作用、董事的产生以及构成,从而提出了董事会领导下的校长负责制的制度设计,但只是说民办学校可以设立校董会。董事会的职责在于对学校的重大事项进行决策,包括决定校长或主要行政负责人,筹措办学经费等;董事来源主要包括举办者及其代表、教师、其他社会人士;首批董事由举办者推荐,以后董事的缺额按照董事会章程推选。董事会董事的1/3以上应该具有5年以上的教育、教学经验;国家现职工作人员不得兼任,当然政府或主管部门可以委派董事;校长的人选由举办者或董事会决定。《条例》对民办高校治理结构的设计,具有明显的现代治理特征。允许民办高校自主选择校长,实质上兼顾了民办高校自主办学的特点。但国家对于民办高校的发展还是比较谨慎的,所有的关于民办高校治理结构的规定都不具有强制性。当然,这比前文的《规定》已经进步了很多,提出了民办高校治理的制度设计,对董事会的职责、构成和运行,以及校长的职责、构成和运行都做了相应的规定。特别是为了董事会的规范运行,《条例》还提出了亲属回避制度,这是基于民办高校办学实践的担忧,而且从现状来说,这种担忧不无道理。只是因为没有法律强制性,回避制度无法落实。此前有关省份也对董事会制度提出了明确要求,如广东省在《私立高等学校管理办法》(1995)中提出,私立高校"一般"要实行董事会领导制度,所以国家"可以"的规定具有一种自下而上探索的意味。

(三)规范阶段的民办高校董事会制度

2002年,国家颁布了《民办教育促进法》,明确了民办学校的法人地位以及董事长的法定代表人身份。法律规定,民办高校"应当"设立董事会,并对相关问题进行了制度设计,董事会制度成为民办高校治理体系的核心制度安排。这一期间的法律虽然均规定民办学校不得以营利为办学目的,但缺少相应的监督机制,同时均没有对非营利属性做出严格的制度设计,这是我国民办高校治理出现利益集团控制的关键原因。[①] 但民办高校的治理形式是由投资办学的基本国情决定的,举办者控制现象的出现与产权安排相关。投资办学体制下产权的非公共化是导致董事会运行存在问题的根本原因。[②] 随着民办教育发展相关问题的出现,国家又陆续颁布了《关于加强民办高校规范管理引导民办高等教育健康发展的通知》(2006)、《民办高等学校办学管理若干规定》(2007)和《关于鼓励和引导民间资金进入教育领域促进民办教育健康发展的实施意见》(2012)。通过这些法律政策,国家进一步明确了民办高校完善内部管理体制的重要性;强调了董事会的最高决策地位,校长在教学与行政中的决策地位;对董事会的议事规则和运行程序、董事的构成做了相关规定。在法律框架内,董事会领导下的校长负责制基本形成。

在法律规范下,民办高校治理形式规范化,大都在内部制度方面实现了转变,建立了董事会领导下的校长负责制。当然,民办高校董事会制度的运行情况也并不相同,举办者担任董事长是共同的特征,不同的是有的民办高校形成了举办者控制型的董事会,有的民办高校形成了分享治理型的董事会。不同类型的董事会,对民办高校的发展带来了不同的影响。

① 阎凤桥. 中国民办高校内部治理形式及国际比较 [J]. 浙江树人大学学报,2007(9): 1-8.
② 张博树,王桂兰. 重建中国私立大学:理念、现实与前景 [M]. 北京:教育科学出版社, 2003:212.

第二节　民办高校董事会制度的规范

经过 30 多年的实践,大部分民办高校在形式上确立了董事会的最高决策权。从政策文件性质的董事会到现实中成立的董事会,这种制度设计有其合理性。民办高校董事会制度的行为结构是结合董事会制度的法律规范,分析董事会制度的实践运行而概括出的董事会制度的静态结构,主要包括董事会设立、董事会的结构以及董事会的运行机制等。民办高校董事会制度行为结构的分析是研究民办高校治理水平的关键点之一。

一、民办高校董事会制度的合法性

合法性是指一种政治统治或政治权力能够让被统治的客体认为是正当的、合乎道义的,从而自愿服从或认可的能力与属性。[①] 权力之所以被认可,主要在于权力的正当性以及其价值取向符合利益主体的价值需求。董事会制度的合法性在于董事会制度被认可,且能够符合主体的价值需求。

(一)民办高校董事会制度的形式合法性

董事会制度的形式合法性通常被理解为法律合法性,主要是就其法律规定性而言。在我国民办高等教育发展过程中,政府对民办高校治理的具体形式一开始并没有统一的规定和严格的要求,以至于在民办高校的形态演化过程中,内部治理形式多样化,董事会、理事会、校务委员会等名称各异,职责和权力范围又不尽相同。[②] 随着法律规范的加强,民办高校董事会制度向着规范化的方向发展,这即是本书中所说的董事会制度的法律规定性。

在生存阶段,民办高校的举办者一直在争取办学的合法性,而且因为学校职能相对单一,内部管理制度受到了忽视。只有少数几所民办高校因为创办背景的原因比较注重制度建设,在办校之初建立了董事会。这是我国董事会制度的雏形,但只是个体行为,甚至可以说是个别行为,法律对此也没有明确的规定。伴随着民办普通高校的出现,民办高校办学形式增多,业务复杂化,许多民办高校开始探索内部治理制度,一些地方政府也在民办教育立法中做

[①] 张星久. 论合法性研究的依据、学术价值及其存在的问题 [J]. 法学评论,2000(3):1-8.

[②] 阎凤桥. 中国民办高校内部治理形式及国际比较 [J]. 浙江树人大学学报,2007(9):1-8.

出了规定。后来,《民办教育促进法》明确提出民办高校"应当"设立董事会,并对相关问题进行了制度设计,董事会制度成为民办高校治理体系的核心制度,董事会成为办学的必备条件之一。

《民办教育促进法》首先明确了民办学校的法人地位以及董事长或者校长的法定代表人身份。民办高校法人必须以拥有合法财产为前提,这意味着举办者必须把所投入的财产划入民办学校名下,有利于保障民办高校的稳定性。董事会是民办高校财产的实际控制者,它拥有学校财产控制的合法身份,所以其成员构成实质反映了有关各方的利益格局,不仅体现着投资者、举办者之间的关系,而且由于其实质性的控制地位,所以还体现着其他利益主体的利益,反映着各利益相关者在民办高校中的地位和作用。① 其次,规定了董事会在民办高校治理中的决策地位。董事会是法律规定民办高校的唯一必设机构,是必须有的最高决策机构。同时法律明确了董事会在校长产生、财务决算等学校重大事务中的决策地位。再次,规定了校长负责学校的教育教学和行政管理工作,校长具备了行政和学术领导权。民办高校自筹经费办学,法律关于民办高校董事会的规定符合举办者的利益,同时也有利于发挥校长专业管理的作用,受到了一定的认可。

民办高校董事会制度的法律合法性意味着董事会的产生要符合法律规定。根据要求,实行董事会制度的民办高校都要制定董事会章程,这首先意味着董事会章程要符合法律的要求。其次,董事会要按照章程的规定运行。实行董事会制度的民办高校在学校章程中规定了董事会的决策地位、董事的产生、来源以及增选机制,章程关于董事会制度的规定符合法律的要求。民办高校还要向审批机构提交董事会章程,董事会章程也规定了董事会的地位、董事的产生、董事会成员的构成以及增选机制。从形式上看,董事会制度符合法律的要求。

(二)董事会制度的实质合法性

董事会制度的实质合法性主要是指董事会制度的有效性,是指对于民办高校组织或组织内的利益主体来说,董事会制度是合乎道义的,其价值选择符合主体的需求。董事会制度的实质合法性源于利益主体对其的价值认同,与主体的价值选择相关。

---

① 赵旭明. 民办高校治理研究 [D]. 北京:中共中央党校,2006:33.

民办高校董事会制度的规范结构是对教育公益性价值需求的回应。虽然民办高校的办学资金来源于市场，但这并不妨碍民办高校从事公益性事业。民办教育的公益性已经不证自明，并且也从法律角度得到了认可。公益性事业有一种自然的公共性需求，民办高校的资产属于学校和社会，是一种公共资产，需要由代表公共利益的群体来管理，这是管理的公共需求。这种公共需求决定了民办高校不能形成一种由投资者或发起人单边控制的现象，否则可能会出现学校利益就是个人利益的情况。若投资者为了谋取个人利益而专注于经济效益，就容易把工作重心放在市场拓展方面，结果使学校经营偏离了教育公益性的轨道。民办高校是一个多元利益共同体，办学质量的好坏不仅与举办者和办学者相关，还与教师、学生有直接的利害关系，只有这些多元主体都参与决策才符合利益公共性的需要。有了多元主体的参与，可以形成不同的权力重点和范围，可以有不同的意见和建议，为公共利益的实现提供了组织保障。所以，董事会让各产权主体或利益相关者进入决策机构，实现共同决策、共同治理，是维护民办高校公益性的制度安排。

民办高校董事会制度的规范结构是对决策民主与制衡价值需求的回应。民主是现代社会终极性的价值需求，民办高校在管理中体现民主价值，应该由投资者、办学者、教师等利益主体共同参与决策，这是民办高等教育事业公益性的需求，也是法律法规的价值要求。作为治理体系的核心，董事会从构成上避免了权力主体的单一化，把多元代表纳入权力主体范畴，形成民主决策。多元权力主体参与董事会决策，消除了单个决策者的缺陷，使决策达到优化，克服自然人治理中的独断专行和家族管理等不确定因素的负面影响，有效防范经营风险，使内部不同机构发挥最佳效能。[1]同时，学校还形成了相应的权力机构，比如教职工代表大会、教授委员会、学术委员会等，形成了多层次的平台，有利于实现决策民主性与权力制衡性的价值需求。组织的健康发展应该避免权力的过分集中，而最基本的措施是进行权力制衡，在民主、平等基础上构建制衡机制，一是表现在决策方面，把其他利益主体纳入决策机构，起到平衡决策的作用，保证决策功能性质量；二是形成一个权力的监督机构，实现对决策机构的制衡，监督董事、校长的履职情况，保证决策执行的质量；三是通过设立相应的组织机构和制度，赋予教师与学生共同参与管理的权力，加强民主参与、民主监督。

---

[1] 冯淑娟. 民办高校法人治理结构的完善 [J]. 教育发展研究，2008（15-16）：96-98.

民办高校董事会制度的规范结构是对举办者投资需求的回应。西方现代私立高校的基本特征是捐资办学,伊兹位·康乃尔向康乃尔大学捐款50万美元,该数字相当于19世纪初美国所有学院捐赠的总和;约翰·霍普金斯为约翰·霍普金斯大学捐赠350万美元用于学校的开办,这一捐赠数额相当于哈佛大学前250年的捐赠总额;利兰·斯坦福为斯坦福大学捐赠2000万美元;洛克菲勒为芝加哥大学捐赠3000万美元……[①] 国外在捐赠、财务监管方面有非常严格的制度,捐赠者在财产捐赠之后可以作为董事参与学校管理,但绝对不能从捐赠的学校中直接获取收益。捐赠者失去了产权权利的索取权,结果是没有一个具体的人可以成为大学财产的拥有者或索取者,因而也不会产生个人与学校的产权纷争。反观我国民办高校,举办者在投资办学时主观上并未放弃财产权利,往往有获利的需求。而当学校达到一定办学规模后,可以产生大量的现金流和办学结余,由此产生一个问题:由谁来控制和管理这些资产比较合适。董事会是大学组织的法人机关,是学校财产法律意义上的支配者。我国民办高校成立了以举办者为首的董事会,举办者可以通过控制董事会这种合法的形式保护自己的产权。而关于举办者控制董事会的行为,许多办学者表示了认可。他们认为,作为学校的老板,董事长投了钱、承担了经营风险,是学校发展的决定性力量,所以整个学校就是他的,可以归他控制。这实质上代表了不少举办者的想法,也代表了不少办学者甚至是教师的想法。

二、民办高校董事会制度的行为结构

当前,大部分民办高校建立了董事会领导下的校长负责制。笔者通过查阅民办高校的官方网站,发现大多数民办高校的最高决策机构是董事会;通过调研,发现大部分民办高校都在章程中明确了学校的领导体制是董事会领导下的校长负责制。关于民办高校董事会,我们可以从董事会的构成和实践运行中看出端倪。

(一)民办高校董事会的构成

董事会的构成主要包括规模结构、人员比例构成等情况。一般来说,有不同的办学模式、不同的办学诉求,董事会就有不同的结构。董事会的构成与其投资者、办学模式高度相关。

---

① 欧阳光华. 董事、校长与教授:美国大学治理结构研究 [M]. 北京:高等教育出版社,2011:95.

第一,民办高校董事会的人员构成。董事会的法定人员应该包括举办者或者举办者的代表、校长、教职工以及社会上热心教育的人士等,对于何种人不能成为董事长或董事,国家法律没有严格规定,但介于法律关于法人代表的要求,能成为董事的起码应该具有民事行为能力。另外,广东省还规定,现职的国家公职人员不能担任董事;董事长不能担任校内职务。山东省还按照《公务员法》的规定,不允许国家机关或公办高校的领导退休后两年或三年内在民办高校任职,现职人员更不允许。所以,在不同的省份,董事会的构成可能会有所不同,人员背景结构差别可能比较大。有的学校董事会主要由投资者代表组成,厦门安防科技职业技术学院董事会由5位出资者构成,董事长由出资份额较大且热衷于教育的出资者担任;有的学校董事会有教职工代表,山东英才学院董事会包括举办方2人、学校领导1人、教职工代表2人;有的学校聘请了教育专家作为董事会董事,上海建桥学院董事会包括举办方4人、学校领导3人、教职工代表2人、教育界专家2人;有的学校有企业家代表,浙江树人学院董事会由出资单位代表、学校领导、专家学者和优秀企业家代表等组成,董事长由出资单位省政协提名、董事会选举产生。

民办高校董事会的人员构成一般包括以下几个特点:一是举办者及其代表在董事会担任重要职务且往往处于控制地位。从调研来情况来看,举办者为个人的,举办者个人往往担任董事长;举办者为企业组织的,企业董事长往往担任学校董事长,或安排企业相关人员在董事会中担任核心职务。二是举办者亲属在董事会中占有重要位置,特别是控制型董事会具有浓重的家族气息,存在着夫妻学校、母子学校、父子学校。三是名人在董事会中占据重要位置。为了提高学校知名度或争取社会资源,许多民办高校董事会中名人占有重要位置。重庆人文科技学院由重庆利昂实业有限公司董事长作为投资者担任学校董事长,聘请了西南大学常务副校长宋乃庆、副校长陈时见、原西南师范大学副校长何向东任董事。浙江树人学院的董事包括省政协、省教育厅、省审计厅、文化厅、办公厅、商务厅、科技厅等相关领导,董事会会议基本是省直机关领导的内部座谈会。四是其他利益相关者在董事会中所占比例极少。山东英才学院、上海建桥学院、四川现代学院、三江学院等少数学校都有教师代表,浙江树人大学还有一位校友代表,而在其他很多民办高校并没有教职工等利益相关者。

第二,民办高校董事会的规模结构。规模结构主要是一个数量指标,按照法律要求,民办高校董事会规模应该在5人以上,实践中,董事会的规模大小不一。董圣足通过对 45 所民办高校的调研发现，董事会组成人员为 5 人的有 12 所，占调研学校总数的 28.89%；组成人员为 7 人的有 19 所，占 42.22%；组成人员为 9 人的有 7 所，占 15.56%；组成人员为 11 人的有 5 所，占 11.11%；组成人员为 13 人及以上的有 2 所，占 4.44%。[①] 我们也在实践调研中发现，民办高校董事会规模差距较大，山东英才学院、四川现代职业学院董事会都是 5 人，上海建桥学院 11 人，厦门华厦学院 15 人。有的学校董事会规模更为庞大，有几十人之多，像浙江树人学院公布的第七届董事会名单中有董事 34 人，其中有董事长、副董事长、名誉董事长等董事会官员 5 人，董事 17 人，荣誉董事 3 人，董事会特别顾问 9 人。

董事会的规模往往与董事会的类型相关。国外董事会可以分为代表型董事会和专家型董事会。代表型董事会主要指董事来源广泛，包括各方面的利益相关者；专家型董事会意味着董事主要是各类专家。一般来说，代表型董事会人数要比专家型董事会的人数多，因为专家治理本身更强调精英治理，每个精英都有自己的团队，反映到代表人数上就少得多。代表型董事会又称分享型董事会，规模较大，主要包括投资者、校长、教师、教育专家、社会著名人士等，因为只有达到一定的规模才能具有代表性，才能代表利益主体的利益。捐资不要回报的民办高校董事会往往属于这种类型，因为捐资后可能就没有了产权诉求，董事会的主要责任在于促进利益最大化。我国民办高校董事会也有精英治理的特点，但很少考虑专家型董事，反而容易形成控制型董事会。控制型董事会表现为举办者个人控制型或家族控制型，无论是哪一种控制类型的董事会，其本质都是举办者控制。举办者为了更好地控制董事会，自然不愿意形成多元的权力中心，董事越少越好，外人越少越好，规模只要达到法定的 5 人即可。这种董事会缺少代表性，反而体现出控制性的特征。有的民办高校董事会全部是家族成员，是家族控制型的董事会。

（二）民办高校董事会的运行

作为最高权力机构，董事会发挥作用的主要形式是董事会会议和董事会的相关工作机构。在现阶段，民办高校本身还处于上升期，所以董事会的运行还有其特殊性。

第一，民办高校董事会的工作机构。民办高校一般设有专门的董事会工

---

① 董圣足，黄清云. 我国民办高校董事会制度的重构 [J]. 黄河科学科技大学学报，
　2010(4)：12-17.

作机构,如董事会办公室或董事会执行办公室,其职责是处理董事会日常事务,接受董事会的咨询。山东英才学院设立了董事会办公室,设立专职人员2名,其中办公室主任1名、秘书1名,他们既负责处理董事会的日常事务,还协助董事长处理外联工作。烟台南山学院董事会的办公机构是高等教育办公室,党委书记兼职办公室主任。恒星科技学院设立了董事会战略咨询委员会,为董事会决策提供咨询。上海建桥学院设立了发展委员会、财务预算委员会为董事会决策服务。由此来看,董事会的常设机构还是受到了民办高校的重视。在董圣足所进行的45所民办高校调研中,有16所学校设立了董事会常设机构,设立专职工作人员1~2名;有3所学校设立了2个以上的常设机构。①

第二,民办高校董事会会议。作为最高决策机构,民办高校的重大事情要通过董事会决策,决策形式是董事会会议,又叫董事会决策会议。董事会决策会议有定期会议和临时会议之分,定期会议一般一年开1~2次,董事会也可根据需要召开临时会议。董事会会议一般由董事长召集、主持,董事会决议遵循少数服从多数的原则兼顾举办者的需求。在调研中发现,上海建桥学院的董事会会议基本为一年两次,董事会听取校长办学情况的汇报,对学校重大事务做出决策。黄清云校长在访谈时指出,投资者在聘请其出任校长时就有一个约定,董事会主要负责总体决策、遴选校长、负责财务等重大问题,自己只负责办学。在当校长时,若有资金方面的问题,都是董事长、董事会来解决,自己只负责办学,只在董事会会议时向董事会汇报工作,接受质询,感觉比在公办大学当校长还省心。从法律规定和实践来看,董事会决策是委员会会议制。

第三,民办高校董事会校务会议。董事会校务会议的存在主要是因为不少民办高校实行了董事会与校务会合一的制度。有的举办者除办学外没有其他经营性业务,举办者既是投资者又是办学者,一般都会参加校务办公会议,形成了董事会和校务办公会合一的制度,其结果是一些董事会会议所要讨论的问题在学校校务办公会就可以解决。在访谈中,山东英才学院校长夏季亭表示,最初为了提高办事效率才使董事会与校务办公会合一。之所以有这种选择,关键原因是董事长和校长两个创业者都在一线,这样处理、协调工作很方便,相对来说是最简洁的方式。但如果学校事务进一步增多,或者第二代接班以后,董事会与校务办公会的关系就必须要处理好。青岛恒星科技学院陈

---

① 董圣足,黄清云. 我国民办高校董事会制度的重构 [J]. 黄河科学科技大学学报, 2010(4):12-17.

昌金董事长也表示,对于第一代创业者而言,他们像呵护自己的孩子一样,把经营学校当成是自己毕生的事业,而且在学校也有很高的话语权,两会合一还可以。民办高校董事会和校务会合一,不代表不开董事会。许多学院每年都要开董事会会议,审议办学年度报告,讨论学校年度规划以及其他与学校发展有关的重大问题。

第四,民办高校纵向决策体系。董事会的最高决策权力是无须质疑的,但董事会决策需要有执行、监督的机构和机制,形成纵向的决策执行体系。执行决策的过程,也就是行政管理的过程。学校运行,从本质上讲,是从执行机构开始的。[①] 以校长为首的校务管理层是董事会决策的执行者,具体的管理事务由各个行政机构负责。虽然董事会与校长之间是决策与执行的关系,但这并不意味着校长只有执行权,相反校长以其在教育教学等方面的领导与决策权影响着董事会的决策,特别是在按教育规律办学方面。在董事会决策领导下,校长负责办学,另外还有党委、教代会等机构来保证实现民主管理。相对于公办高校的任命制,民办高校有较高的办学自主权,可以自行对行政机构进行调整,在领导选择上有自我决定权,基层组织机构参与决策就有了可能。而这正是民办高校机制的优势所在,也是美国私立高校共同治理价值在我国的体现。有些民办高校还规定教职工有推选董事的权力,曾有某校领导因为得不到教职工的支持而无法担任董事。

第三节　民办高校董事会制度与治理能力现代化的关系

民办高校董事会制度的建立有其法定的规范与价值需求,也在实践中被广泛接受。作为一种制度安排,董事会应该解决好董事会成员的结构,以及各种权力和利益关系,但董事会的实践运行却在一定程度上出现了偏差,这与其教育公益性、决策民主与权力监督的价值需求相冲突,影响着治理能力的提高。

一、民办高校董事会制度运行的偏差

董事会应该有合理的构成结构、规范的运行秩序、制衡的权力关系,但我国民办高校董事会制度的实践运行还存在着一定的偏差,主要表现为:董事会成员的结构比例失衡,权力过于集中;董事会运行不规范,缺少监督;董事长与

校长权力与责任不明,甚至矛盾突出。这些问题的存在与民办高校发展的阶段性和特殊性有很大关系。

(一)董事会成员结构比例失衡

民办高校董事会应该合理安排、确定董事会成员,使董事会构成有一定的代表性。我国法律对董事会的构成也有一定的数量要求,主要包括:董事会要由5人以上组成,1/3以上有5年教学经验;限定举办者的比例,实现亲属回避。董事会最初是法律法规要求设立的,在人员产生和结构上,缺少具体要求。这种松散的制度安排导致民办高校董事会成员的产生缺少法律约束,有一定的随意性和不规范性,成员结构比例失衡。

董事会举办者家族成员过多,内部人控制现象严重。民办高校董事会总体上存在着举办者家族成员过多、结构比例失衡、内部人控制问题严重的现象,主要表现在:一是董事长与校长为同一人。二是校长与董事长为两个人,但具有血亲关系或都是出资方,在个人利益上具有高度的一致性。三是其他董事多为家族成员。民办高校董事会举办者控制的结果是:举办者及其代表成了董事会的核心人物;举办者的家族成员很容易进入董事会,成为核心成员,或成为关键岗位的领导,现存的诸多夫妻学校、母子学校、父女学校就是最好的例证。在一些个人举办的民办高校,举办者既担任董事长又担任校长,像青岛滨海学院等;有的创办者同时担任董事长、校长或党委书记,像厦门南洋职业学院等。如果民办高校由企业创办,那么企业董事长容易成为学校董事会的核心,有时企业董事长还会安排企业领导担任学校的主要领导。闽南理工学院的投资者为石狮华景集团有限公司,学校章程明确规定,董事会由公司代表、院长、教职工等人组成,规模为7人。其结果是企业董事长成为学校董事长,董事长的兄弟、子女成为董事会主要成员。重庆人文科技学院,由重庆利昂实业有限公司创办,公司董事长成为学校董事长,同时也有一名公司的董事成为学校董事会董事。烟台南山学院一度聘请企业的中层担任学校董事长。有时企业人士甚至会在董事会中占有较大比例,如银川能源学院7位董事会成员中,有3位董事来自企业;上海建桥学院11位董事中,有4位董事来自企业。

明星官员在部分民办高校董事会中占有重要位置。我国民间自古就有正统与非正统之分,民办高等教育也遭遇了这种困境。民办高校发起时,公办高校一枝独大。为了获得社会的承认,不少民办高校邀请政界名人为学校题写校名、题词,后来为了减少办学的阻力、争取更多的办学资源,不少民办高校董事会就近取材,聘请了当地学界的大学校长或政界的官员为校外董事,有民办高校董事会除了学校领导就是官员。

与举办者及其代表、明星官员在董事会占很大比重相比,一般利益相关者基本难以进入董事会。教职工代表任董事是法律的规定,因而民办高校注册时,大都会登记 1~2 名教职工作为董事会成员。在与举办者交流时,他们也都说董事会中有教职工代表。但在做具体介绍时,他们一般只介绍董事会中的举办者和校长,而且举办者和校长的总和恰恰是他们所说的董事会成员总和,所以被作为教职工身份登记为董事会成员的多为投资者或校领导。在实际调研的 20 多所民办高校中,我们只发现上海建桥学院、山东英才学院、长春光华学院、北京经贸职业学院等民办高校有教职工代表。其中,山东英才学院、上海建桥学院的董事会有 2 位教师代表,长春光华学院有 1 位教师代表,北京经贸职业学院有 1 位教师代表。在美国私立高校中,还有学生以在校生或校友的身份加入董事会。美国高校董事会对学生董事有严格限制,一般情况下不超过 1 个名额,任期不超过 1 年,且其投票权受到严格控制。学生董事必须是在校生,已经毕业的学生担任原来就读过的高校或高校系统的董事时只能是校友董事。[①] 我国的民办高校目前没有学生进入董事会,校友能够进入董事会的也极少。在调研中,我们只发现浙江树人学院吸纳了 1 位校友进入董事会。在国外的私立高校中,能够进入校董事会的校友基本都拥有较高的经济地位或社会地位,浙江树人学院的这位校友董事也属于此种情况。

(二)民办高校董事会运行不规范

董事会是学校的最高决策机构,处于民办高校治理体系的核心。董事会发挥作用的方式是委员会制,为了更好地保证决策效率,发挥其在学校发展中的作用,董事会的运行需要一定的制度性规制。这种规制是董事会是否规范运行、决议是否存在瑕疵的前提。但是在举办者说了算的情况下,民办高校形成了举办者控制董事会的现状,以致董事会议事制度不健全、议事程序不规范,董事会的运行具有一定的随意性和不可预知性,从而影响了董事会的决策效率。

---

① 王绽蕊. 美国高校董事会制度:结构、功能与效率研究 [M]. 北京:高等教育出版社,2011:48.

董事会议事制度不健全。董事会的议事制度主要是指董事会的会议决策制度,它所解决的是董事会开不开的问题,这是董事会运行的首要问题。对于一些民办高校来说,董事长是存在的,但董事会本身并不存在。对于另外一些民办高校来说,董事会是存在的,但董事会会议开不开、董事会如何开等涉及董事会如何存在的问题,就成了董事会运行的首要问题。然而,在实践中,30%的民办高校几乎从来不召开正式的董事会会议,处于"有组织无会议"的状态。部分民办高校是否召开董事会会议取决于举办者的意愿,举办者希望召开董事会会议就会临时召开;否则,预定的会议会被推迟或取消。召开董事会会议的地点也不固定,有一些会议在饭店或举办者家中召开。①在一所民办高校,校长在合同期满前递交了不再续聘的申请,但一直没被批准。因为按照法律规定,校长的聘任需要董事会同意,结果董事会一直没有开。由此看来,许多民办高校董事会只是名义上的决策机构,开不开没有多少人知道;学校哪些决议是董事会做出的,更没有多少人知道。我们在江苏调研时,一位民办高校的副校长说,董事会及其构成是商业机密,这所学校的另一位中层领导表示完全不知道谁是董事会成员,也不知道董事会会议是怎么回事。

董事会议事程序不规范。关于董事会及其运作程序,法律做了原则性的规定,而具体运行要依据学校章程。根据法律规定,董事会会议每年至少召开1次,董事会临时会议有1/3以上董事提议即可,而董事会的决策需要有2/3以上的董事同意,这是董事会制度运行最基本的议事规则。民办高校董事会决策实行委员会制,遵循少数服从多数的原则.董事长有权召集董事会会议,但不能独自行使应该属于董事会集体的最高决策权,无权作为董事会的行政长官代表董事会做出最高决策。否则,这种决策不是董事会领导下的民主决策,而是少数人决策甚至是个人决策,不是董事会说了算而是董事长个人说了算。我国法律只是在原则上规定了董事会的成员构成,但实质上如何构成完全是举办者个人说了算,以至于最后形成了控制型的董事会结构。有的民办高校董事会还被家族所垄断,结果是人事、财务都无法公开,陷入了家族化经营状态。之所以说董事会议事程序不规范,主要是举办者或举办者家族控制了董事会的运行,在董事会决策中享有主导话语权。在一些民办高校,举办者或者举办者群体中出资较多者担任董事长,甚至还兼任着校长,自身既负责经

---

① 王一涛,刘继安,王元. 我国民办高校董事会实际运行及优化路径研究 [J]. 教育研究,2015(10):30-36.

营又负责具体管理。在这种情形下，董事长的权力远远大于其他董事会成员，由于董事长的权力无法制衡，董事会的权力被架空或制约，导致出现董事会形同虚设、董事长包揽一切的异常现象。厦门市一位在多所民办高校工作过的副校长在访谈中表示，"学校有董事长，但我不了解董事会会议是如何运作的"；四川一位在多所民办高校工作过的校长在访谈中表示，"我不知道有没有董事会，或许应该有"。有研究指出，关于董事会重大决策的表决方式，采取"无记名投票、多数通过"的学校仅占4%，而采取"民主协商、董事长裁决"或者"董事长个人说了算"的学校高达60%。[①] 泉州一所民办高校有7位董事会成员，主要创办者任董事长，创办者的妻子、2位子女、妻子的妹妹占据董事会的4席，其他2席分别是一位退休校长和另一位投资者。这种董事会成员结构表明，学校决策权力完全掌握在创办者及其家族手中。有人对此评价，"这种董事会严重不符合治理结构"。当然，这种董事会做的决策也不是董事会领导下的民主决策，而是举办者决策，不是董事会说了算而是董事长个人或利益集团说了算，这是对董事会决策权的侵犯。

（三）董事长与校长关系不和谐

董事会领导下的校长负责制是民办高校内部治理的核心，董事会和校长之间是委托代理关系，他们责权分配明确、互相配合、互相制约，构成了校董分离型的关系结构。在这种关系结构中，校长的权利来自两部分，一部分是依照法律规定所具有的法定权利，另一部分则来源于举办者的授权。[②] 但现实中董事长与校长之间还存在一些矛盾，这些矛盾一部分是理念性质的，一部分是权力性质的。

许多民办高校的校长是从公办大学聘请的退休干部或教育界的名流，虽然有教育教学或行政管理权，但更多的是分担教学或其他管理层面的具体事务，而不像在公办高校那样拥有独立的人事、财务等方面的决策权，并且其行政管理权更多的还需要举办者审批。在一项关于民办高校领导体制的问卷调查中，90%以上的访谈者认为，举办者作为董事长在干部遴选和财务方面基本集权或完全集权，而对校长只是在某些具体的教学或行政事务上基本放权或

---

① 董圣足，黄清云. 我国民办高校董事会制度的重构 [J]. 黄河科学科技大学学报，2010（4）：12-17.

② 覃壮才. 我国公立高等学校法人治理结构的基本模式探析 [J]. 教育学报，2005（4）：57-64.

完全放权。这说明,举办者实际上具体管控了学校的财务、人事及其他重大事务的工作。校长能在多大程度上开展工作,主要与举办者的授权相关。厦门市的一所民办高校校长表示,"我几乎没有一点办学权力,主要是没有一点财务方面的权力,几乎到了一包 20 元的卫生纸都要审批的程度"。民办高校董事会结构的最大问题是举办者及其家族掌握了控制权。这样的结构关系容易导致董事会与校长之间因为问题的出发点不一致而产生矛盾,甚至是激烈的冲突,结果要么是董事长全面控制学校,校长沦为董事长的摆设,专业管理无法实现;要么校长不甘心成为摆设,与董事长争权或离开学校,加深了相互之间的矛盾。无论是哪一种结果,都会影响学校的形象和办学质量。一些民办高校频繁地更换校长,既在社会上造成了不良影响,也对民办高校自身的可持续发展造成了伤害。①

在校董合一型的民办高校中,举办者既担任校长,又担任董事长,聘用副校长管理学校。若举办者权力过大,董事会对学校决策无法控制的情况下,相对于其他副校长,举办者校长的权力就会过大。在民办高校成立初期,举办者聘用校长办学,后来随着办学经历的提升,自己控制董事会的同时又担任校长,集经营决策权于一身,董事会与校长的委托代理关系就不再存在,形成了举办者个人控制型的董事会。究其原因,一是《民办教育促进法》规定董事长和校长都可以成为法人代表,这意味着校长也可以成为董事长,为校董合一打开了方便之门。二是因为权力高度集中,举办者的言行没有人反对,所以就出现了校长权力过大的现象。校长本人与所聘用的其他校长之间,缺少沟通,所以就是一个人在办学,董事会形同虚设。北京市一位民办高校的副校长说:"你要问我们学校有没有董事会?有!是不是董事会领导下的校长负责制?也是……但实际上不是,董事会是一个顾问班子。它一年开一次会,参与点决策,发表点意见……并没有做什么决议。"②在这种控制型的董事会中,举办者的个人意志基本上不受约束,他们可以利用其优势地位左右学校决策,影响决策的民主化,最终也易损害学校的利益。

二、民办高校董事会制度对治理能力的限制

董事会治理的根本目的在于促进办学水平的提高,但从实践来看,民办高

---

① 汪明义. 民办高校的高层管理模式探索 [J]. 科学中国人,2007(12):110-112.
② 周鹏. 我国民办高校董事会与校长关系研究 [D]. 北京:北京师范大学,2005:22.

校董事会存在着结构不合理、运行不规范的情况,特别是有的民办高校董事会成了举办者控制学校的工具。所以,以董事会制度为核心的治理体系现代化水平不高,董事会制度存在的一些问题甚至成为办学的障碍。

(一)不利于形成长远的发展战略

治理能力现代化是民办高校发展的战略选择,但我国民办高校基本是从无战略无规划的状态中发展起来的,能有今天的成就,归功于举办者抓住了政策的推动、高等教育大众化的背景。所以有人说,只要赶上这几个机遇,民办高校就能够发展起来。民办高校当前的成就,看起来非常壮观,但基本上是外延发展的结果。实质上很多民办高校还生活在贫困线之下,处于生源吃不饱的状态,有的仅能维持生存。面对这样一个买方市场,民办高校必须办出特色与水平。而高水平民办大学的建立,必须要有重大的可以影响全局的战略。民办高校董事会的基本职能在于为学校制定战略规划和遴选校长,从委托代理的角度来说,校长是执行董事会战略规划的。但在很多民办高校,董事会制度不利于发展战略的制定,也不利于发展战略的推行。其实,很多民办高校无法制定出切实可行的发展战略,更谈不上执行的问题。

民办高校发展战略的制定需要董事会全面分析学校发展的内外部环境,抓住能够促进和阻碍学校发展的关键信息。董事会是法律规定的民办高校唯一必设机构,在不同权力主体参与决策的情况下,董事会强调的是官民协同。举办者通过对董事会的控制实现了对学校的控制,结果形成了董事会各成员话语权极其不均衡的现象,董事长决定的事情其他董事一般无法改变。曾有举办者在决策谁做主的问题上非常激动地指出,"民办高校谁出钱、谁打天下谁说了算,别的全没用!"[1] 在这种强权治理下,外部董事或其他一般董事根本没有话语权,几乎连对话的平台都没有。谁投资谁有话语权,基本是民办高校决策的重要规律。这就决定了董事会不能获得关键的信息,一是因为举办者控制了董事会,但他们并不完全了解学校的办学状况;二是举办者个人对于学校的设想成了学校的战略规划,认为无须召开董事会会议,以至于很多民办高校年年定计划,年年改目标;三是董事会的战略决策首先应该符合家族的利益,否则他们将有选择地采纳董事会的意见,或者根本不采纳。

与利益集团控制或家族控制董事会同样被诟病的,还有明星官员董事会。

① 周鹏. 我国民办高校董事会与校长关系研究 [D]. 北京:北京师范大学,2005:26.

有的学校为了提升知名度、获取更多的资源,请了许多名人担任董事会成员。对于这些明星官员,有些董事(驻校董事)也不以为然。有人说,"有些董事,聘请他,是因为他有用。有些董事本身也不在权力部门,来了也发挥不了多大作用。他们大多还是个荣誉头衔,不享受学校工资,所以对学校工作不太热心。而我们天天在学校,了解学校的情况,所以真正发挥作用的还是我们这些驻校董事。因为我们是领工资的,是必须要工作的"。而且,大多数明星董事年事已高,或有许多社会兼职,没有特殊事情并不愿意来学校,偶尔在开学典礼、教职工代表大会、校庆等重大活动中露面,名不符实。最重要的问题是,这些外聘董事大多来源于政府部门和公办高校,不了解民办高校,不能从根本上把握民办高校工作的特殊性,工作照抄照搬,以至于没有创意;有的还把体制内的权力意识带到民办高校,干扰了民办高校的工作。部分民办高校的发展出现千篇一律的局面,就与举办者或校长套用公办高校的模式有关。

(二)不利于制定科学的管理政策

民办高校管理政策的科学性主要是指它能够代表所有主体的利益,这首先要求制定政策的主体具有广泛的代表性。但我国民办高校董事会在人员构成方面容易出现家族或利益集团控制和明星官员居多的现象,其结果是教师、学生、校友等一般利益主体的意志难以进入学校决策层,不利于科学决策,不利于办学水平的提高。

把一般利益主体排除在决策之外,容易导致决策的片面或失误,从而忽略了教育者和受教育者的利益。特别是一线教师在董事会中的决策权有限,董事会决策很难反映他们的真正诉求。很多人认为,民办高校目前面临两大问题,一是经费性质的,二是师资性质的,这实质还是管理层面的。民办高校留不住师资,除社会保障等待遇性质的原因外,归属感是一个重要的方面。在陕西省调研时,面对学校的控制型管理,教师集中反映的一点是:"学校都是你们的了,决策跟我们有什么关系呢。"在厦门市一所民办高校调研时,一名在学校工作 10 多年的中层干部说,"如果不是因为有中层这个名分在,可能也不在学校了"。这个名分对于这位中层来说是一种认可,这种认可从我们的角度来看,那就是归属感。徐绪卿校长在谈到教师参与治理时提道,民办高校教师最大的问题其实是归属感,教师能在多大程度上参与治理,决定了教师的积极性、主动性和归属感。山东英才学院的 5 名董事会中,原本有 2 名董事都是学校教职工,目前已经成长为学校中层。其中一位中层干部在校工作 17 年,董事的身份就是给予的认可。有人说,山东英才学院 2016 年狂涨工资,目的是为了让大家分享学校发展的成果,有利于教师的稳定,其实稳定背后的思想动力是归属感。

学生是不是应该参与决策在国外也有很大的争议,但学生参与决策会使学校管理有利于受教育者。现代大学是服务型大学,从服务于学生、反映学生诉求的角度看,应该让在校生、校友参与决策。但民办高校并没有重视这些,对于校友未能参与决策的问题,主要因为民办高校发展时间不长,校友资源还不是很丰富,另一个原因是民办高校还不太注意校友工作。当然,让学生参与决策,并不是让学生直接参与决策,而是应该给他们一个反映的渠道,使学校的决策可以更好地体现学生的利益。

(三)有损民办高校的公益性办学形象

民办高校的公益性自不待言,但如何保障其公益性还需要具体的设计。董事会制度是民办高校公益性的有效保障,但董事会制度运行的失范有悖于其公益性的要求。民办高校的基本职能是人才培养,这是教育公益性的重要体现。民办高校董事会制度的根本价值在于通过多元决策,提高办学质量,保障其公益性办学目标的实现。然而,民办高校董事会却出现了利益相关者结构失衡、运行程序不规范等问题。特别是由于决策权力过于集中于举办者及其代表手中,出现了利益集团控制或家族控制的现象,其本质是举办者控制。曾有举办者指出,学校董事会作为决策机构,不是对教育的公益性负责,而是对投资者负责,甚至作为监督机构的学校监事也是如此。[①] 这说明一些举办者控制董事会的目的在于为自己的投资利益负责。在国外,企业家都是用企业的钱来捐赠教育;但我国的一些民办高校举办者在国内外都有生意,然后用学费收入来反哺产业。没有规范的董事会制度,在举办者控制下,学校公益性难有保障。

民办高校举办者总是对外宣传公益性,却又不自觉地对外打造家族企业的形象;民办高校监事制度尚未建立起来,监督程序和手段缺失,董事会成员构成失衡、议事规则、不健全决策程序模糊,这就导致董事会因缺少透明度而丧失公信力,结果是强化了人们对民办高校举办者谋利的认识。一些民办高校虽然做了公益性办学的公证,但内部管理还有严重的家族控制性特征,以至于

---

① 张文国. 中国民办学校法人制度研究 [M]. 北京:教育科学出版社,2012:61.

没有几位董事愿意参加董事会会议。这种通过捐赠所赢得的公益性形象，几乎被其管理行为推毁。董事会是最高决策机构，自身具有监督职能，除此之外，学校没有其他监督机关可以监督董事会的行为。对于政府来说，如果对民办高校进行监督，就有不扶持却过分干预办学的嫌疑，所以教育行政机关经常对民办高校避而远之；另外，民办高校数量众多，在非政府的第三部门并未充分发展的时候，教育行政部门真想实现有效的行政监督也并非易事。所以，政府只能像修剪工一样，出现问题就轻轻修理一下。因为民办高校对区域经济的作用，行政处罚也不能过重，这导致举办者的违规成本极低。所以，很多家族控制的民办高校内部矛盾严重；有些民办高校因为监督机制的缺乏，发生了一半以上学费不纳入学校账户、举办者抽逃资金或用资金赌博的事件，以至于学校资金链断裂，结果是坐实了营利且不规范的形象。这种组织机构成为举办者实现个人目的的工具，为举办者谋利提供了组织条件，破坏了民办高校的公益性。

我国法律要求加强董事会制度建设，无非是希望发挥董事会、校长及其行政团队的领导功能，提升人才培养质量。但人才培养需要遵循教育规律，许多民办高校董事会由举办者控制，这基本上可以看作是一种产业经营管理的需要，而不是教育教学的技术要求，这与民办高校董事会治理的根本目标不符。有些举办者虽然经过锻炼已经有了一定的办学经验，但在把握教育规律、提升办学水平上，毕竟还不是专家。不仅如此，在控制型董事会领导下，校长很难享有独立的教育教学与行政管理权，致命的是权责划分不清，校长的治校作用得不到发挥；董事会与校长之间还在动机、目标上存在分歧，以至于出现了一系列矛盾，校长更迭也成了很正常的事情。没有了专业校长的付出，一些民办高校内部秩序混乱，管理能力欠缺，教学质量不高，难以培养高质量的人才。没有了教育质量，民办高校就难有社会效益可言。

三、民办高校治理能力现代化对董事会制度改革的要求

民办高校董事会制度的现实问题既有制度层面的原因，也有举办者层面的原因。提高民办高校治理能力现代化的水平，既应该有法律制度层面的设计，也应该有民办高校内部运行体制机制层面的规划。

（一）通过法律对投资者形成产权保护

投资办学是我国民办教育的基本特征，而投资具有营利获取回报的需求。非营利性是一揽子法案修改之前，国家对社会力量办学的基本要求，民办教育治理制度的设计也是以非营利性为前提。当然，这种非营利性与其说是对民

办教育机构的要求,不如说是对举办者的要求。基于这一前提,我国的民办教育立法形成了捐资办学的制度安排,从而使民办高校发展面临着诸多难题。正如邬大光教授所说,我国民办高等教育发展过程中产生的各种矛盾冲突,关键是把捐资办学的制度安排试图转移到今天具有我国本土特征的投资办学的民办高等教育模式上来。[1]

为了促进民办教育发展,吸引持续的社会投资,国家给予投资者一定的获利机会,《民办教育促进法》提出了合理回报的预案。但合理回报制度所带来的问题是:一方面,大部分民办高校投资办学,投资者想获得回报;另一方面,几乎所有的民办高校都对外宣称不要求获得回报,学校章程里极少会提到回报,最多说明学校发展到一定阶段后,经董事会批准可以获得适当回报。举办者处理这个悖论的方法就是通过关联交易、虚报成本等幕后手段来获得适当的经济回报。[2] 也就是说,要收回办学投入的成本,就需要用合理回报或不合理回报、台前或幕后的方式实现,就必须取得的控制权。《民办教育促进法》修正案取消了合理回报,但给予举办者一次性的补偿和奖励,其比例由地方政府决定。为了保证学校的持续发展,无论是合理回报制度还是补偿和奖励制度,法律都规定民办学校享有举办者投入学校的财产和积累财产的财产权利。根据上述法律规定,更多的举办者一旦投资办学就失去了所投入财产的支配权;举办者所投入财产的积累并不由举办者本人说了算;举办者要承担风险不说,还可能会因经营不善而血本无归。

在这种制度设计下,举办者过于担心产权的损失。为了所投入资产的保值甚至是增值或者是为了从学校经营中直接获利,举办者及其代表甚至是家族成员成了学校董事会的核心。举办者通过让渡资产所有权给学校法人,从而获得了对民办高校的控制权,自己通过担任董事长来控制资产以及学校运营来获取相关利益,民办高校也最终形成了控制型的董事会格局。举办者对董事会的控制首先是对董事会人员构成的控制。首届董事会成员由举办者控制,据此举办者控制了董事会最初的人员构成,还控制了董事的选聘。董事一般有一定的任期,但我国民办高校董事会特别是控制型的董事会几乎没有任期的观念。这主要体现在举办者及其代表不会轻易退出;其他成员只要身体允许就一直任董事,身体不允许了还可以任名誉董事。究其原因,还是举办者

① 王昆来. 民办高等教育管理研究 [M]. 重庆:西南财经大学出版社,2012:20.
② 文东茅. 走向公共教育:教育民营化的超越 [M]. 北京:北京大学出版社,2011:55.

第四章 董事会制度与民办高校治理能力现代化

控制型思维的存在。为了实现对董事会的控制,他们采取了自我繁殖式的内部举荐方式,通过举荐的形式产生新的董事会,这样不至于使利益旁落他人。虽然法律规定董事会作为一个重要决策岗位,应该实现亲属回避原则,但由于董事是由举办者推选,以至于家族成员或亲属担任董事甚至占主导地位的现象比较普遍。在家族控制之下,其他主体难有决策的话语权,从而使决策缺乏代表性。从以上来看,控制型董事会的形成是维护举办者财产性或非财产性权益的需要,其根本是产权问题。当然,主要原因还是产权方面的。所以,对民办高校投资者的产权有明确的界定,形成产权保护的政策,投资者就不会过于担心产权的流失,有利于投资者主动规范董事会及其运行秩序。

(二)对举办者权力进行制度约束

无法对举办者的权力进行制度性约束是董事会制度现存问题的直接原因。我国民办高校董事会主要是作为一个法律规定形式而存在,所以董事会制度缺乏有效性。不仅如此,在举办者控制之下,民办高校的董事会章程如同一纸空文,毫无规范意义,监督机制缺失,更造成了董事会制度运行的困境。

很多民办高校董事会是在政府或法律政策要求之下建立的,是一个强制性的法律要求,其成立时间往往晚于学校的成立时间,所以形式重于实质。[①]这是部分业内人士对民办高校董事会从成立到实际功效的评价。民办高校董事会是政府和法律政策的要求,民办高校注册时必须提交相关材料。按照法律规定,如果没有董事会,民办高校的年检就不会通过。所以,成立董事会是法律规定的办学必备条件。但在很多地区,年检也只是个形式,这更加注定了董事会制度形式化的命运。有举办者指出,成立董事会完全是为了"升本"。在新一轮的本科评估中,董事会领导下的校长负责制是民办高校合格评估的观测点之一,很多民办高校仓促成立了董事会及其相关机构,编制相关材料,应付上级检查与评估。所以,有些为了政策而成立的董事会并不要求董事参加决策。对于很多民办高校来说,董事会成立不是必需的,只是一个形式。既然是一种形式上的存在,其运行必然就难有规范可言。

董事会章程是对董事会运行的规定,界定了董事会运行的基本规则,是董事长及董事会成员行为方式的依据。董事会章程与学校章程形成了一种权利分配的契约,举办者权力的交换是通过这两个章程实现的。但现在的问题是,

---

① 刘莉莉. 中国民办高等教育发展的研究 [M]. 长春:吉林人民出版社,2002:125.

民办高校董事会章程并不是强制性的法律规定。具体来说,我国《民办教育促进法》规定民办学校成立必须提交学校章程,而对于董事会章程却没有提及。之前的《民办高等学校设置暂行规定》提出,实行董事会制度的学校在申请设立高等学校时,还必须报送董事会章程。因而,很难理解作为民办教育最权威的行业法律《民办教育促进法》中无此条款,是由于疏忽还是特意取消。① 没有法律对章程的规定,没有了强制性章程的约束,董事会运行不规范成为可能。

投资、决策、执行、监督是组织内部权力运行、监督与制衡的完整机制。作为民办高校的最高权力机构,董事会如何运行,需要有监督机构和一套监督机制。但我国民办高校董事会监督机制缺失,一是董事会制度本身就存在形式化的问题,自身还处于完备的过程,监督机构及其机制不完善,难以形成有效的监督;二是监督机构不能进行有效监督。要形成对董事会的有效监督,监督机构在位次与级别上与董事会应该是平行的。但从实践来看,许多设置了监事机构或类似于监事机构组织的民办高校,这些机构多以学校的一个普通行政机构存在,是董事会的一个下级部门。监事主要由教工或纪检、审计部门的干部组成,主要行使监管的职能。从机构级别上说,一个下级部门是不是可以监督一个决策部门,监督机构的领导会有所顾虑,毕竟是雇佣与被雇佣的关系。而且民办高校的权力往往集中于举办者、办学者或其代表手中,作为权力代表,他们也不愿意让别人去监督。作为一般的监督机构和监督人员,愿不愿意去监督,敢不敢去监督也是一个重要的问题。董事长也可能模糊决策程序,以避免相关机构的监督。其实在候选人举荐上,举办者发挥了决定性作用,这样做的实质是通过模糊程序避开相关利益主体的监督,从而保证自己的利益。这说明,监督机制的缺失,是无法对决策和决策执行形成有效监督的原因。

民办高校远没有实现董事会制度在效率与价值层面上的意义,这与董事会制度、董事会章程的形式化以及董事会运行缺乏监督机制有关。董事会不仅是举办者的董事会,也是代表利益相关主体的董事会,但举办者在这个问题上认识不清,认为自己是唯一的出资人,理所应当在董事会中享有主导性地位,这直接导致了董事会受控于举办者。民办高校治理能力现代化要通过法律与政策明晰董事会构成的意义,使董事会构成规范化;通过法定程序明确学校章程与董事会章程的法律意义,使民办高校依章程办学,董事会依章程运行。

① 张宏博. 中国私立大学有效经营的制度研究 [M]. 北京:人民出版社,2009:11.

（三）规范董事长与校长的权责关系

董事会领导下的校长负责制是民办高校基本的治理制度,校长受聘于董事会,对董事会负责,但根本上是对学校办学负责。校长作为专业的经营管理者,有特殊的经营管理才能。由于理念与制度层面的原因,董事长与校长之间容易存在一定的矛盾冲突,从而影响了民办高校的办学质量。民办高校治理水平的提升,应该在董事长与校长间形成规范的权责关系。

民办高校校长来源复杂,部分来自公办高校,在长期的办学实践中,这些校长已经形成了以质量为核心价值追求的规范性办学思维。而作为举办者的董事长不仅要关注学校教育质量,还要关心学校经济等方面的状况,要从产业和经营的角度思考办学成本和经济回报。因此,校长与董事长之间容易在理念上产生冲突。有的冲突可能是很难解决的,就像校长要按教育规律去办学,而董事长要按经济规律去经营,尽快收回投资,这种矛盾的结果往往使校长离开学校。而且,很多民办高校董事长并不仅仅是国外那种董事会的领袖,更多的是作为一个办学者直接参与学校管理。更为严重的是,一些董事长本身并没有教育管理经验,但是以企业经营思维干预学校教育管理工作。在某民办高校,有一位校长曾在学校发展的关键阶段起过关键作用,但后来因为与举办者有理念的冲突而发生矛盾,最后因为矛盾不可调和而辞职。在黄河科技学院办学初期,胡大白董事长聘请了西南政法大学法律系的王根明教授管理教学。王根明到校后非常敬业,制定了一系列规章制度,并且认真落实,严格监督。当时的黄河科技学院教务处有很多女同志,胡大白考虑到女同志要接孩子,而到了接孩子的时候大人还没下班,就允许他们把孩子先接到学校。但王校长后来感觉很不适应,大学的工作人员怎么能带着孩子上班呢?他时常批评这些女同志违反工作纪律。这种小事,事实上反映出早期民办高校的一种文化冲突:公办高校的严谨甚至刻板与民办高校的灵活甚至随意。[①] 这是一种可以解决的文化和理念的冲突,其根源都是为了学校的利益,但小冲突往往会产生很大的问题。有专家指出,在其参加本科教学评估时,曾发现某民办高校因为校长与董事长在办学理念上相违背,5 年间先后有 10 位校长辞职,这对学校的质量与稳定是致命的伤害。

我国民办教育立法滞后于民办教育的发展,对民办高校董事会运行缺乏严密的法律规定。法律规定了董事会与校长的职责,但关于如何保障校长和

---

① 常义斌. 大白的大学 [M]. 郑州:河南文艺出版社,2014:78.

董事会权力的运行,法律上并没有规定。理论上,董事会负责决策,校长负责教学和行政管理,在行政管理团队构建上,一般是校长说了算。他们之间因为有民办高校这样一个共同的结合点,应该形成良好的分工合作关系,董事长充分授权,即使出现了问题也应该好好沟通,增加相互的信任。这种分享型的董事会是我国民办高校董事会发展的基本趋势。但现实中,在到底谁说了算的问题上,很容易形成矛盾。民办高校的校长,理论上应该是享有自主权的经营管理者,但他们受董事长的聘任,而不是遴选。这种身份特征决定了民办高校聘任的校长并不享有绝对的权威,基本不会独立地享有教育教学和行政管理权,在一定程度上必然要受到董事长个人因素或校董关系的限制。有的董事长愿意放权,有的董事长不愿意放权,不愿意放权的董事长与校长的权责就是不明确的。特别是在控制型董事会里,无论是校董合一型,还是校董分离型,董事长往往凌驾于董事会之上,董事会被家族所控制,严重侵犯了校长的权威。董事长和校长的矛盾,根源还在于因产权问题而形成的举办者控制权力上。民办高校治理能力现代化,应该在限定举办者权力的基础上,形成校长选聘制度,明确校长是学校的校长,不是举办者的校长;在章程规定下,形成董事会与校长的工作条件,明确董事长与校长的权力关系。

本章小结

董事会制度是以董事会为核心的治理体系,董事会是学校的最高决策机构,校长基于董事会的授权处理教学和行政事务,是学校的最高行政长官。董事会治理制度体现了董事会的遴选效率,也体现了自治的理念、制衡的精神与发展的价值。我国民办高校董事会制度起步较晚,主要源于法律规范的要求,但经过30多年的实践终被广泛接受,大部分民办高校都在管理形式上确立了董事会的最高决策权。民办高校董事会制度在实践运行中还存在着一些问题,主要表现为:董事会成员的结构比例失衡,权力过于集中;董事会运行不规范,缺少监督;董事长与校长权责不明,甚至矛盾突出。所以,董事会制度的现代化水平还不高,不利于民办高校形成长远的发展战略,不利于民办高校形成科学的管理政策,甚至有损于民办高校的公益性社会形象。解决董事会制度的问题,应该对投资者形成产权保护、对举办者权力进行制度约束、规范董事长与校长的权责关系。

第五章

家族化办学与民办高校治理能力现代化

家族制民办高校在我国并不少见,最常见的是家族化管理的民办高校。家族制与家族化是两个不同范畴的概念,投资办学的民办高校最容易形成家族化管理。尽管家族制在民办高校发展过程中发挥了一定作用,但过度的家族控制容易对民办高校办学产生消极影响。因此,民办高校治理能力现代化,应该尽量规避家族化办学的消极影响。

第一节 家族制与民办高校发展

阿特巴赫指出,在高等教育领域,有一个被严重忽略的现象是家族享有私立高校的所有权。在一些国家,家族所有或家族控制是不合法的,甚至是受到法律限制的,所以现实中的家族所有或家族控制模式是比较隐蔽的。如果家族所有权不能被外界认可,大学也不会去宣传这种办学形式。[①] 因而家族制私立高校往往不被人熟知。在我国,家族制民办高校也是一个值得探讨的话题。

一、家族制与家族制民办高校

民办高校家族化管理是一个普遍现象,但它与家族制民办高校又是一个不同的概念。对民办高校家族化办学的研究,首先要理解家族制的概念,这样才能更好地理解民办高等教育发展的阶段性与特殊性,才能更好地理解家族制与家族化民办高校的特征。

---

① Philip G. Altbach. Universities: Family Style[J]. International Higher Education, 2005(9): 10-12.

（一）家族制的概念

传统上,有血缘关系或亲属关系的社会单位被称为家或家庭;有共同属性的被称为族;基于血缘或亲属关系所形成的关系结构可以称之为家族。家主要是由姻缘和血缘纽带联结而成,当然也有少部分会因收养等关系联结而成,是社会组织中一个比较小的独立核算的单位。家族是以家为基本单位构成的社会组织,许多学者都对家族做出了不同的解释,但大都认为,家族里最基本的关系是血亲关系,血是指血缘,亲是指姻亲。日本学者石川荣吉认为,家族是一个以自己为中心的概念,一般是从自己出发,包括父母双方,并向两方面展开的范畴。[1]我国著名社会学家费孝通也曾以单系亲属(父亲)的原则来界定家族,这其实更像一个族的概念。构建和维系家族关系的纽带是血亲,血亲关系是构成家族的基础,所以家族成员之间的关系一般要比家族成员与外部成员间的关系更密切。如果不考虑后天因素的影响,由于血亲关系的差别,家族成员的亲疏距离也往往有所不同,这就形成了一个差序格局。俗称的三服、五服即是对这种亲疏程度的描述。

维系家族的核心是血缘关系或亲属关系,家族关系是封闭的,家族成员间形成了一个闭环,具有相对排外的特征。但组织生存还必须与外界进行物质和能量的交换,因此家族形成以后,具有对内和对外的职能,对内主要负责维持家族成员共同的生计,对外要处理家族与外部组织间错综复杂的关系。在处理对内和对外职能时,家族的概念进一步延伸,家族圈子不断扩大到非家族成员,一些并不具有血亲关系的人走到了一起。随着非家族成员的介入,家族的范围逐渐扩散或壮大,家族的范畴发生了改变。之前的家族成员间是有血亲关系的,而新的家族成员是比照家族的方式走在一起的,变得像一家人。由于此类关系只是被注入了家族关系形式,所以又被称为是泛家族关系。但朋友之间没有血亲关系,这种关系的亲密程度更容易发生改变,因而泛家族关系更具有变化性。这儿的家族实质上是一个家族网络圈,即包括亲属、创始人共同体以及情缘共同体组成的具有家族性质和血缘特征的"家族群体"。[2]

在家族组织结构中,全体家族成员以家族群体为基础构成了一个利益共同体。共同体内有一套约定成俗的行为规则,以区别于共同体外的其他成员,外显地表现为共同体内成员间利益相关性强,对外极其重视家族荣誉,以家族

---

① 转引自瞿华. 近代以来家族在农村基层政权中作用的沿革 [J]. 社会,2003(4):26-29.
② 倪晶晶. 论我国现代企业的家族管理模式 [J]. 现代商业,2010(10):140.

利益为重;对内家族主义观念盛行,家族关系成为重要的行为规范;家长具有重要权威。这种家族观念的推行最终形成了家族制与家族制组织。所谓家族制就是把相关组织当作一个家,将家族的观念、伦理道德、生活经验、思维方式、行为习惯推广到其他组织中去。[①]家族制与组织结合才有存在的意义,所以家族制组织拥有家族的结构形态与关系模式,处事方式也刻有家族的烙印。

(二)家族制民办高校的特征

阿特巴赫指出,家族制是私立高校普遍存在的现象,至少在墨西哥、泰国、日本、韩国、菲律宾、阿根廷、印度、中国都存在家族制私立高校。也正如他所说,这些高校没有引起人们的重视,针对性研究并不多,甚至对家族制私立高校的概念也少有清晰的界定。他在研究中指出,家族制私立高校的特征应该是由个人或家族集团设立,并且家族成员直接参与创办,或主导学校的行政管理权、支配权、财务权等权力,有的可能会拥有大学的直接所有权。[②]明航指出,家族制民办高校一般由同一家族中两名或两名以上的成员直接拥有并参与经营的学校。家族制民办高校的控制权一般在家族内继承。学校的所有权和经营权全部集中在家族成员手中。[③]国内对何为家族制民办高校,一般倾向于认为是由家族创办,且家族掌握所有权和经营管理权的民办高校。这种界定的合理之处在于:从源头看,家族制民办高校首先是家族创办,如果家族不参与创业就没有家族创业组织;家族所有符合"家"作为财产所有者的要求,阐明了家族制民办高校由创业者家族获得所有权,并通过家族继承的形式继续拥有学校的所有权;为了保证对学校的所有权,家族控制了学校的经营管理权,符合家族控制管理的特征。这种界定从家族创办、控制所有权与经营权三个角度指出了家族制民办高校的基本特征。

当然,关于家族制民办高校的特征,还需要根据民办高等教育发展的实际情况进行具体分析,以上几种解释还没有准确体现民办高校家族制办学的实质。民办高校家族制办学的特征应该包括以下几方面。

第一,民办高校的所有权事实上为家族所有。家族拥有学校的所有权可

---

① 袁友军. 民营企业家族制经营机制的形成与演变 [D]. 广州:华南师范大学,2003:18.

② Philip G. Altbach. Universities:Family Style[J]. International Higher Education, 2005(9):10-12.

③ 明航. 家族制民办学校的案例评价与诊断——基于新制度经济学视角 [J]. 学术探索, 2007(7):133-139.

能是一个值得探讨的问题,因为私立高校所形成的资产应该属于社会,不属于某个人或某个家族所有,所以单纯说直接拥有所有权在理论或法律上是不正确的。法律规定民办学校拥有法人财产权,董事会是学校法人的权力机关,拥有学校法人财产的管理权。由于举办者通过创建董事会实际上控制了所投入的财产以及学校积累所形成的财产,并享有实际的支配权,对外表现为拥有学校的所有权。所以我们说,举办者家族所有并无事实上的错误,但在法律形式上并不能真正拥有。另外,民办高校创业者虽然会面临后人接班的问题,但能接班的基本为家族成员,所以,创业者家族通过继承的方式继续控制所有权。可以说家族继承已经不是一个问题,从世界范围来看,控制权的继承在历史和现实中是存在的。在美国高等教育发展史上对其高等教育体系产生重要影响的"达特茅斯学院案",起因就是董事会和校长的权力之争,当时的校长是创办者同时也是学校第一任校长的儿子。斯坦福大学创办者去世后,其夫人也长期控制学校重要的决策权,后来才退出学校的领导岗位。当前,许多民办高校的举办者已经易主,这时的举办者已经不是最初的创办者或发起人。从新一段发展历程的角度讲,后来的举办者也是创业者,所以应该还是创业者及其家族拥有所有权。

第二,民办高校的经营权掌握在家族成员手中。法律规定了民办高校拥有法人财产权,也就是说,举办者一旦把财产投入到民办学校,民办学校就从法律意义上拥有了这些财产,举办者就失去了所投入财产的所有权。在这种情况下,为了保证个人财产所有权,举办者就控制了学校的经营管理,在财产支配、收益等方面享有权威性的话语权。当前,大多数民办高校的规模为几千人甚至万人以上,千人以下的民办高校不多。这样大规模的民办高校单靠家族成员直接管理不太现实,所以不少民办高校都聘请了校长团队,由校长参与经营管理。举办者通过控制校长的选聘或者由家族成员担任校长等关键岗位,实现了对学校经营管理的直接控制,保证了经营管理权掌握在家族成员手中。所以从最高决策的角度,学校经营管理的控制权依然掌握在举办者家族手中。

第三,民办高校组织活动的重要基础是家族信任关系。构成家族的基础是血亲关系,基于此,家族成员之间形成了家族主义的信任关系,这是家族组织活动的关系基础。家族制与家族并不是同一个范畴的概念,它是一种管理机制,强调要把这种家族主义的信任关系应用于所有成员,形成一种类似家族成员间的信任关系,这才是家族制组织之所以被称为家族制的核心。随着民办高校组织功能的扩展以及办学模式的社会化,大量非家族成员涌入学校。

在这种情况下,除血亲关系外,我们区别家族与非家族的标准就是家族主义的信任关系。家族制民办高校的基本特征不仅包括对学校组织的所有权与经营管理权的控制,还应该在学校内部形成一种家族主义的信任关系,这才是其核心要求。

二、家族制与民办高校控制权的演进

家族制民办高校建立在学校系统和家族系统之上,家族成员通过控制学校的发展,实现了家族利益。在家族制民办高校发展过程中,家族发展、学校发展与控制权的发展形成了一个立体的三维结构模型。所以,家族制民办高校是一个由高校、家族、控制权三个独立的系统组成的有机体,其中任何一个系统的行为或事件都将对另一个系统产生影响。①

(一)民办高校控制权的演进

根据控制权力的演进,民办高校管理可以分为控制权的集中期、控制权的渐变期和控制权的扩散期。在不同时期,家族权力表现出不同特征。

1. 控制权的集中期

民办高校的发展与社会经济的发展具有同步性,其发展模式往往会受到经济的影响,家族制民办高校的发展可以从企业发展中找到痕迹。家族作为一个特定的社会组织系统有其基本的资源,比如劳动力、资本、土地、技术等,当这些资源被有组织地投入到某种产品或服务的专业化生产和社会化销售活动时,它就成为一种具有生产组织功能的特定企业制度形态,即最严格意义上的"家族企业"。②最早的家族制组织是由家族创业,又叫原始家族企业,在我国具体表现为由家族个体成员创业、朋友与同事合作创业,以及公有制改革中所形成的民营企业;在企业发展过程中,由于管理的复杂性,创业者会更多地吸引其他家族成员参与到企业经营中,从而使这些企业在要素构成、产权所有状态、经营决策方式等方面体现出家族管理的特征。

改革开放初期,我国经济条件十分落后,资本集聚度极差,民间资本根本不具备兴办学校的条件。③所以,早期的民办高校大多是在缺少投入的情况下

---

① 卢彩晨. 家族式民办高校:控制权结构演进与可持续发展 [J]. 教育经济与管理, 2012(10):37-40.

② 崔广全. 中国特色现代家族企业管理模式创新研究 [D]. 苏州:苏州大学,2005:21.

③ 徐绪卿. 我国民办高校家族化管理问题研究 [R]. 杭州:浙江树人大学,2011:58.

滚动发展起来的,举办者通过租赁校舍开始办学,依靠学费和办学剩余开始资金的原始积累,并最终改制、升格为现在的专科高校和本科高校。当然也有一些学校在开办之初即具备了一定的投资能力,像泉州的仰恩大学。还有一些学校,如浙江树人学院、北京城市学院等,虽然办学资金并不充足,但一开始就享受地方粮票,开始全日制专科学生的培养。到了20世纪90年代初,随着民营经济的发展,部分民营企业家开始反哺教育,投资发展民办教育。从以上来看,早期的民办高校多源于公民个人或群体办学、社会团体办学、捐赠办学,民营企业家办学出现的比较晚,这些学校虽然名为投资办学,但基本靠学费滚动发展起来。一些学校的创业资金由家族自筹完成,所以创业者及其家族自然认为应该享有所投入的资产及学校的所有权。学校创办后,他们凭借创办者的身份实现了对学校经营管理权的控制,并因之获得了对学校的实际所有权,从而实现了所有权与经营决策权的统一,所以早期的民办高校呈现出创业者或者创业者家族控制的特点,有关人士也称为校主治理。

早期民办高校面临的主要问题是租赁校舍或基建、组建师资队伍、开展教学等基本问题。由于办学规模不大,管理任务相对简单,所以举办者及其家族基本可以掌控局面。这一时期,民办高校的核心特征是举办者或举办者家族控制了学校的所有权和经营决策权,而且越是重大的决策往往越倾向于专权。举办者因其在学校发展过程中的贡献,具有绝对的权威,一直主导着学校的发展。为了尽量规避经营决策的风险,有的举办者也聘请了一些退休的公办大学领导或教育行政领导,但基本还是自己说了算,具有人、财、物的最终决定权,而且聘请的人也很少。家族成员因为家族信任方面的优势,在学校初创阶段发挥了一定作用,顺其自然地拥有了管理权。外部聘任的少数领导是管理队伍的骨干成员,因为办学资金等方面的限制,他们往往身兼数职,虽然难以说成是专门化的管理者,但都在教学组织或人事管理的某些具体业务中拥有一定话语权。

在家族制民办高校,那些资源丰富、出资最多者或最有威望的人具有家长式的权威,或成为“同辈中的长者”,具有控制性的优势。所以,家族制民办高校多形成了以举办者为核心的家长式治理结构。不过,控制并不一定代表武断,反而因为家族成员关系的原因,民办高校内部保持了一种相互间的家族信任。信任是维持组织效能与生存的重要因素,家族信任来源于彼此间的家族成员关系。民办高校通过采用家族式的治理结构,解决了学校建立初期管理者与教师之间信任度低的问题。与建立在能力和考核基础上的绩效结构相比,建立在家族血缘关系之上的管理结构具有正规化程度低的特点,这种结构有利于减少办学者的控制和监督成本,在社会诚信度低和社会法律制度不健全的情况下尤其具有合理性。[①]综上来看,初创期特别是改革开放初期的民办高校所有权与经营管理权合一,举办者家族掌握了学校的核心控制权,并在家族成员间进行分配;举办者享有崇高权威,家族主义盛行,关系比较和谐,办学效率和效益比较高。

2. 控制权的渐变期

在公办高校一统天下、高等教育奇缺的年代,民办高校凭借其多样化的办学在一定程度上满足了社会的需要,而且办学质量也获得了一定的认可,黄河科技学院、西安翻译学院等不少民办高校几年间就发展成万人大学。民办高校总体上已经形成了一定的社会美誉度,这为后来的民办高校创设了一定的品牌优势,所以后来兴起的民办高校很容易形成规模效益。山东英才学院1998年第一次招生就有720人,是初期部分民办高校招生量的很多倍,2004年在校生数量就突破了1万人,大大缩短了奋斗历程,创造了5年就成为万人大学的奇迹。

随着办学规模急剧增大,特别是一校之内还有不同的培养类别,学校事务也增多起来,工作越来越繁重,分工也越来越细。而举办者本人又无法事必躬亲,家族成员也很难包揽所有的业务,以至于学校生存面临的矛盾超出了家族的能力。由此,学校管理开始突破家族的限制,寻找非家族成员。一方面,初期基本完成建制的民办高校,聘用了不少公办高校的退休领导参与办学;另一方面,新成立的民办高校也大量招揽公办高校退休的领导和老师。家族制与社会化是一个相对的概念,非家族成员进入组织管理层,管理层人员结构社会化加速,促使家族治理模式发生了一定的变化。改革开放初期发展起来的民办高校和2000年前后新创办的民办高校基本采用这种治理方式。

这一时期,家族成员因为家族主义信任的影响,仍是管理队伍重点考查和优先考虑的对象。但面对社会上的闲置资源和巨大的办学压力,举办者也不能无动于衷。山东英才学院聘请了不少公办高校领导,举办者夏季亭说,"面对济南这么多的高校,这么大的人才库,必须得充分利用起来。这些退休的领导带着自己丰富的经验和聪明才智来了,而且不需要我们缴纳保险,不用我们

---

① 阎凤桥. 大学组织与治理 [M]. 北京:同心出版社,2006:135.

考虑他们的房子和福利,这该是多大的优势"①。此时的家族制在运作上形成了家族核心层、亲信层和一般员工三个层次的组织格局,举办者已经意识到专业管理人员的重要性,通过授权让其共享决策权,初步建立起对家族以外成员的信任。可以说,这一阶段举办者在利用家族伦理寻求、培育管理人员的同时又初步孕育了家族管理制度自身的变革因素。②非家族成员进入学校以后,学校也把建立正式规则或制度、进行规范管理提到议事日程。

虽然民办高校根据法律要求建立、完善了董事会领导下的校长负责制,但学校的所有权和经营权依然掌握在家族成员手中。能够担任校长一职的,首先是家族成员,然后才是外来的校长。举办者掌握了学校最高决策权,相关家族成员进入学校管理层,掌握了财务、招生、采购等方面的权力。所有权和经营权基本还是掌握在举办者家族手中,学校经营管理受现代制度和家族利益的双重激励与约束。这种模式是以血亲关系为纽带,以家族传统伦理为基本组织原则,学校所有权与经营权相对集中、比照家族的方式进行治理的泛家族模式。这一时期,民办高校治理形成了明暗两条轴线:一条是董事会领导下的校长负责制,可以称之为明线;一条是家族领导下的家长负责制,可以称之为暗线。学校的实际控制权掌握在家庭成员手中,但部分管理权已经分配给家族以外的管理人员③,家族管理或在形式上或在实质上向社会化管理渐变。山东英才学院聘任的赵喜臣副院长是原山东政法学院院长。他说,"我们这几个老校长,说句不好听的,在公办大学的时候,都有点小独裁作风,也惯出了小毛病。你看,在行政上我们都是正厅级,学术上也是国务院特殊津贴获得者。那时候英才学院开会,我们往那一坐,齐刷刷地都是公办大学的校长,别人都笑我们称英才开会是高校校长联席会。我们绝对民主,有时候开会很激烈,夏、杨都能接受,他们要是没有大的肚量,没有宽阔的胸怀,没有海纳百川有容乃大的气派,最终将会不欢而散"④。

3. 控制权的扩散期

在中外教育史上,私立教育多起源于慈善事业,是一种教育捐赠行为。在

① 铁流,徐锦庚. 中国民办教育调查 [M]. 北京:作家出版社,2013:69.

② 何圣东,王明琳. 从家族管理走向现代管理 [J]. 改革与理论,2002(3):48-51.

③ 卢彩晨. 家族式民办高校:控制权结构演进与可持续发展 [J]. 教育经济与管理,2012(10):37-40.

④ 铁流,徐锦庚. 中国民办教育调查 [M]. 北京:作家出版社,2013:110.

大多数国家,捐资办学是主流,投资办学只是现代私立教育发展的一个新动向。投资办学与捐资办学的差异,既表明了民办教育与私立教育历史传统的差异,也表明教育属性正在发生深刻的变化,尤其是它将导致民办教育不同的价值取向、制度安排和政策框架。① 我国大部分民办高校恰恰是通过投资办学滚动发展起来的,一些捐赠成立的民办高校也主要依靠学费滚动发展。在招生仍是计划行为的情况下,招生市场具有不稳定性,而且一些投资者还有营利性需求,所以民办教育的发展具有不确定性,甚至可能会存在办学危机,大批民办高校的消亡就是明证。当然,不少民办高校通过规模效益、特色办学生存下来,并达到今天几千人甚至是几万人的规模,实现了较为平稳的发展。

平稳发展期意味着学校基本进入了一个可以凭借学费和政府补助维持生存,需要考虑管理效益、内涵发展的阶段。这一阶段,不少民办高校开始探索专业化校长管理,实现所有权与经营管理权分离的类似于现代企业制度的治理结构,如得益于捐赠而发展起来的非营利性学校上海彬达学院等,投资办学滚动发展起来的上海建桥学院等,把全部学校资产捐赠给社会的吉林华桥外国语学院、黑龙江东方学院等,这些学校的管理模式在形式上更加规范。2015年,西安外事学院全球海选校长,让人看到了部分民办高校探索现代管理制度的决心。不过,很多民办高校管理制度暂时很难摆脱家族办学的特征。有的创业者,像姜维之、丁祖诒已经去世,其直系亲属姜波、丁晶已经全面接班,担任学校的董事长,聘请外部校长负责教学管理;有的创业者,像胡大白、任万钧年龄已经偏大,逐渐退居二线,担任董事长承担重大决策,行政管理权分别交给其女儿杨雪梅、任芳;有的举办者,像胡建波依然身兼董事长和校长两职,领导班子基本为本校培养的副校长。这一时期,内部管理社会化程度提高,一些民办高校还无法避免家族的标签,但仍在探索现代性的组织管理制度。

从现实来看,民办高校管理人员的明显特征是多元化,家族成员在数量上有所减少。西安外事学院黄藤董事长、青岛滨海学院韩方希董事长带头让直系亲属离开行政岗位,取而代之的是引进专业管理人才或者培养本校的年轻干部。西安欧亚学院的胡建波董事长以培养本校青年干部为主,学校的副校长大多都30岁左右,他们思想统一,为学校服务的价值观较强。在一些学校里,管理权首先要在家族成员内分配,然后才是家族外的成员。家族核心成员依然位居管理层的塔尖,塔尖之下是更多的社会人士和家族成员,因此有人称之

---

① 邬大光. 我国民办教育的特殊性与基本特征 [J]. 教育研究,2007(1):3-8.

为联合政府。虽然管理人员的社会化并不一定能阻止管理层的家族化,但无论如何,家族成员比例总体上在减少。

面对机体的自然衰老,许多民办高校面临着子女接班的问题。现实的困难是,子女们很难在声望等方面达到创办者的高度,他们可以轻松拥有产权的控制权,但很难控制具体的经营管理。因此,一批非家族成员成为学校的经营管理者,有的成为部分关键岗位的管理者。理论上,这些管理者是支薪经理式的职业经理人,由于所有者不直接参与经营管理,所以形成了所有权与经营管理权分离的现代制度。现实中,有些所有者虽然可能不直接参与经营管理,但仍然会通过家族管理掌握核心的控制权,以保证财产权利。控制权是家族制学校的核心特质之一,家族虽然失去了部分经营权,但只要举办者担任董事长,掌握控制权,在管理权上就有话语权;只要保持控制权就能保持对学校的影响力和控制力,就能保证家族对学校的控制。

(二)民办高校控制权的特征

在民办高校发展过程中,学校经营决策权一度为不同的主体所享有,体现出不同的特征。从其演变来看,学校控制权可以概括为三种类型,分别是举办者控制型、家族控制型和共同治理型。学校控制权的演变往往与举办者在民办高校的地位和作用相关。

1. 民办高校的举办者控制型

在举办者控制型的民办高校,控制者的身份主要是举办者个人。举办者个人控制型的民办高校有一个明显的权威主体,其身份可能是创办者个人,也有可能是创办者的继承人。举办者的基本职务是学校董事长,他们控制了学校的决策,拥有各组织机构领导的任命权,从而控制了学校的经营管理。举办者聘请公办高校等组织机构的退休领导来担任校长或副校长,形成管理团队。有时外聘校长仅仅是一个荣誉性的职务,民办高校希望借助这些校长来更好地"游说"政策制定者,为民办高校争取更多的优惠政策或其他方面的支持。[①]有些校长的职务并不是荣誉性的,但在举办者控制下,并没有多大的权力,仅仅是在某些具体业务上获得授权。校长及其团队也都明白举办者作为学校"老板"的地位,因而都给自己一个"建议者"的定位。

---

① Constance Ewing Cook. Lobbying for Higher Education: How Colleges and Universities Influence Federal Policy[M]. Nashville: Vanderbilt University Press, 1998: 188.

举办者在民办高校发展过程中依靠人力资本,集决策、经营、管理权于一身,带领学校发展壮大,其控制性地位的确立,不仅与作为创办者或董事长的身份有关,也与学校内部管理者、教师的认可相关。举办者的人格魅力对学校的影响远远超过了其控制力,早期创办的民办高校更是如此。因为在民办高校,领导、干部没有对编制的眷恋,无法享受高工资的待遇,他们待在举办者周围,无非是一种心理的契约。西安翻译学院创办者丁祖诒去世时,全国不少民办高校的举办者都前去吊唁。对外校举办者的影响都是如此,何况是对校内一起奋斗过的领导与老师。在西安一所民办高校的学生座谈会上,参与座谈的30多位学生都知道该校举办者的创业历史,我们在与学生探讨就业方向时,几乎所有的学生都说先考虑创业,举办者的影响力可想而知。

举办者控制学校的工具是董事会,他们通过控制董事会实现了对学校的决策、组织结构的控制,其控制性的影响力也表现在接班人的选择上。我国法律没有规定董事长的年龄,但举办者能力总有弱化的时候。这时,他们往往会以个人的意愿去决定接班人,而常见的方式就是安排子女接班。等举办者完全退出之后,应该会形成一种类似公司的治理模式,即董事会领导下的职业校长负责制。但这种模式当前还不多,应该是在二代、三代完全接班以后。应该说大约三代以后,随着创办者控制性影响力的减小,举办者的特征会明显下降,校长和教职工的权力会增加,直至权力最后回归学校法人。

2. 民办高校的家族控制型

与举办者控制型相对,家族控制型民办高校由多位家族成员占据着关键岗位,形成家族对学校决策与经营的控制。这些关键岗位主要包括董事会、校长以及基建、后勤部门等,与这些职位相对应的往往是董事长、校长、副校长等。家族企业中对家族控制的界定是家族在企业中的股权比例,以及家族对企业经营管理的控制。民办高校是非营利性组织,没有股权的概念,没有具体的所有者,我们的判断标准是家族对所有权和经营管理权的控制程度。在董事会领导体制下,家族既控制着董事会,又在学校行政管理中占据重要职位,既有人数方面的特征,也有权力影响力的特征。

在家族控制型民办高校,家族关系主要以家庭为单位,最常见的是夫妻关系。有的民办高校由夫妻经营,子女没有参与;有的民办高校由夫妻经营的同时,子女也作为接班人进行参与。据调查,54%的家族控制型民办高校存在夫妻共同参与学校管理的情况。亲子是排在第二位的家族关系,45%的家族控制型民办高校存在亲子关系。兄弟姐妹是排在第三位的家族关系,34%的家族控制型民办高校存在这种关系。在家族企业里,有一些创办者没有子女继承的时候,多会选择一些能干的人作为自己继子进行培养。他们之间虽无法构成血亲关系,但相互之间的信任程度也相当于血亲关系。因而在实际经营过程中,也形成了家族经营,也有人叫泛家族管理。一些民办高校举办者,也会根据自己的需要选择一些可信程度高的管理者任职关键岗位,他们选择的首先标准是关系,能力次之。举办者与这些管理者具有事实上的区域关系、朋友关系等,也构成了泛家族关系,这与家族控制的本质是一致的。

我国法律授权举办者组建董事会,举办者享有选聘董事与校长的权力,这样举办者就可以根据自己的需要选聘董事和校长。为了不发生资本风险,举办者基于家族信任关系,更愿意选用家族成员。有些民办高校的举办者有企业背景,而民营企业往往是家族制管理,所以在举办学校以后,企业的管理方式也被拓展到学校。在家族制民办高校,家族成员无论能力如何,一直是学校发展非常重要的支持力量,他们走上关键管理岗位是顺其自然的事情。那些个人控制型的民办高校,基于这种两原因,也很容易形成家族控制,家族控制必有其人数上的特征。

3. 民办高校的共同治理型

共同治理是现代治理的应有之义。与个人控制型、家族控制型民办高校相比,共同治理的民办高校显然不是由某个人或某个利益集团控制,而是利益相关者共同参加,实现多数人集体决策。

公共财政参与举办的高校更容易实现共同治理。这些民办高校类型比较多,潍坊科技学院是政府投入办学,民间经营,利用学费滚动发展;浙江树人学院是政府持续给予财政投入,学校在发展过程中吸收了不少国有资产;宁波大红鹰学院是国有企业办学,利用学费滚动发展;山东海事职业学院是民办混合所有制高校,政府作为学校的投资者之一参与办学。在政府力量参与下,学校的董事长、校长都形成了选聘制度,不会形成某个人或某个家族利益集团控制学校的状况。浙江树人学院的历届董事长都是省政协副主席,校长是学校培养的,政府在校长选聘中发挥了监督作用。国有企业投资举办的民办高校,无论从形式还是实质上都不属于某个人或某个利益集团,最终走向共同治理。潍坊科技学院与山东海事职业学院都实行校长制,政府在校长选聘过程中也发挥了建议性作用。

由多位发起人创办的民办高校容易实现共同治理。多位发起人往往都在学校有一定的影响力，无论是谁的子女进入管理层可能都会引起其他发起人的不满。我国曾经有一所民办高校的主要举办者希望培养子女接班，但这种不经同意就安排家属的行为遭到了其他举办者的反对，最后有关发起人还对簿公堂，闹到教育主管部门。与个人或家族投资举办的民办高校相比，这些民办高校的教职工少有雇佣的意识，有更愿意参与学校决策、参与治理的意识。黑龙江东方学院早期由几位发起人创办，在形成一定的规模之后，学校在章程中明确规定实行亲属回避制。不仅如此，学校董事会还形成了一种自我增选机制，在董事任期结束之前产生下一届董事会成员。

捐资举办型的民办高校最后的选择也是共同治理。学校初期的主要资产来自捐资，捐资者放弃了资产的所有权，而个人或家族缺乏控制学校的合理性与法律规定性。现在，我国也有多所民办高校的举办者宣布将学校资产捐献给国家，但是有些学校仍然处于举办者及其家族的控制之下，与美国等国家典型的捐资办学型私立高校还有所区别，所以还称不上是真正的捐资办学。

三、家族制民办高校的治理优势

家族制广泛存在于企业组织中，美国家族企业占了54.5%，英国占76%，澳大利亚占75%，西班牙占71%，意大利、瑞典和德国的家族企业更是占了90%以上。也就是说，除了美国以外，其他国家的企业基本上都是以家族经营为主。[①] 我国大陆有超过75%的民营企业采取了家族制管理，海外华人企业几乎都采取家族制管理。美国克林·盖而西克认为，最保守地估计，家族制企业占全世界企业总数的65%～80%。家族制企业创造了美国国民生产总值的50%，雇用了美国大约一半的劳动力。[②] 这说明，在强调现代企业制度特别是强调职业经理人进行企业管理的今天，家族企业仍然广泛存在。家族经营模式仍然大量存在，这是因为家族制有其必然的优势，这种优势也体现在学校治理中。

（一）家族制民办高校决策权相对集中

家族制民办高校是人格化的民办高校，举办者因其创办者的地位对外成为学校形象的代表，同时因其资源垄断的优势以及成功创业的影响在学校决

---

① 张扬. 家族企业并非想象的那样差 [J]. 读天下, 2013 (23)：54-55.

② 何圣东，王明琳. 从家族管理走向现代管理 [J]. 改革与理论, 2002 (3)：48-51.

策中居核心地位。如果以初创者为核心,集聚了家族成员或泛家族成员,并且比照家族的方式进行管理,就形成了家族治理模式。初创者因其资源垄断地位及人格魅力,获得了对学校的控制性权力,因之享有至高无上的权威。张厚义等人在《中国私营企业发展报告》中指出,家族企业无论在开办之初还是发展壮大之后,其依赖的对象首先是家族成员,然后是本家或娘家亲属,其次是通过社会招聘的人员。家族治理是家族企业较普遍采用的一种经营决策方式,当企业初创或企业规模不大时,创办者可以自己控制企业;当企业规模扩大或自己精力不足时,可以通过培养接班人或将有能力的人家族化的形式继续掌握企业的控制权。[①] 在企业里,社会招聘人员对企业发展越来越重要,但家族成员和亲属的地位依然不可替代,这就决定了家族企业的决策权力相对集中。学校虽然与企业有所区别,但民办高校家族管理也有这种趋势。

家族管理决策权力相对集中,有利于节约交易成本,增强学校的自组织能力。同时,也因为决策权力相对集中,决策者往往更注意行动的及时性,所以家族制民办高校往往有更高的办事效率。黄河科技学院音乐学院建成不久,崔鸿斌院长被胡大白召集去开会。开会的有 4 个人,除去他和学校掌门人胡大白以外,还有当时的副校长杨钟瑶以及一位钢琴厂家代表。他们在研究了几个技术问题后,胡大白当场拍板:购买钢琴 45 台,学生使用 30 台,教师使用 15 台,共计 50 多万元。谈判一结束,胡大白就通知财务人员将支票送到了钢琴厂家代表手中,整个会议前后不到 2 小时。这种事情,在公办学校可能几个月都不一定能办成。2002 年,胡大白又给音乐学院购置了 100 多万元的音乐设备,包括钢琴 90 台,以及管弦乐器、电脑制作设备等。2003 年又增加钢琴 90 台,使音乐学院钢琴数量达到 200 多台,超过了一些公办高校十几年的购买量。在现代管理制度下,决策权相对集中可能被认为是一个缺点,但这恰恰是家族制学校的优势,即因决策权相对集中而带来了高效率。他们可以不拖泥带水,敢于果断投入,创造一流的工作条件。

(二)家族制民办高校家族荣誉感更突出

西方的职业经理人制度起源于欧洲的教廷时代,企业家将企业或资产捐赠给教会后,教会会去寻找一些对教会忠诚的职业经理人管理,其信仰决定了大部分职业经理人对信托责任的忠诚度。[②] 在西方发达国家,职业经理人与委托

---

① 郭萍. 基于管理权威传承的家族企业继承问题的思考 [D]. 广州:暨南大学,2007:40.
② 张扬. 家族企业并非想象的那样差 [J]. 读天下,2013(23):54-55.

人的契约精神已经深入国民的血液,除了忠诚这种道德责任外,信托责任还被法制化,职业经理人如果不遵守法律要求,就要面临严峻的法律惩罚。郎咸平之所以敢大声质疑中国有没有信托责任,就是因为信托责任在我国发展还有滞后性。柳传志曾经把联想集团比作没有家族的家族企业,如何使一个家族企业变得像没有家族,首要的因素是规则。但这个规则并不一定是指西方的现代管理制度,还可能是风俗习惯、道德规范等。家族管理与现代企业管理是不一样的,它并不像现代企业管理制度那样有规范的程序,只是家族成员间的情感、心理等人格要素保证了家族制组织运行的有序性。究其原因,除控制性因素外,其他要素归结为一点,就是家族荣誉。作为第一代创业者,为了能够光宗耀祖或者其他社会目的,他们以办好学校作为首要责任。另外,家族本身是具有传承性的,在我国更以祖先崇拜为中心,注重家族伦理的统一,从而使家族绵延不断。所以家族声誉对家族成员产生了一种道德约束,在家族荣誉框架下,家族成员团结在家长周围,忠诚于家族荣誉,保证学校的运行成为每个家族成员的道德良心。而职业经理人还要考虑自己能在学校干多久,会考虑业绩指标,家族荣誉、家族道德良心在某种程度上自然是职业经理人制度无法比拟的。

家族主义的发挥还使得家族学校呈现出一种家庭的和谐氛围。李桂林通过研究指出,家族管理多对员工实行终身雇佣制,保持员工队伍的稳定,从而减少人力开发成本;这同时也增强了学校的凝聚力,使员工不愿意离开学校,培养了一种主人翁式的责任感;家族管理以情动人,员工间普遍存在知恩图报的情感,使劳资矛盾较少。在山东英才学院,对于帮助过自己的人,对于为学校做过奉献的领导和教师,举办者都将视他们为"恩人""自己人",他们之间形成了类似于家族主义的亲情关系。这种管理方式在一定程度上增强了凝聚力和归属感,有利于培养一种和谐的家庭氛围。从某种意义上说,因为有建立在共同利益和类家族关系基础之上的激励约束机制的存在,规范的制度仿佛就没有了必要。家族中也有长幼伦理关系,作为家族制学校的长者,举办者往往以家长的情感保护周边的人。前面提到的黄河科技学院胡大白让女教职工把孩子接到学校的情况也属于家族情感的范畴,这些人性关怀有利于减少彼此间的矛盾,形成健康团结的家族式氛围,促使民办高校形成合力,并快速发展。

有研究者对韩国和我国台湾地区的私立高校进行了研究,他们认为家族控制的私立高校往往发展得更好,更有成就。因为学校毕竟是举办者一手创办起来的,他们像对自己的孩子一样一手带大,往往更有感情。从当前来看,创业者或创业者家族成员担任塔尖的民办高校确实比那些捐资办学的民办高校发展得更好,在当前的民办高校排行榜中,投资举办的民办高校位次多靠前,虽然他们获得的政府资助并不如捐资的民办高校多。究其原因,主要是家族成员更关心学校的发展,往往有更长远的规划。在那些捐资办学的民办高校,有领导认为,"学校本身与我并无多大关系,我只要别让它办坏,别出事就行"。所以,在家族制民办高校的创办者及其核心家族成员眼中,办学校是他们永远的事业;而对后者,学校工作只是他们目前的一份职业。

(三)家族制民办高校利益高度统一

严格来说,企业经营的好坏与企业的规模、法人性质以及企业所属的行业并无多大关系,起关键作用的不是所有权,而是企业的领导管理水平。无论管理者是被聘来的,还是私人企业家本人担任,都能体现出水平。[①]现代企业制度的核心是所有权与经营权的分离,职业经理人具体负责运营,本质上不是职业经理人管理就能有利于企业的发展。这些职业经理人作为重要的人力资本要素的拥有者,之所以接受某企业家不对称性的权威,就是相信这些人可以给自己带来事业方面的利益。直接来说,只要他们按照合约所规定的条款完成其所应担负的职责,就可以获取相应的报酬。像国际产业汽车行业巨头丰田企业,在科学管理的浪潮中,也曾把管理权从家族传承转变为选聘职业经理人,但最终却爆出了影响极深的"丰田质量门"。其根本原因在于职业经理制度过于忠诚于业绩,而使职业经理人过于关注高速度和高利润,对企业的投资能力和创新能力关注度不足。以至于丰田章男重新接手企业管理时说,他自己接管了一个非家族管理搞坏的公司。

家族企业创办与运行的核心力量是家族成员,家庭制民办高校也是如此。一所家族制学校倾注了一个家庭乃至一个家族的希望,所以家族制学校最明显的治理特点是家族关系,这种家族关系是基于血缘与亲缘基础上形成的利益纽带关系。学校是家族利益的联结点,家族成员把个人利益与学校利益绑在一起,实现了个人利益之间、个人利益与学校利益之间的高度统一。虽然家族制成员因为血亲关系聚集在一起,但共同的利益与学校发展前景是家族成员共同奋斗的动力。由于身系家族利益,家族制学校试图把家族利益放到学校利益之上来考虑,从维持家族利益的角度来规划学校的发展。在实际经营管理中,家族制学校往往注意长远规划,运营精心策划,对学校发生的问题及

---

① 〔奥地利〕弗雷德蒙德·马得克. 正确的公司治理 [M]. 朱健敏,译. 北京:机械工业出版社,2013:17.

时应对,而这些都被看作家族制学校成功和命运的关键点。

在家族制民办高校中,家族事业与学校发展是统一的,家族成员有为学校、为家族事业奉献的精神。正如胡大白所说,她也不愿意办家族制学校,而选择杨雪梅做接班人,并不因为她是自己的女儿,"最主要的是她具有为学校事业牺牲一切的精神,能够传承学校的精神、宗旨,同时具备相应的能力"。她认为,当前黄河科技学院这个营盘本身的架构还没有真正形成,也不能支撑与外面市场高度对接的薪资体系,仍然需要高度的情感投入和为学校牺牲一切的精神去支撑。所以,目前实在是很难再找到比她更合适的人,如果真有更合适的人,她也会选择。胡大白等早期创办者大都是白手起家,清楚融资的难处,所以不太愿意请年薪过高的校长。相反,他们的子女或其他家族成员具备了一定的经营管理能力,对学校有感情,且愿意奉献与坚守于这一岗位。西京学院的现任校长任芳认为,所谓的"家族传承"不单纯是指有血缘关系的人,同时也包括学校的留校生、在学校摸爬滚打多年的老员工,只要他对民办教育有感情、认同学校的文化,那就可以纳入"接班人"之列。[1] 她举例说,西京学院曾准备采购一套在线课程,当时的采购价格为 30 万元。而就在签合同前,他们的一个亲戚觉得价格过高就亲自去谈判,最后以 17 万元成交。所以,家族成员也能够优先考虑学校发展,把学校发展当成自己一生的事业,因为他们之间的利益是相对集中且相对统一的。

第二节　家族化与民办高校投资办学

改革开放为民办高等教育的发展提供了机遇。伴随民营经济的发展,民办高等教育发展壮大,所以,民办高等教育与民营经济发展是同步的。这种同步性决定了民办高校的经营模式不可避免地受到企业思维的影响,与民营企业的家族经营相似,一些民办高校出现了家族办学的现象。有专家指出,目前我国家族制民办高校并不多,比较多的是在一些民办高校中不同程度地出现了家族化的现象和发展趋势。[2]

一、民办高校家族化办学的生成逻辑

家族制的核心是家族主义关系,体现着一种家族亲情与家族信任。如果

① 陈亚聪. 民办高校如何选择二代掌门人 [N]. 人民政协报,2016-08-11(9).
② 徐绪卿. 我国民办高校家族化若干问题之探讨 [J]. 高等教育研究,2009(7):51-56.

把它嵌入民办高校管理,应该会减少很多矛盾与摩擦,有利于建设和谐的氛围。但家族化与家族制并不是同一个范畴的概念,解决好民办高校的家族化问题,需要处理好家族系统与学校系统之间的关系,处理好家族对学校的控制问题。

(一)家族制与家族化之辩

在名词意义上,"制"的含义是规章、体系、式样等。家族制是经营管理的机制、模式,而不是以家族为主体拥有财产的财产所有制。家族制置于组织中,是要把组织当作家,对组织内的成员及事情比照家的方式进行管理。当然,并不是所有的组织都会推行家族制,也并不是所有的组织都适合推行家族制。一般来说,产权权利比较明确的组织,像企业组织可以推行家族制,而最早的家族制组织就是家族创业的企业组织。但组织能不能推行家族制还有其历史渊源。家族制应用于企业就形成了家族企业,应用于学校就形成了家族学校。

家族制组织的重要行为准则是家族关系主义和家族控制。第一,家族关系主义是家族制组织的重要行为准则之一。在现实生活中,如果行为者之间存在某种关系,说明有一种特殊的价值存在。家族本身是一个特殊的组织,其特殊性表现为血亲关系的存在。基于此所形成的家族关系是一种特殊关系,这种关系在非家族成员中基本不会形成。这种关系不是一种为达目的而形成的工具性关系,而是一种情感性关系,是限于家族成员间的封闭性关系。不过,在组织社会化发展过程中,非家族成员的加入会形成一种泛家族成员的关系。根据费孝通的差序格局理念,这种关系以我为中心,家庭—家族—亲戚—朋友—同学—同姓—老乡等各种关系,像水波一样一圈一圈由里向外扩散。[①]因为家族主义关系的存在,家族成员之间存在一种基本的家族信任,他们之间的利益冲突往往比较少,关系比较和谐。由于组织不需要付出极大的成本去处理各种矛盾,因此组织效率比较高,发展势头比较好。第二,家族控制也是家族制组织的重要行为准则。家族主义情感也包含着各种规范性的因素,集中到一点就是家族利益。在家族制组织中,家族利益是核心利益。为了维护并保证利益的实现,使家族成员参与利益分配,家族组织都需要有一个权威性、让人信服或敬畏的领导,这个领导往往就是家长。家长制就是组织的领导者或控制者拥有家长式的权威,对组织的管理如同家长对家族的管理。同时,

① 袁友军. 民营企业家族制经营机制的形成与演变 [D]. 广州:华南师范大学,2003:35.

按照亲密程度的不同,围绕家长形成了一种差序格局,实现了对学校的家族控制。家族控制的民办高校形成了家长与重要的家族成员或值得信任的家族成员控制学校的情况。但家族主义关系的某些方式也会发生演变,正所谓《黄帝内经》所阐述的"物生谓之化,物极谓之变",当某些方式由渐变完成质变的时候,家族关系主义也会演变成过度的家族化控制,家族化管理产生。

家族关系主义是一种非正式的道德伦理规范,而家族化管理说到底是一种人治,是两种不同的管理方式。家族化可能会形成对外部信息的垄断,甚至最终形成对家族组织的独裁与专制。家族化是一种管理方式,是家族制模式在实践中的过度控制。家族化管理的民办高校主要是由家族或个人创办,由一个家族掌握学校所有的资产使用权和资源支配权,并过度控制学校办学行为的现象。[①] 有人说家族制的消极性因素总会大于积极性因素,也有人说家族制是对民主的违背,这是基于家族化对组织发展的消极影响。

家族制民办高校产生的前提是民办高校的投资办学,如西京学院、黄河科技学院等。这几所学校目前都已经实现了子女接班,在民办高等教育界享有很高的声誉,而且也表现出持续的竞争力。家族制并不等于家族化管理,关键是制度。在这两所学校,任芳和杨雪梅分别从1998年和1999年开始参与学校管理,杨保成担任教学副院长是经过了学校领导的推荐、考核才上任的。据悉,在黄河科技学院本科评估后,负责教学工作的闻院长与程宏书记向胡大白推荐杨保成担任教学副院长。由于此时杨雪梅已经担任学校的副院长,胡大白担心再让儿子当副院长会搞成一个家族式大学,并在教职工当中形成不好的影响。但程宏书记却说大家对杨保成评价很好,力保其上位。他说:"一个留美回来的博士,又不是混出来的博士,是有真才实学的博士,为什么迟迟不给安置?你、我、老闻,我们这帮人年龄也不小了,学校正是用人之际,你还顾虑什么?"随后,程书记又征求了其他几位领导和10多个二级学院院长的意见。在大家普遍支持的情况下,杨保成众望所归,成为抓教学科研的副院长,闻院长做了顾问。[②] 但家族制民办高校与家族化管理的民办高校并不是互不相干的,过度的家族控制形成了民办高校的家族化管理。现实中的家族制民办高校往往是家族化管理的民办高校,基于家族化的消极影响,许多人还处于观望状态,认为这不会是长久之计。

① 徐绪卿. 我国民办高校家族化若干问题之探讨 [J]. 高等教育研究,2009(7):51-56.

② 常义斌. 大白的大学 [M]. 郑州:河南文艺出版社,2014:335-336.

（二）民办高校家族化办学的成因

社会力量投资办学是基于我国国情的路径选择,而民办高校家族化管理的生成既有历史文化传统的影响,也有现实的法律制度方面的原因,体现了内部的控制性权力特征。

1. 家文化的路径依赖

民办高校家族化办学源于我国深厚的家文化传统。自古以来,我国的社会建构就是国家与家庭。由国家封建宗法制度演变而来的家族宗法制度,不断强化着家庭乃至家族作为基本社会单位和经济组织的作用,形成了以家庭乃至家族为本位的社会结构。[①]从历史上来看,我国从西周开始就有儒家思想行为规范,而后经过几个朝代的发展,儒家思想行为规范成为封建国家的宗法制度,并成为大家必须遵守的宗法制度。千百年来,国人一直生活在这种宗法制度当中,并深受家族伦理道德的影响,光宗耀祖、人荣俱荣成为大家的信条,家族荣誉和家族利益成为家族成员追求个人利益、实现个人价值的终极载体。发展到现在,家族观念依旧深入人心,家族伦理也成为众多社会组织运行的内在机制。由此导致了以血亲关系为基础的家族信任程度极高,以家为本的非正式制度规则为民办高校家族化管理的生成提供了深厚的组织资源。[②]

在学校发展过程中,很多民办高校以一人为主,家族成员共同创业。在创业初期,由于资源特别是资金方面的限制,民办高校发展虽然比较艰难,但家族成员利益集中、办学思路统一,许多学校依靠家族成员迅速形成了强大的凝聚力,从而得以平稳发展。这样,具有血亲关系的家族成员成为创办者最可靠的依托,并以创办者为中心,形成了强大的家族信任系统。传统的家文化和现实的家族利益成为学校办学的重要规范,并作为一项重要的非正式制度被维护和持续,由此成为学校运行的依赖路径。为了维持家族利益,创办者不可避免地运用了家族管理制度。为了保证创业家族的利益,家族成员掌握了学校的控制权;为了使家族享受荣誉,越来越多的家族成员进入了学校,参与管理。有被访谈者说,"我们董事长是温州人,所以许多温州人在办学中受到了特别的青睐"。一些创办者认为同乡、同地域的人甚至是同学、朋友也是可依赖的对象,泛家族成员也进入了学校管理层。

---

① 刘绵勇. 家族治理模式:中国私营企业治理的必然选择 [J]. 求实,2005(3):37-39.

② 卢彩晨. 民办高校家族管理的是与非 [J]. 教育与职业,2008(16):71.

2. 财产安全的忧虑

财产安全是资本投资时必然要考虑的问题。在历史上，我国有在社会主义改造时收买私人资产变国有的先例，一些投资者还担心分类管理变成合法的赎买政策。虽然我国民办高校都声称公益性办学，很多学校也加入了非营利性联盟组织，甚至有一部分投资者签署了捐赠声明，但坚持公益性不代表不寻求资本营利。恰恰是民办高校存在营利的需求，才会考虑所投入财产的安全性问题。在访谈中，也有很多投资者希望根据公司法等法律，享有初始投入的产权权利；享有办学积累中所形成的部分资产；学校办好以后，自己的直系亲属可以享有财产继承权，甚至是以其创办人身份而后得以继承学校控制权。

民办高校家族化管理是由学校的财产状况以及当前的环境所内生。2010年，安徽一所民办学校的创办人意外去世，其妻子和儿子希望继承其投入的资产并且成为新的举办人。但法院并没有这样宣判，理由是按照法律规定，个人创办学校时投入的财产由学校法人所享有，所以学校的财产不再属于创办者个人或者其家族成员所有，任何人都不能侵占。鉴于当前民办高校财产纠纷的案例很多，该案的判罚还被收录于最高人民法案中国应用法学研究所编制的《人民法院案例选》。出现这种结果主要是因为政府给予了民办高校大量的政府支持、财政拨款、教育补贴，所以学校的发展是一种公共资源的积累，不能等同于个人的财产加以处置分配。① 在正式制度并不明确举办者产权的情况下，举办者不得已而谋求家族要素的支持与保护。对举办者来说，要保持财产就要"在其位"，所以他们极力维持自己"一直在位"，并把家族模式移植于学校管理制度，强化了家族在学校管理中的地位。

为了提升竞争能力、应对管理的复杂化，民办高校需要更多的专业人员参与管理。但我国的市场经济还不成熟，社会职业道德也不太规范，法律对私有财产缺乏有效的保护，时常发生个人侵吞组织财产的问题。而且，外部人员也可能会利用与举办者之间的信息不对称，侵害投资者的利益。家族成员起码有对家族荣誉的忠诚，所以更值得信任。即使某个家族成员在自己的业务范围内获得了某种利益，那也是"肥水不流外人田"。所以，基于产权或利益的担忧，家族化管理不可避免。

---

① 马绍栋. 民办学校营利和非营利分类管理呼之欲出 [N]. 齐鲁晚报，2016-02-03（10）.

3. 管理规范的缺失

私立教育在我国古代就已经产生,私立学校形式也多种多样,既有个体创办个体经营的,也有官家举办个体经营的。到了近代,国内的私立学校基本由外国教会创办和国人自己创办。那些国人自己创办的学校,多为家族经营。所以,从历史的角度看,家族制的民办学校是最正宗的民办学校,因为家族制民办学校具有历史最悠久的私立学校的特征。[①] 早期的办学者一开始并不是要把举办教育当作一份重要的事业,而是怀着一种对国家和教育的情怀。正如胡大白所说,他们办学的初衷都是一颗红心,不求回报,因此很少有人想到办学该不该赚钱,更没有考虑个人的权益。早期很多投资举办的学校多为非营利性办学,一开始就想把学校做成家族事业的民办高校并不多,但目前却有扩大化的趋势,国家管理法规的缺失是导致民办高校家族化管理产生的政策原因。[②]

管理规范的缺失首先表现在法律政策相关规定的缺失。依法办学是教育治理的核心要求,日本等国家和地区都颁布了私立教育法,这些法律也成为私立学校办学的重要规范和依据。在法律框架下,私立学校的内部管理相对规范。在日本,按照法律规定,私立学校理事会理事、监事和校长等职位,三辈以内的亲属不能超过 1 人,这既能保证决策与监督的相对独立性,又有利于避免决策的家族化。在我国台湾地区,法律规定董事会中有血亲和姻亲关系的人不得超过 1/3;董事长及董事不得兼任校内其他一切行政职务;董事长、董事之配偶及直系血亲,不得担任校长;董事长、董事之配偶及其三辈以内血亲,不得担任本校总务、会计、人事职务。[③] 而在我国大陆地区,民办高校办学最基本的依据《民办教育促进法》对此没有做出规定,反倒是已经被废止的《社会力量办学条例》对亲属回避制度有相关要求。这应该是法律政策的一种有意识的回避,或者是为了吸引资金"促进"民办教育的发展。

管理规范的缺失还表现在法律政策实施细则的缺失。随着民办高等教育的发展,许多民办高校已经有了非常可观的财产积累,这是一些投资者始料未

① 明航. 家族制民办学校的案例评价与诊断——基于新制度经济学视角 [J]. 学术探索, 2007(7):133-139.

② 徐绪卿. 我国民办高校家族化管理问题的思考 [J]. 华中师范大学学报(人文社会科学版),2009(11):107-114.

③ 董圣足. 台湾地区私立高校治理机制研究 [J]. 上海教育评估研究 [J],2012(2):22-28.

及的。面对这样一个既有利可得又能造福于社会的事业,一些资本也跃跃欲试。为了进一步吸引民间资金发展教育,《民办教育促进法》提出了以"合理回报"奖励投资者的举措。不过,多少回报为合理,如何提取回报为合理,法律以及后来的实施条例并没有做出可操作性的规定。对于大部分还处于规模扩张,甚至为生存发愁或负债办学的民办高校来说,虽然投资还难有办学剩余可言,但合理回报政策还是给了他们相当大的激励。有些省市也对此做出了规定,像黑龙江人民政府规定举办者可以获得办学积累15%的收益,浙江温州市以初始资金基准利率的2倍或以办学积累的收益奖励举办者,一些省市也实实在在地对投资者进行了奖励。在模糊政策的诱致下,为了巨额财产的稳定与增值,同时也为了让家族成员获益,许多创办者安排子女或家族成员参与决策或从事经营管理,许多子女顺理成章地继承了举办者的身份和财产权利,而政府对此又疏于管理,这些都加快了家族化管理的进程。

4. 控制权力演变的一个阶段

民办高校的发展是一部艰辛的家族创业史,特别是作为曾经的"租房先生和搬家队长",一座座矗立于世的民办高校就是对那些创办者最好的颂扬。因此,创办者在学校管理中享有极高的权威,形成了无形的控制力。许多举办者不是一个人在奋斗,而是全家人齐上阵。当学校规模扩大时,举办者就面临着规模超出个人集权决策的有效边界的威胁,一般会将学校的财务管理、基建投入等财权和主要的人事任免权控制在自己及家族成员手中。[①] 这样民办高校就成了一个全部家族都来参与经营的事业,家族化管理不可避免。根据前面的研究,民办高校家族化管理的过程,实质是民办高校创业家族对学校控制力变化的过程。从民办高校自身的属性以及世界私立高等教育发展来看,家族控制是部分民办高校发展历程中必然会出现的一个重要特点,随着学校自身的发展以及外部环境的变化,家族控制会最终走向消亡。

按照公司法、继承法等法律,投资者的初始产权是比较容易界定的,归属也是比较清晰的,属于投资者所有。但学校不同于企业,投资者投入民办学校的资产归学校法人所有,办学积累是一种社会财产,不属于投资者个人。既然财产不属于投资者个人,那就无法在法律层面形成继承权,家族继承得不到法律的承认与保护。国外的非营利性办学基本为捐资办学,捐赠了就不属于个

---

① 张宏博. 中国私立大学有效经营的制度研究 [M]. 北京:人民出版社,2009:73.

人所有,捐赠了就不存在继承的问题。从当前的形势来看,民办高校具有投入大、运转周期长的特点,单凭个人财力的支撑与学费的滚动发展将来很难有竞争力,必然面临资本多元化、捐赠办学的选择。多元化有利于共同治理,消除家族控制;捐赠办学有利于避免家族传承,民办高校管理最终会走向社会化。所以,徐绪卿认为,虽然民办高校一开始管理权力过于集中于创业者家族,形成家族化管理,但差不多三代以后,家族的控制权力开始下滑,校长和职工的权力会逐步增加,直至最后回归学校法人。[①]

当前,已经有民办高校实现了家族传承,也有一些对家族忌讳莫深的办学者在默默地培养接班人。在接班人问题上将面临很多问题,一是其他的举办者会不会让子女接班。许多举办者已经在办学中获得了政治和经济方面的利益,面对自己创业的艰辛,他们正在担忧子女能不能接班、愿不愿意接班。二是创二代、三代要不要接班。在一项上海交通大学所做的关于我国家族企业接班人状态的调查中,只有18%的创二代企业家愿意并主动接班,82%的接班人是不愿意、非主动接班。他们不愿意接班的原因,有的是对父辈的不满,有的是对传统产业毫无兴趣,有的是养尊处优惯了不习惯被约束,有的是国外生活多年不适应国内风格。[②]民办高校的创二代、三代也面临此类问题,他们可能会最终选择退出对学校的直接控制。一些无法由直系亲属接班的民办高校,其管理最终可能会走向社会化。而且随着民办教育分类管理办学的实施,法律也会逐步引导民办高校管理走向社会化。

二、家族投资办学与民办高校的家族化管理

一般来说,家族化是不被认可的,在许多国家也是受到法律限制的。我国民办高等教育因其发展的阶段性和特殊性,决定了家族化还将在长时间内存在。家族化管理是比较隐蔽的,其基本特征是家族对民办高校的所有和控制。

(一)所有权家族控制

民办高校的所有权主要是指民办高校的法人财产所有权。在产权界定中,大家经常关注的是自然人产权和法人产权的问题。出资者在创办学校时,需要把所投入的财产转移到学校名下,这是一种物质资本形式的财产。对出资者来说,人力资本形式的财产是一种自然人形式的产权,也叫终极所有权,所

① 徐绪卿. 我国民办高校家族化管理问题研究 [R]. 杭州:浙江树人大学,2011:68.
② 简单. 中国土豪迎来大换班时代 [J]. 读天下,2013(23):44-50.

投入学校的物质资本所形成的产权叫法人财产权。根据法律规定，法人财产属于学校法人，因此投资者不会享有初始投入的财产，也无法享有办学过程中民办学校积累所形成的财产。与获取剩余索取权相比，对学校的控制权才是实质性的权利。因为剩余索取权在某种意义上只不过是控制权的逻辑延伸，除非法律特别限制，否则让拥有控制权的人放弃剩余索取权是不可能的。[1]

民办高校的法人财产主要源于两方面，一是创办初期举办者有较大的投入，加上后期积累会形成的财产；二是办学初期很少或几乎没有投入，主要依靠办学积累所形成的财产。法人财产的所有权是大学产权的核心。第一类创办者实质上是一个物质资本所有者，他们以物质财产的所有权换取对学校经营管理的控制权。无论他们是出于经济的利益，还是政治的利益，在后期的办学实践中，都会保持这种长期的控制权。第二类创办者是人力资本所有者，他们在学校创办过程中，长期拿着低工资，像傅正泰不从学校拿工资；胡大白夫妇刚开始拿工资时只有 50 元，而其他管理者拿 80 元，后来她的工资长期停留在 1000 元左右。人力资本所创造的价值很大一部分就转换成了学校的办学积累，这部分积累就相当于投资，即人力资本收益换取控制权，并通过控制权办学。[2] 他们通过控制董事会从而控制了学校财产，形成了对学校事实上的所有权。从产权的角度来看，家族化办学是民办高校的举办者基于财产权利所形成的对学校的控制性权力，反映了学校内部的产权关系。

(二)经营决策权家族控制

理论上，民办高校法人财产的形成意味着投资者放弃了初始财产的所有权，从而形成了决策权与管理权的分离，同时也形成了一个新的权力框架。在这一框架中，出资人的财产由董事会托管；董事会作为最高决策机构，拥有学校法人财产的支配权、组织机构选聘的权利；组织机构的管理者拥有经营管理权。在这一权力框架下，投资者对民办高校的决策与运行拥有控制性权力。

作为所有权的自然延伸，民办高校举办者同时身兼办学者的双重身份，治理结构表现为校董合一，或校董、办学者基本为家族成员。这样，家族事实上拥有并完全控制了民办高校的财产。按照法律规定，投资者不能拥有财产所有权，能够保证他们拥有且可以支配其财产权利的手段就是直接控制决策经

---

① 刘建银. 准营利性民办学校研究 [M]. 北京：北京师范大学出版社，2012：228.

② 张宏博. 中国私立大学有效经营的制度研究 [M]. 北京：人民出版社，2009：72.

营。所以,举办者的财产权利实质不是法定意义的,而是控制性的,这种财产权利必须以在其位才能获得。如果创办者不能拥有这个职位,就无法保证其所有权。因而,创办者普遍担任了民办高校的董事长,在董事会运行不规范的学校,基本是董事长一人说了算。还有一些学校,家族成员担任了校长、副校长、财务处室领导等职务,控制了学校的核心部门。由此,家族掌握了学校的决策权、经营管理方面的权利。

(三)主要领导成员家族化

由于年龄、健康等因素的影响,人的能力都会面临弱化的威胁。很多民办高校的董事长都是创办者,经过一二十年的打拼,等学校规模稳定时,他们面临着职位更替的问题。这时他们就安排子女通过各种锻炼,进入学校,并最终实现接班。一些民办高校聘任了退休的校长和副校长,由于年龄的限制,这些领导在位的时间不多。家族成员慢慢成长之后,逐渐接替了这些领导的职位。在领导更替的过程中,越来越多的家族成员走上了领导的岗位。

家族化管理具有人数方面的特征。从领导成员的结构来看,很多民办高校决策经营的关键岗位并不只有两位家族成员。在一些民办高校,创办者还兼任学校的校长;家族成员也在学校中担任校长、副校长等重要职务。有的民办高校直系、旁系亲属占据着董事长、副董事长、副校长的关键职位,只有一位校长是外聘的校长。在办学实践中,有举办者对外宣称学校管理层没有一个家族成员,但在其他部门,特别是财务、采购等可以直接对学校资产进行控制的部门都有自己的家族成员。对于这种家族控制形式,很多时候,民办高校都在极力回避这种关系。

第三节 家族化办学与民办高校治理的悖论

不可否认,家族制因其利益相关程度高、决策权相对集中、家族荣誉感强而在民办高校发展过程中发挥了重要作用,家族制民办高校在世界范围内大量存在。但过度化家族管理所导致的家族控制与民办高校治理存在着诸多冲突,这些冲突也对民办高校办学产生着重要影响。

一、民办高校家族化办学的治理冲突

民办高校是一个自控性组织,应该处理好内部权力关系和各利益主体的利益,在自主办学基础上实现自我管理、自我约束。但民办高校的家族办学形

成了以家族为主体的控制性特征,在以家族为核心的学校组织内,形成了家族利益与公共利益、家族权力与权力制衡、家族主导与利益相关者参与的矛盾冲突,不利于民办高校办学。

(一)家族利益与公共利益的矛盾

公共责任最初是应用于公共行政或者针对政府组织的,是从行政伦理角度强调掌握公共权力的政府官员要对其行动负责。所以,公共责任主要是指向上级负责,要求向某种权威来源说明个人行动的过程,处理的是有关监督和报告的机制。[①]民办高校的成立本身是一种公共责任的契约,是政府公共责任的延伸,要对社会负责,要对各利益相关者负责,所以服务于公共责任是民办高校治理的旨归。与其他社会组织相比,民办高校具有其他社会组织所不具有的重要特征即从事的是公共性教育事业,主要通过人才培养实现学校组织的基本功能与使命,这是民办高校存在的重要意义。

法人并非自然生命体,所以本身并不存在目的,法人不过是其设立者借以实现某种心理预期和客观效果的组织体。因此可以说,法人目的归根结底是其设立者借助法人制度所要达到的个人目的。[②]民办高校本身并不具有公益性能力,承担公益性责任的只能是举办者及其他利益主体。在举办者控制下,民办高校是举办者借以实现某种目的的法人组织。民办高校经历了一个长期的发展过程,正如黄河科技学院胡大白所说,他们最初创办教育只是一种对国家和教育的情怀,几乎不会考虑到该不该赚钱,更没有考虑个人的权益。但随着办学规模的扩大,民办高校逐渐形成了一笔资产,财产的排他性决定了谁占有、使用这笔财产就成了一个问题。民办高校一开始发展就有家族办学的特征,很多民办高校也是整个家族都参与其中。家族投资以及家族控制都是理性的。既然投资与控制都有其目的,那么民办高校法人就是出资者通过办学来实现个人目的的组织。在家族背景下,这个目的就是家族目的,简单地说就是通过学校实现资本营利,把学校发展当作家族的事业。

民办高校是一个公益性与营利性的统一体,营利性是保障其公益性目的的重要手段。民办高校的营利性,一是民办高校组织的营利,二是营利在组织成员之间的分配。民办高校要发展,要实现其公益性,就必须有办学剩余,即

---

① 张宏博. 中国私立大学有效经营的制度研究 [M]. 北京:人民出版社,2009:43.

② 陈晓军. 互益性法人法律制度研究 [M]. 北京:法律出版社,2007:11.

实现组织营利。法人目的具有排他性,即目的很难同时兼顾,也意味着只要投资者出现经济利益的需求,就会在一定程度上损害公共利益,基本不会存在有限营利与有限公益之说。民办高等教育投资办学应该符合教育规律,但民办高校是随市场经济发展起来的,自筹经费、投资办学、滚动发展是其重要特征。因此举办者在经营民办高校时,成本、效益意识极强,能花一分钱就绝不花两分钱。新公共管理理论强调为结果而管理,而不是试图去做好外部期望所要完成的事,责任机制、顾客导向、结果为本等理念均是其为实现结果而采取的重要策略。[①] 因此,许多举办者在经营时,往往以成本为参照点,而不是以大学学术性、大学教学的发展为着眼点,不愿意在基础条件、师资等方面进行大投入,其结果是内涵提升缓慢,人才培养水平低。曾有一所民办高校的举办者为上市集团董事长,表面上看集团利润很高,但在实际调研中发现,这所学校的教师工资很低,而且多年未变。另外,民办高校的毕业生就业层次比较低,与社会所要求的培养高水平的技能型、技术型人才目标有很大差距,与社会的期望还有一定的距离。所以,过度的家族控制在一定程度上无法最大限度地发挥民办高校办学的公益性。

现有民办高校办学的基本依据是《民办教育促进法》,该法规定的合理回报政策为资本营利开了方便之门。但对于资本如何营利、管理体制如何设计,法律并没有强制性规定。在家族控制下,凭家族的公益性自觉来回避家族利益基本是不可能的。经费是学校发展的基本保证,民办高校的核心竞争力是办学质量,但没有经费难有质量可言。一般来说,学校建制基本完成后,出资者停止了对学校的投入。在需要持续加大投入的情况下,许多投资者却为了规避风险、保护个人利益或家族利益不再出资。当前的民办高校,除去政府补助以外,家族基本不再投入,基本靠学费和住宿费运行,有多少学费就投入多少钱,维持一种最低限度的运行。2012 年和 2013 年的山东省民办高校和厦门市民办高校调研显示,民办高校的学费和住宿费收入超过了办学经费的 90%。还有的民办高校账面负债累累,出资者对学校的投入全部是以借贷形式进行的,经营学校纯粹是一种融资性活动,通过借贷融资、学费积累来发展学校,以保本增值。即使如此,也有举办者只看到自己在学校发展上花费了多少心血,体会不到政府政策对学校发展的支持作用。

① 靳希斌,刘林,魏真. 民办高校发展与策略研究 [M]. 河北:河北教育出版社,2010:19.

（二）家族控制与权力制衡的矛盾

拥有权力的人往往利用对资源的控制能力强制他人服从,以达到获取利益的目的。利益是权力运行的目的,权力扩张往往与私欲相关。一旦运用权力来谋取个人私利,那么公共利益或他人利益就有可能受到损害。所以,权力的运行应该受到监督和制约,这就是制衡。所谓制衡是指相互分离的权力应形成一种制约关系,不能有任何权力一方占据绝对优势,从而使各部分权力保持总体平衡。这一理论的基点是人性的弱点和权力的扩张性,即人人不都是天使,任何掌握权力的人都倾向于滥用权力,不到限度决不休止。① 权力制衡是一个古老的命题,在民办高校内部实现权力制衡,有利于规范权力运行,并在此基础上进行良善治理。

权力的扩张与举办者的利益相关。民办高校的家族控制是为了获取某种利益,这种利益有经济的、有政治的、也有声誉的。在现实中,有举办者主动放弃了办学回报,究其原因是已经获取了某种利益,比如,获取了一定的政治身份、从后勤经营中获取了经济回报等。一般创业者如果没有巨大的创业成就,很难获取政治身份。但这些人一旦拿出部分资金投入学校,只要学校形成规模,往往就会拥有一定的政治身份。而有了政治身份这个名片,他们完全可以在企业经营中获取更多的利益。当前,很多创办者都是省里的政协委员、人大代表,有的还是全国劳模或享受国务院特殊津贴。对于很多人来说,凭其原来的经历,即使付出再多的努力也很难有现在的政治成就。

民办高校内部权力配置主要表现在两个方面,一是董事会的人员构成,以及董事长与董事会、董事长与其他董事的权力关系;二是董事长与校长之间的关系。民办高校内部的权力制衡机制主要是用来规范董事会内部成员之间的关系以及董事会与校长之间的关系,目的是希望内部管理保持一定的协调性。但从实践来看,这几方面的关系并不顺畅,很重要的原因在于举办者的权力过大,以至于无法实现制衡。我国民办高校董事长拥有一个强制性的产权权力契约,一是参与董事会并对学校重大事务做出决策的权力;二是获得合理回报的权力。② 通过这种强制性的权力,举办者控制了董事会;为了能够以显性或隐性形式获取回报或收益,投资者控制了学校的经营权。由于董事遴选的封闭性,董事会也失去了对投资者的监督作用;在雇佣关系体制下,办学者与举

---

① 杨琼. 治理与制衡:学校法人论 [M]. 北京:教育科学出版社,2011:148.

② 张宏博. 中国私立大学有效经营的制度研究 [M]. 北京:人民出版社,2009:111.

办者形成了一种雇佣关系,作为被雇佣者自然无法对雇佣者进行有效制衡。所以,权力制衡是民办高校实现法人治理的重要保障。

董事会领导的校长负责制是民办高校的基本治理制度,董事会、校长及其行政团队各司其职,权责明确。如果家族掌握控制权后,易出现治理结构不清晰、权责不明确的状况,表现为举办者或家族控制了关键岗位,校长及其团体的行政管理权被弱化,甚至根本无法发挥作用,不能在职责范围内决策。这主要是因为一些举办者从家族所有的角度认为举办学校是自己或家族的事情,自己有权去解决,就在自己的意愿范围内形成了自己所理解的权力范围,从而根据自己的意愿去运用权力。出资者权力的扩张往往导致无法对其进行有效的监督,易使权力滥用,最终可能会损害他人利益或学校整体利益。

(三)家族主导与利益相关主体参与的矛盾

治理是利益相关者共同参与的活动。从治理的本意来看,民办高校治理包括四个方面:一是利益相关者共同参与举办;二是利益相关者共同参与决策;三是利益相关者共同参与监督;四是利益相关者共同参与分享。治理一方面要保证各主体的利益不受侵犯,另一方面要保证事业得到更好的发展。[①] 也可以理解为,只有保证利益的相关主体参与治理,才能分享民办高校发展的成果。

民办高校是一个利益相关者组织,内部利益主体主要包括出资者、管理者、教师、学生等。民办高校办学经费自筹,举办者在积累资产、争取外部资源支持等方面发挥了重要作用,是学校发展的决定性力量。管理者是学校决策活动的重要执行者,教师是学校学术活动的组织执行者,他们是民办高校办学活动的重要支撑,决定着民办高校的办学质量,影响着民办高校的发展前途。学生是民办高校生存发展的重要前提,一方面,学校的发展来源于学生的学费;另一方面,办学质量取决于学生对教学活动的参与程度。所以,民办高校的经营活动要关注各利益主体的诉求,保证他们的利益,以争取他们的信任和支持,同时促使他们承担起自己的责任。

但在家族控制下,学校的决策首先会考虑满足家族的利益。举办者为了获得来自家族的支持,必须源源不断地给予家族回报,这样其他主体的利益必然会受到损害。无论从法律还是现实层面上看,举办者的经营管理能力是

① 别敦荣. 治理体系和治理能力现代化与高等教育现代化的关系 [J]. 中国高教研究,2015(1):29-33.

学校防范办学风险的决定性力量,但他们本身也是发生办学风险的影响因素。很多时候,举办者并不完全相信其他人会全心为学校做出多少贡献,反而更愿意相信自己或家族的能力,以至于家族主导决策。而其他利益相关主体无法参与决策,在学校中并没有话语权,诉求无法得到体现。

二、家族化对民办高校办学的影响

民办高校家族化管理意味着家族形成了对学校控制性的影响力,掌握了学校的所有权,拥有了对学校经营管理的控制权。这是一种典型的家族控制学校的治理模式,家族以外的人难有实质性的参与决策与监督的权力,导致民办高校存在大量的失范行为,影响了办学水平的提高。

(一)不利于社会力量参与办学

民办高校投资办学需要大量的社会资金,但外来资金特别是社会资金的融入可能会打破所有制结构。在自由经济发展初期,社会资本的融入明显是在寻找营利点,是想从民办高校办学收益中分一杯羹。比这更可怕的是,资金融入必然会使权力结构改变,甚至导致原始出资者控制权力的失衡。一旦失去了对学校的绝对性控制,就有可能会损害家族在学校中的产权利益。所以民办高校举办者对社会资本谨小慎微,往往对社会资本采取封闭性态度。

在民办高校急需办学资金的情况下,家族化管理堵住了社会资金。2001年,九嶷山学院实行股份制改造时,邱影新凭借投入的90万元资金成为学校的董事长兼法人代表。后来,吴芳向学校注资300万元,助力学校升格为职业学院。在未经股东会、董事会通过的情况下,部分股东向市教育局申请变更董事长和法人代表。根据教育局的批复,吴芳成为学校新的法人,并拥有是否再设董事会的权力。从这一事件来看,如果处理不好,外来资本可能会对原始投资者的权力带来一定的威胁。这对很多出资者来说,都是前车之鉴。在《民办教育促进法》颁布之后,曾经有一家技术和资金能力都比较雄厚的企业,找到某民办高校想以技术和设备入股,进行联合招生、联合培养、收入分成。结果因为无法实现利益分享,连谈判桌都没有上。

社会力量介入民办高校,可能不仅仅是注入资金这么简单,他们也想在学校决策、办学方式中反映自己的意志,这是大学共同治理的要求。这种力量的加入对学校的决策与办学都是有利的,对社会与学生是有利的。如果举办者一味考虑个人的得失或家族的利益,必然阻挡社会力量的介入。当前,许多民办高校与其他社会主体的合作,大多只限于校企在课程与人才培养的角度,资本基本不涉及,就是因为利益的考虑。举办者与社会力量的谈判以不动摇自己的控制性影响力为根本,所以不会涉及决策管理层面,否则就是动了举办者的奶酪。就像前文所说的,如果两家当事单位能够合作成功,将对学校的发展战略、办学模式产生重要影响,但是家族利益阻挡了这次能给学校带来巨变的合作。

(二)不利于得到政府的积极性支持

民办高校家族化管理堵住了财政资金。公益性是民办教育事业的整体特征,但公益性并不能否定民办高校的营利性,也不能阻止举办者谋利。公共财政资助民办高校是政府公共性的重要表现,也是政府对民办高校公益性办学、服务社会精神的肯定。随着办学成本的增加,不少民办高校陷入了经费困境。在2012年山东省民办高校调研中,全省26所民办高校大多为个人办学,平均负债1亿多元,有的负债率超过了70%。在2013年厦门市民办高校调研中,8所民办高校的学费、住宿费超过了近3年全部收入的82%;6所学校负债经营,有学校因经营困难正在谋求转让。在缺乏社会资本融入的情况下,各民办高校只能通过不断增长学费来缓解经费困难。但学费又不能无限制增长,所以一些学校财务状况非常严峻。民办高校办学只要以投资为目的,就必然存在营利性,这种营利性会导致明显或潜在的问题,如举办者掌握着办学经费剩余的支配,可以减少发展性投入,存在着教学质量下滑的可能;公共财政经费进入民办教育存在被私人占有的可能,所以政府很难给予学校以支持。[①] 在许多省市,政府给予民办高校财政支持时,会对捐资办和投资办学的学校区别对待,这种行为不是没有考虑到民办高校的公益性,而恰恰是基于公益性的考虑,对缺乏有效监督条件下财政经费被不合理利用的担忧。在这种情况下,政府自然很难给予这些民办高校财政资助,一是担心资助被输送入家族的口袋,二是担心资助无法发生效益。

家族化管理使权力得不到有效监督,可能会发生侵害学校、学生利益的事,给民办高校带来政策性的限制。一些举办者通过安排亲信控制了人事、财务等核心部门,以至于无法对举办者及其家族形成有效的监督与制衡,发生了资金使用无序、抽逃等状况。有学校曾经连教师工资都不能发放,拖欠教师

---

① 阎凤桥. 从制度演进视角探讨私立教育的营利与非营利属性之区分 [J]. 教育与经济,2014(5):17-24.

工资达半年之久,最后不得不转让。在学校拖欠工资三个月的时候,教育主管部门委派的领导明确指出,这所曾经在当地招生规模最大、发展最好的学校,之所以发展到这个地步,最重的原因是家族化办学,无法对权力进行有效的限制。他举例说,在财务审核时发现,每年大一新生入学时,举办者都会从学费中抽取 1500 万元作为前期的招生宣传费用,这个费用本身就是不合理抽取。无独有偶,也有一些企业办学的举办者,父子几人同在学校,对学校实行家族化管理。因为权力得不到监督,以至于发生挪用办学资金投入企业的状况。由于企业得不到有效经营,不断出现亏损,控制者不得不持续挪用办学资金,最后在办学资金短缺时还逼迫教师集资。虽然家族制有其一定的优势,但家族化管理所带来的问题也不少。与家族制的优势相比,政府部门更担忧家族化管理所带来的问题,只要民办高校发生问题,政府政策就会收紧。一些省市给予捐资的民办高校和投资的民办高校不同的政策标准,实质上是一种政策限制。

(三)不利于多元主体参与决策

民办高校治理是多元治理,而多元利益主体分享治理成果的前提是能够参与决策。多元决策一是指学校所有的利益主体都能够参与决策,二是指利益主体通过协商式民主解决彼此之间的分歧,从而达成共识。所以,多元决策是一个包括了决策机制与结果的概念,它有三个核心要素,分别是决策过程的多元参与、决策过程的协商民主、决策结果能够代表多元利益。

家族化管理堵住了多元主体参与决策。民办高校内部利益主体不仅包括家族成员,还包括校长、教师、学生等人,而家族过多控制意味着其他利益主体难以参与决策。家族在民办高校发展过程中发挥了重要的作用,但这并不代表不需要其他主体的参与。只是由于家族掌握着控制权,家族成员主导了学校的发展,其他主体被排斥在学校发展之外。对于外聘校长、教师来说,学校就好似一个雇佣劳动的企业,作为雇佣劳动者,只有极少的话语权,一般来说只要做好被分配的任务即可。所以在学校决策问题上,一般是某个人或某几个家族成员说了算。校长只是名义上的最高行政管理者,即使是公办高校退休且小有成就的校长,也只能负责授权的那一部分具体工作。作为学校决策的贯彻执行者,教师基本没有话语权,因而参与决策的意愿极低。治理是利益主体的治理,如果做决定的都是家族的人,那不叫治理,而叫统治。缺少了大多数利益主体的参与,缺少了多元利益主体的民主协商,这样的决策很难代表多元利益。

家族化管理拒绝平等协商。多元利益主体都有自己的需要,不可能完全代表学校自我成长和自我发展的意愿。因此,应该使各利益主体在协商、平等的氛围下,充分表达自己的意志和欲望,而不让哪一种权力和声音占绝对主导。[①]这就需要建立监督和平衡机制,让利益相关者参与决策,通过平等协商来平衡他们之间的利益,形成一个监督机制,监督决策,保证决策的执行。但在家族化管理之下,决策多是自上而下的,而程序公正合法的决策应该是自下而上经过民主协商的。所以,这种决策反映了举办者的思维、家族的意志,并不能代表多数人的利益。曾有外聘校长在校务办会上指出学校组织机构调整错误,容易形成部门间的条块分隔,因而提出了反对意见。结果举办者以董事会的名义,罢免了这位副校长,同时安排了自己的亲属担任新的副校长,进一步促进了家族化。家族化管理制度下的决策是人治的表现,缺乏公正程序的决策很难说是正确的决策。

家族化管理不利于利益主体分享学校发展的成果。科学的决策应该根植于大学性质,来源于程序公正、结果合法的多元决策。但在家族控制模式下,多元决策机制失灵,大学决策往往不能代表多元利益主体的利益,不利于学校办学能力的提高。决策的有效性应该建立在决策的公正性之上,但有些民办高校不仅教师、学生等利益主体无法参与决策,校长等核心利益主体都缺少话语权。民办高校治理需要对权利进行保障与制约,程序既是利益主体权利保障的手段,也是相关主体权力制约的有效手段。正是因为程序性权利的缺失或不完善,大学利益主体的很多实体权利处于纸面状态,无法变为实然权利。[②]决策的有效性建立在理解和支持之上,没有利益主体参与的决策很难代表他们的利益并让他们分享发展的成果。如果总是上面制定决策,然后自上而下的推行,执行者就没有多少动力,决策的功能就难以实现,对学校的发展也没有多少效用。

(四)不利于办学风险防范

家族制一定程度上有利于民办高校的发展,我国早期发展起来的民办高校很多都是家族制高校,家族利益是许多举办者最初办学的原始动力。对于

① 殷忠勇. 程序公平还是价值公正:高校学术委员会运行的取向 [J]. 江苏高教,2015(2):54-56.
② 周湖勇. 大学治理中的程序正义 [J]. 高等教育研究,2015(1):1-11.

举办者及其家族成员来说,他们本身是学校风险的承担者、防范者,但因为家族管理的弊端,他们自身又成为办学风险的制造者。有研究者指出,利益相关者有责任为民办高校的健康发展提供各种形式的支持;民办高校组织也应尽最大限度地满足这些利益相关者的诉求。但是,一些利益相关者的职能缺位和民办高校对一些利益相关者诉求的漠视,导致学校陷入经营危机。[①] 对家族化管理的民办高校而言,危机的制造者往往不是其他利益主体,而是举办者及其家族成员。

民办高校的家族信任具有有限性。家族化管理的核心是家族信任,反过来就是对非家族成员的不信任。根据差异格局理论,一个人是否信任他人是依据对象与他的关系而定的,离他越近的越亲,离他越远的越疏,越向外推,信任度越低。[②] 由于这种特殊的信任制度的存在,家族之外的人要获得举办者的认可并不容易。民办高校需要有能力的管理者时,家族是第一选择要素。这种选拔方式仅以家族信任为尺度具有很大的封闭性,非家族成员因缺少所谓的家族信任而不能分享核心控制权及收益权,从而缩小了学校对高素质非家族人力要素的吸纳能力。民办高校是非营利性的,它不能像企业一样形成股权激励,在工资与津贴之外,举办者能给予管理者的回报在于权力与信任。由于缺乏信任激励,不少管理者没有了积极参与的动力,最后导致信任资源不足。结果是学校对外应变力不足,不能适时做出决策。没有针对性的决策,学校往往就没有什么竞争力,不具有竞争优势。

家族矛盾容易形成内耗。人是有其劣根性的,从历史上看,一起打江山的家族成员并不见得可以分享江山。面临各种困难时,家族成员可以共同奋斗;但学校形成规模时一些人的劣根性也萌发出来,表现为忠诚度降低,产权诉求增多,插手各种事务,结果是家族成员间的矛盾产生,内耗增加,在一定程度上阻碍了学校的发展。有一些民办高校之所以在形成规模后把一些家族成员清理出管理队伍,主要是因为很多家族成员表现出了这种劣根性。有的内部矛盾可以解决,有的完全不能解决。2015 年,北京市某民办高校举办者母子矛盾爆发,致使千余名在校生停课。据教育局的人说,在矛盾爆发以前,这还是一所不错的学校。这样一所在主管部门看来不错的学校,却因为内部矛盾走向

---

① 杨炜长. 相关利益者视角下民办高校办学风险的防范 [J]. 高等教育研究,2012(9):52-57.

② 邱积敏. 中国传统文化、信任资源与家族长期管理 [J]. 经济论坛,2008(16):63-64.

了破产。

子女接班容易形成经营风险。民办高校子女接班现象普遍,有研究者发现,在创办者已经去世的20所民办高校中,已有12所实现了接班,比例为60%。在举办者年龄达到70岁以上的31所民办高校中,至少有8所正在培养子女接班,比例为25.8%。[①] 在访谈中,举办者都表示会让子女接班,有的已经列入了培养计划,还有的正在考虑,因为办学是一件非常辛苦的事,子女有没有兴趣和能力、有没有父辈那种吃苦的精神都是问题。民办高校的创办者很多都是白手起家,经过多年的奋斗,已经形成了一种强制性的影响力,他们的人格魅力使管理者信服。管理者也相信,一起打拼过的举办者应该会给自己情感或事业上的利益。但其子女,因为没有经过创业的锻炼,与管理者之间没有创业的交集,无法对管理者、教师形成一种统摄全局的影响力,特别是让这些创业期的功臣为接班人付出是比较困难的。所以,没有经过前期的磨合,子女仓促接班的民办高校容易陷入经营危机,有的危机还是通过教育主管部门圆桌会议才解决的。有多个子女的举办者也会面临谁来接班的问题,到时候民办高校还会面临一场接班的危机。北京市某民办高校就发生过兄弟俩人为争取控制权争吵不休而最终掏空学校的问题。

三、民办高校治理能力现代化对家族制改革的要求

家族化管理在现阶段还是一个难以超越的现象,这主要是因为民办高校产生于我国高等教育资源短缺之时,一些投资者及其家族倾其所有举办了一所民办高校,这本身就是一种贡献行为。举办者及其家族成员进入了民办高校,形成了家族化管理,是可以理解的。从当前来看,我国要一下取消众多的家族制民办高校是不可能的,而且也没有必要。我们只能通过制度规范、引导规避家族化的弊端并最终破除家族控制民办高校的影响。

(一)对民办高校的办学行为进行必要的干预

家族化管理的根本目的在于家族利益,其方式是通过控制性实现财产的隐蔽性。为了保护其家族利益,举办者必须保证管理结构的稳定性,尽量避免其他控制性力量进入组织机构,以免打破家族的平衡。对民办高校进行必要的政策、行政管理的干预,可以规范、引导民办高校的办学行为。当然,干预并不是强制举办者退出,而是促进民办高校的发展。

① 王一涛. 民办高校接班潮需考虑的重重问题 [N]. 人民政协报,2016-08-11(9).

　　许多国家和地区都有私立教育立法,提出了明确的防范家族化办学的措施,而我国相关法律政策规范的缺失正是民办家族化管理的诱因。规避民办高校家族化管理,应该有家族成员回避的制度设计。我国最早提出"亲属回避"的制度是《社会力量办学条例》,但当时只是提出了这样一条原则,并没有提出可操作性的措施。在后来的法律政策中,亲属回避制度并未被明确提出。在日本,按照《私立学校法》的规定,创设私立高校首先应该创设学校法人,由法人来申请设立学校。我国是公民个人或其他社会组织直接创设民办高校,由法人来创设能在一定程度上避免因举办者创设而形成的举办者控制现象。并且,法律也规定,私立学校法人内设理事会、监事会与评议员会,理事和监事不能兼任,同时三辈以内的亲属不能超过一人。我国台湾地区也有关于"三辈"以内亲属的规定,这种规定也基本可以避免民办高校出现的家族控制决策权和经营权的现象。

　　民办高校家族化办学是一个明显又隐蔽的行为,因为家族的控制性权力是非常明显的,但家族的违规办学行为却是隐蔽的,正是这种隐蔽的行为给民办高校办学带来极大的风险,我国当前许多家族化民办高校所发生的问题与缺少制度性的防范有关。因此,规避民办高校家族化管理,应该出台相应的刚性管理制度,一是通过可操作性的法律规定规范民办高校的治理结构。随着民办高校的发展壮大,政府对民办高校资助的增加,国有资产的比重慢慢提高,民办高校的产权结构发生了改变。董事会作为一个产权型结构,理应反映这种变化。所以政府应该根据投入的性质和产权结构,规范董事会的成员构成,避免家族成员过多的问题。同时也要落实督导专员担任党委书记,并通过合法程序进入董事会的政策。这是符合我国国情的制度,党委书记作为外部董事代表政府对民办高校的决策机构及其运行、决策、执行实行有效的监督。二是实行严格的财务公开制度。家族化管理往往与一定的利益需求相关,财务因缺少监督成了管理的灰色地带。民办高校治理能力现代化应该坚持财务信息公开制度,重治财务领域。三是通过政策引导、规范民办高校的办学行为。发达国家对私立高校的制度设计可以概括为分类管理,在分类管理的基础上对非营利性私立高校的内部治理结构进行了规范的设计,在一定程度上规避了家族化管理的问题。我国民办高等教育的制度设计是捐赠办学,这种制度设计不符合民办高校投资办学的基本国情。所以,我国的民办高校分类管理,应该尊重投资办学的需求,同时给予不同治理形式的民办高校不同的支持,通过政策引导他们规范办学。

（二）民办高校应该尽早培养接班人

民办高校在我国高等教育体系和经济社会发展中的作用不可忽视，如何促进民办高校的持续发展是国家和社会的需要。许多举办者有意让子女接班，而且一些民办高校也完成了子女的接班。理论上，子女接班本身没有必然的问题，反而会激励举办者加大物力资本与人力资本的投入，也会吸引接班者以极大的热情投入民办教育。而且有不少子女接班的民办高校爆发出了更好的潜力，像业界经常提起的黄河科技学院、西京学院、西安培华学院等。但很多民办高校却因为子女接班发生了矛盾，影响了学校的发展，本书也对此有过说明。这些民办高校所带来的不利影响，足以在一定时期抵消其他民办高校通过努力获得的美誉度，所以举办者应该在子女接班问题上慎之又慎。

子女接班在情理上是没有问题的，我国法律也没有规定子女不准接班的问题，而且民办高校的内部管理由学校自己说了算，所以从吸引社会力量投资办学、维持民办高等教育稳定性的角度，我国法律并不排斥子女接班。只是，举办者应该尽早把培养接班人提上日程。举办者应该注意几方面的问题：一是认识到接班人培养的重要性，有培养接班人的责任感，尽早培养接班人，不要出现无人接班、难以为继的局面。早培养接班人增加了子女与领导班子其他成员磨合的时间，减少突然接班所带来的不适与冲突。二是子女无才不要接班。虽说举贤不避亲疏，但经营管理民办高校不是谁都可以担当的，经营能力差会延缓学校的发展，品质不合格可能会给学校带来灾难性的后果。最近几年，有几所民办高校在子女接班之后发生了较严重的问题，这都是重要的教训。三是健全领导班子，同时对接班人舍得放权。健全领导班子有利于为接班人找到合适的帮手，同接班人一起同甘共苦；同时，只有着眼于未来，舍得放权，接班人才能得到适当的锻炼。

（三）举办者应该有公益性自觉

在民办高校家族化管理问题上，举办者个人起到了很大的助推作用，所以要消除家族化对民办高校治理能力的影响，需要举办者有一种公益性的自觉行为。民办高校从事的是公益性事业，如果学校发生管理方面的问题，将直接对社会产生重大影响。2006年，江西省先后有两所民办高校发生学生打砸校园、焚烧校车的事件。据统计，每所学校的损失都超过千万元。2014年，山东省先后有5所民办高校爆发招生乱象，影响了近万考生的利益，而且每所学校都发生了学生游行的问题。这些群体性事件的发生有各方面的原因，但本质上反映的是家族化管理的弊端,是对民办高校公益性办学的损害。所以举办者应该有公益性的自觉,防止因家族化管理所带来的各种问题。

民办高校举办者一般都有公益性情结,但家族化管理能在何种程度上发挥公益性是必须要考虑的问题。举办者崇尚家族化管理,无非是家族文化的影响,看到了家族制的优势以及对保持财产安全的思虑。但举办者必须要认识清楚,民办高校现在所形成的巨大财产规模是在自身投入、政府政策优惠、学生学费投入、办学者与教师投入基础上发展而来的,这种财产是一种混合型财产,不是举办者个人的财产。举办者创设学校,通过让渡初始资产而获得了经营性权力,对于举办者个人或其家族而言,他们只是混合财产出资者中的一分子,家族控制民办高校本身在理论上是站不住脚的。这就决定了,民办高校不是举办者个人的财产,他们应该从思想上认识到这个问题。

很多民办高校举办者立志于打造常春藤名校,但家族成员参与管理的弊端从长远来说是很难防范的,不利于学校发展。分类管理后,国家对民办高校会有更多的资助和优惠政策,也会有更为规范的措施,家族化管理也会受到一定的限制。而对于举办者,他们应该从公益性的高度重新考虑进行学校治理制度的规范设计。

本章小结

家族制与家族化是不同的概念,家族制民办高校建立在学校系统和家族系统之上,经营活动的关系基础是家族主义的信任关系。根据控制权的演进,民办高校内部治理结构可以分为举办者控制、家族控制、共同治理三个不同的类型,这三种类型也存在一定的演化关系。家族制因其利益相关程度高、决策权相对集中、家族荣誉感强而在民办高校发展中发挥了重要的作用,成为民办高校发展的可靠力量,民办高校有今天的成就,家族的作用不可忽视。但过度的家族控制导致了家族利益与公共利益、家族权力与权力制衡、家族主导与利益相关者参与的矛盾冲突。家族化管理的出现既有历史文化传统的影响,也有现实的法律制度方面的原因,不仅不利于多元力量参与办学,还有可能使民办高校陷入办学风险当中。这时应该通过制度和行政管理对民办高校家族办学进行适当干预;同时,民办高校也应该尽早培养接班人。

第六章
行政团队制度与民办高校治理能力现代化

高校行政团队是以校长为首的高级行政管理团队,行政团队的构建与运行都有一定的标准和规范,从而保证了校长的治理效率。我国民办高校行政团队经历了举办者主导的行政团队、专门化的行政团队、非专业化的行政团队三个阶段,但目前在校长职业的准入、结构和运行方面都还存在着一些问题,专业化水平比较低。民办高校治理能力现代化,应该形成专业化的行政团队,提高经营能力。

第一节　高校行政团队职业化及其结构

校长的出现是一种职业的分化,经历了长期的演进过程。西方高校校长的产生、行政团队的构建与运行都有一定的标准和规范,这既能保证各高校遴选合适的校长,也能保证校长的权力合理运行,从而使校长的作用得到真正的发挥。

一、高校行政团队及其职业变迁

高校行政团队的产生以职业校长的出现为前提,而职业校长职能的实现主要是通过以校长为首的行政团队来实现的。职业化是工作状态的标准化、规范化和制度化,有利于组织保持一定的稳定性,所以现代高校都有志于打造职业化的行政团队。

(一)高校行政团队的内涵

在我国,行政一词最早见于《史记·周本纪》,意指摄政,也就是管理国家事务;在西方,administration 源于拉丁文 adminiatratre,意指执行事务。所以,行政在源头上就有管理的意蕴,也被称之为行政管理。最早的行政管理是指国家行政管理,行政职能的完成主要依靠科层制的管理系统,管理体制采用首长负责制,遵循的是下级服从上级的原则。在这一制度下,行政机构或行政人员所行使的是一种法定权力,这种权力由制度所赋予,是授权权力。[①] 随着国家职能的拓展、事务的繁杂和组织机构的增多,以及行政在国家生活中作用的扩大,行政活动日益成为一种不完全等同于管理的具有特定含义的社会活动。[②] 此时行政管理的内涵也超出了政府行政的范畴,还包括企业、教育以及人事等领域的行政管理。随着行政应用于教育领域,教育行政产生。

在我国,教育行政是指以校长为首的一整套学校管理系统及所具有的管理职能、所从事的各种管理活动,以及在政府与学校的关系上,政府采用直接的指令性手段处理学校有关事务。[③] 从概念来看,广义的教育行政是国家对教育事业的行政管理;狭义的教育行政是指学校作为相对独立的教育实体机构对自身工作的管理,又称学校经营。教育行政的主体既包括政府层面的行政人员,也包括学校层面的行政人员,后者主要指校长、副校长等校级行政人员以及各级行政处长、职员等。学校行政主要涉及了组织、领导、计划、决策等活动,基于这些活动的性质和内容,领导在学校行政管理中处于主体地位,其目标是在国家要求和学校教育目标框架下,提高办学水平,办出特色和效益。在高校行政管理中,从对全校的组织、计划、领导、决策等活动职能上看,校长对外代表学校的价值观与美誉度;对内负责全校的工作,是学校行政领导的中心。校长要承担学校行政工作的全部责任,没有人可以替代他的作用。但校长负责制并不是个人负责制,而是一种岗位负责制,校长拥有学校行政和学术事务管理的权力,同时也要承担优化资源配置、促进学校发展的责任,集权力与责任于一身。不过,学校行政职能的完成不是校长一个人实现的,而是依靠以校长为核心包括副校长、中层在内的整个行政团队。从学校经营的角度,高校行政团队主要指以校长为首席行政长官,包括校长、副校长以及部分重要主管在内的高级管理团队,这即是本书所涵盖的行政团队的范畴,又称校长团队。行政团队的形成有利于建立层层负责的岗位责任制,提高办学效率和效益。

① 别敦荣. 学术管理、学术权力等概念释义 [J]. 清华大学教育研究, 2000(2) : 44-47.
② 李进才. 当代中国教育行政管理 [M]. 武汉: 湖北教育出版社, 1992: 1.
③ 别敦荣. 学术管理、学术权力等概念释义 [J]. 清华大学教育研究, 2000(2) : 44-47.

（二）高校行政团队的职业变迁

习惯上，大学校长可以有两种解释，一是作为一种职业，即一种岗位或与岗位相关的连续经历；二是作为从事这一职业活动、具有校长身份的人。作为一种职业，校长所从事的是教育组织与领导工作。随着校长岗位或职业的出现，高校行政团队产生。从校长产生之后，行政团队主要经历了校长即是行政团队、专门化的行政团队和专业化的行政团队三个阶段。

1. 校长即行政团队

生存需要是人类最基本的需要，因此生产活动是人类的基本活动，在生存需要得以满足之后，人类社会才有能力在生产之外进行其他活动。人类最初的教育活动是生产知识和生活经验的传授，这种传授是通过生产和生活中的言传与身教进行的。随着生产力的发展，生产知识和生活经验日益丰富，仅仅通过言传和身教并不能满足社会的需要。人类社会出现了一部分专门从事文化教育的人，由此在生产劳动与生活实践中产生了脑体分工。随着社会生产力的进一步发展，国家、民族、阶级等行政环境建立起来，行政管理活动随之产生。行政管理涉及了政治、经济、文化等领域，教育管理活动是其中之一。在教育活动发展过程之中，慢慢出现了专门组织与领导教育活动的人，他们是学校教育活动的领导者与管理者。所以，校长的出现本身是一种职业的分化，脑力劳动与体力劳动的分工是校长职业产生的前提。[①]校长与其他职业是不同的，其对象是教育活动。所以，校长并不是所有的人都可以担当的，而是一种需要有专长的职业。具有校长身份的人，把从事教育组织与管理活动作为自己的职业追求，在具体工作之中，有一定的任职条件、职责权力、工作内容等。

我国古代就有了校长职业的萌芽，但最早的校长并不是指学校的行政长官，反而是指军官。在秦汉时期，校为军事编制单位，校长为下级军官，代表一校之长。不过，我国很早已经出现了从事学校行政管理的校长，比如夏商时期掌管学校行政的称大乐正，以公卿兼管学校之事的称大司成；春秋时期稷下学宫的祭酒；以及近代的总理衙门、总理和监督。但校长作为独立的职业出现，却是在我国教育全面学习西方的民国时期。这一时期，各级学校的最高行政长官均称为校长，校长也成为高校行政管理者专门的职业追求。在此之前，大学校长不但要进行学校管理，还要从事教学工作，既是管理者又是教师，所以

---

① 王铁军. 校长学 [M]. 南京:江苏教育出版社,1993:8.

校长与教师是合一的。

西方高等学校的校长可以追溯到中世纪。中世纪大学因为特殊的生存环境必须斡旋于教权与皇权之间,随教会权力与世俗权力的沉浮在管理上发生变化。为了生存,学者组成了行会,而学者行会的独特性质使其保持了自治权利,使学校得以自我组织、自我发展。像博洛尼亚大学、巴黎大学都是由学者进行管理,他们推选出行会领导,也就是校长(Rector)来领导学校。Rector 在12 世纪的罗马法中多通用于指市政官员和行会领导,其潜含的意义是法人权力集中在一个人的手中。① 美国高校校长的角色在 1636 年哈佛学院创建时就已经存在,从时间上甚至要比这个国家的存在还要早一个半世纪。哈佛的第一个行政官员伊顿的头衔是院长(Master),其继任者却得到了校长的头衔(President)。耶鲁曾使用院长(Rector)的称号,后来也改称为校长(President)。

在欧洲中世纪和美国殖民地时期,牧师是最有知识的人,教师通常都来源于牧师,所以出身于教师的校长自然也通常来源于牧师。美国独立前,殖民地学院的校长几乎还没有一位布衣的绅士。② 从哈佛学院成立到此后近 200 年的时间里,牧师担任了殖民地学院校长的角色,所以此时的校长是牧师主导型的。大多数院校的规模都较小、结构比较简单,像哈佛学院当时只是一所很小的神学院。校长以下一般不设任何行政组织,对内要处理学校事务,对外要处理与当局的关系,校长就是整个行政管理机构。教师群体或某位教师兼职就可以做好教学和行政方面的工作,所以并不需要专职的校长,即使担任校长也要负责从教学管理到学生管理和行政管理等现代高校管理的所有问题,管理的内容相当泛化,其中最主要的是繁重的教学任务。校长还是教师群体中的一员,没有从教师群体中分离出来,主要工作是组织教学和管理学生。③ 哈佛学院的第一任校长邓斯特一人兼了所有年级全部的 12 门课。一直到 18 世纪前,校长还没有成为一种专门的职业,可以说是业余兼职,是一种荣誉头衔。能够成为校长的人,除要有知识以外,还要看其资历,校长基本是由教师同行根据资历来确定的,具有"宗教权威"符号象征性的作用,被看作是具有特别名称的教师而不是管理者。④ 所以,乔治·凯勒认为,这时的学校管理具有很强

① 郭丽君,吴庆华. 中外大学比较 [M]. 北京:经济管理出版社,2012:16.
② 陈学飞. 美国高等教育发展史 [M]. 成都:四川大学出版社,1989:8-9.
③ 〔美〕Clark Kerr. 大学的功用 [M]. 陈学飞,译. 南昌:江西教育出版社,1993:1.
④ 马俊杰,等. 高校领导团队能力建设研究 [M]. 北京:中国人民大学出版社,2010:63.

的模糊性,大学没有集中的管理,只有集体施加纪律。

2. 专门化的行政团队

到了 19 世纪,工业革命的发展使得社会对中高级人才的需求猛增,学校规模不断扩大。据统计,在德国,19 世纪 30 年代中期到 60 年代中期,学生人数一直保持在 1.2 万左右,到 1900 年达到了 3.4 万,1914 年迅速攀升至 6.1 万;在法国,1900 年至 1950 年间学生人数增加了 3.7 倍;在英国,1900 年至 1945 年间大学生数量也增长了近 3 倍。[①] 现代国家权力空前壮大,自然科学也快速发展并不断融入大学教学,高校也不再是一个封闭的组织,反而越来越融入社会,与社会系统的联系越来越密切。随着组织规模的扩大和内外部事务的复杂化,高校管理专业化的压力也与日俱增,其结果是教会对学校的影响力减弱,大学校长的背景日显多元化。在 19 世纪高校的现代转型过程中,学术力量逐渐上升,许多世俗的有学术威望的人成为大学的校长。虽然有些校长仍有宗教背景,但其所占比例越来越低。在美国,1860 年时有宗教背景的校长达 90%,而到了 20 世纪 30 年代,这一比例有 12% 左右。

随着大学管理活动日益复杂,管理权力逐渐上移并集中化,校长权力加大,形成了与集体管理方式相结合的校长负责制的大学管理体制,一些国家的大学校长还具有国家公务员的职务身份。如法国大学校长是学区"长官",根据皇家特许状的规定,他们是"行政官员"。[②] 在学校内部,校长要面临筹集资金、做好发展规划、做好教学管理、提升学术声誉、处理学生事务等难题。所以,学校必须设置专门的行政管理岗位,招聘或培养校长;校长也要以做好管理工作为职业追求,专心做好行政管理工作。在处理内外部关系时,就出现了一个结点,处于这个结点的人是校长。此时,校长成为一种专门化的职业,能够胜任校长的人必须要经过一定的历练,符合一定的任职资格,既懂办学,又懂管理。这时的校长虽然有的还在承担一些教学任务,但其核心工作已经从教学转移到行政事务中,有的校长甚至在任职前就声名不再承担教学工作,只做专职的校长。面对纷繁的内外部事务,校长不再是"万事通"的角色,而是在自身的责权范围内以学校管理为专门职业,逐渐成为一个职业化的经理人、一个

---

① 王丛漫,邹宏美. 大学校长职业化变迁及其本质特征 [J]. 河北学刊,2015(5):204-208.

② 王丛漫,邹宏美. 大学校长职业化变迁及其本质特征 [J]. 河北学刊,2015(5):204-208.

全职的管理者。此时的高等学校已经不是一个单纯的学者行会,而是一个细分的复杂实体,最大的发展压力是寻找管理专家。①

这一时期,校长职业进一步成熟,表现在:大学校长逐渐从教师队伍中分离出来,转为专门的管理者;校长职能从教学与学生管理转向教学、科研、财务管理等方向,向行政型领导转变,因而校长开始掌握实际的行政权力,领导职能开始复杂化;大学校长呈现学者化,突破了牧师主导的模式,转向具有一定学术成就或学术影响力的人;校长职业形成了一定的规范,如校长的任期、校长的司法权、董事会与校长的权力边界等。面对管理的复杂化、职能化,校长一人的力量不足以支撑学校发展,所以大学开始形成了以校长为首的专门从事行政管理的团队。

3. 专业化的行政团队

在 19 世纪,高等学校确立了服务公众的使命,这种使命最明显的体现莫过于后来的高等教育大众化、普及化。大众化阶段,接受高等教育不再是少数精英的特权,高等学校也不再是单一的教学或科研机构,而是一个有志于国家和社会发展的服务机构。校内外各种权力主体的意志都需要在办学过程中得到体现,所以,高校成为一个多元的权力中心。校长的重要性越来越突出,权力范围也越来越大,社会和高校对校长的角色提出了新的要求,希望校长能够成为思想家、企业家甚至是社会活动家,领导学校发展又能很好地服务社会。面对这种需求,校长个人已经无法独立运作其全部权力,必须要有几个人辅助他行使权力,依靠行政团队来完成其职责。由此,以校长为核心,包括校长、副校长以及部分重要主管在内的职业化的高级管理团队形成。此时,大学校长作为一个集体而存在,从个体领导逐渐走向了集体领导,他们之间形成了合作的关系。由于校长在学校发展过程中的作用,关注和评价大学不能只看作为个体的校长,不能只对个体的校长评头品足,而要从大学校长集体的视角对大学校长集体进行考察和评价。② 所以,职业化的行政团队建设受到了重视。

专业化是高校行政团队发展的趋势与方向,行政团队专业化是其走向职业化的过程,主要表现在团队建构与运行等方面。行政团队组建的过程,实质上是校长个人权力向副校长及其他行政主管分配的过程。在美国,教务长(Provost)是学校的首席学术官员,具有从属于校长的地位,依次对校长和董

---

① 〔美〕Clark Kerr. 大学的功用 [M]. 陈学飞,译. 南昌:江西教育出版社,1993:13-23.

② 程斯辉. 大学校长:一个从个体到集体的进程 [J]. 高校教育管理,2016(4):9-11.

事会负责;其他副校长还有管理财务的副校长、管理规划的副校长等,许多学校的法律顾问也依据董事会授权,享有副校长的地位。在副校长群体中,有一名财务主管,他同时还是州政府委托的校内财务督察。虽然校长不参与某一部门、处室的具体工作,但在副校长配合下,行政团队通过分担校长的职责保证了大学行政管理目标的实现。这一时期,校长职能从校内走向校外,已经从一种荣誉象征逐渐发展为具有治校权责的管理职务,由此,高校校长的作用和角色也越来越多样化,校长由最初的教师逐渐被冠上了教育家、学者、管理者、CEO等一系列头衔。[①]

二、高校行政团队的特征

基于社会的专业化分工和管理的专业化需求,职业校长出现,校长职业的产生是行政团队产生的基础和前提。高校一开始是一个封闭性的组织,但随着高校与社会、政府关系的变化,学校外部关系变得非常复杂,需要专门的人来处理,而且一些规模较大甚至是巨型学校更需要庞大的专业团队来管理。高校行政团队是一个专业化的高级管理团队,这是其根本性质,这种专业化主要表现在专职化、规范化和市场化等方面。

(一)行政团队的专职化

行政团队的专职化主要是指校长岗位的专职化。大学管理的复杂性决定了大学校长不是什么人都可以胜任的,大学校长必须应该是一个有智慧的、专门化的校长。所以,行政团队的专职化源于大学组织的使命,大学学术使命需要一批懂大学、懂教学、懂科研、懂经营管理的校长专职于校长岗位。

行政团队是一支专门化的管理团队。频繁地更换校长不利于办学传统与使命的传承,不利于管理的完善,增加了摩擦与办学成本,大学必须有一支专门的行政管理队伍,引领学校的发展。在第一届中外教育论坛上,哈佛大学校长说,美国校长上任前就已基本确立了自己的学校地位,一旦做了校长,就必须放弃学术研究。一旦从事这一职业就要忠诚于教育事业,忠诚于校长责任,把促进学校的发展作为自身价值的核心体现。他们当了校长以后,基本上就不做专业性的学术研究了。耶鲁大学校长莱文是很著名的经济学家,他担任校长后就不再做专业性的学术研究。麻省理工学院的校长苏珊原来是耶鲁大学的学术副校长、生物化学专家,后被选任麻省理工学院校长,到波士顿就任

① 马俊杰,等. 高校领导团队能力建设研究 [M]. 北京:中国人民大学出版社,2010:63.

后也不再做专业性的学术研究。[①] 他们也曾对相关研究者表示,校长不再适合做专业的学术研究。因为校长做专业的研究可能难有精力做好校长,还可能会在某些方面有违公平,从而带来若干副作用。

行政团队成员有合理的任期。校长的任期主要体现为任职的年限,西方大学校长一般没有固定任期的概念,校长能在岗位上工作多长时间完全取决于内外部的评价以及自己的状况,否则应该专职于这一岗位。美国大学校长任职期满后,表现符合学校的价值需求就可以连任,没有年龄的限制。有不同的研究者分别测算出,校长的平均年龄为 60.7 岁[②] 和 58.9 岁[③],以至于有人指出,50～59 岁可能是校长岗位候选人的黄金年龄,这个年龄段应该是就其素质而言。校长没有明确的任期也是哈佛大学的传统,这可以保证校长有充足的时间为适应时代而对学校进行革新。[④] 哈佛大学的发展成就与校长没有任期相关,艾略特担任哈佛大学校长时才 35 岁,任职 40 年后才卸任。美国很多大学的校长在职时间要达 10 年甚至更久,直至身体不允许或去世。据美国教育理事会 2007 年公布的资料,有近 29% 的校长已在任不少于 10 年。[⑤] 在普林斯顿大学,不算现在仍在任职的校长克里斯托弗·伊斯格鲁布,其历史上仅有 3 位校长的任职年限不到 5 年,其中有 4 位校长的任职年限在 5～10 年,9 位校长的任职年限在 11～20 年,2 位校长的任职年限在 21～30 年,1 位校长的任职年限是 30 年以上。

(二) 行政团队的市场化

市场是资源调配手段,行政团队的市场化是指团队构建与管理具有市场性的特征。大学应该从职业市场中选择具有任职资格和职业兴趣的人,根据一定的任职标准选择适合学校的职业化的校长,而不是中国式的行政任命。高校行政团队来源多样化,也要对校长进行职业化管理,促进行政团队职业的市场化。

学历层次高的校长受到了青睐。自 20 世纪初以来,高校大都选择有博士

① 秦绍德. 关于大学校长职业化的若干思考 [J]. 高校教育管理,2016(4):6-9.

② 王福友. 美国大学校长研究 [J]. 国际高等教育研究,2007(3):44-48.

③ 王彦霞,石晓丽. 中美大学校长的群体特征及权力对比 [J]. 教学研究,2015(3):1-4.

④ 〔美〕Lawrence H. Summers. 21 世纪大学面临的挑战——在北京大学的演讲 [J]. 中国大学教学,2002(7):4-7.

⑤ 杨红霞. 美国高等教育治理模式考察报告 [J]. 国家行政学院学报,2010(2):75-82.

学位的校长。据统计,高校中拥有博士学位的校长的比例接近75%～80%,知名高校中这一比例已经超过了90%。总体来说,校长中拥有博士学位的比例都在不断增长,并且声望较差的大学校长增长得更迅速,高校之间校长的学历差距也正在缩小。① 当然,不同类型的高校对校长的学历可能有不同的要求。一般来说,研究型大学校长团队的学历层次比较高,以博士学位者居多,总体上可以称之为学术精英。研究型美国大学校长行政团队中,除少数拥有硕士或学士学位外,其他大都拥有各种学科门类的博士学位,其比例已经超过80%,而且哲学博士和教育博士的比例很高。

学科背景成为校长选聘的重要依据。不同学科背景出身的校长,对自身有不同的认识,对学校发展有不同的见解,所以学科背景成为行政团队工作的思想来源,成为校长选聘的重要参考标准。在美国的高校中,校长的学科背景比例最高的为教育学,占总数的37.7%;其次是人文学科和社会学科,分别是14.2%、11.9%;随后是宗教或神学、商学、法学;物理学或自然科学、生物学、工学、医学、数学、农学等的比例相对较低。② 其实,在一些理工科见长的研究性大学中,校长也并不总是理工出身。在一些岗位上,副校长的职责与其学科背景相关度也不是很高。像哥伦比亚大学的发展与校友关系副校长 Amelia Alverson,其学科背景是医学,而且有25年的学术医学发展经验;生活副校长 Suzanne B. Goldberg 获得的是哈佛大学法学院的博士学位。

校长的职业经历受到了重视。职业经历是校长就职的财富,不同的经历会带给他们不同的资源。而且在一个团队中,不同的经历可能会有一定的互补性。所以校长在系统内相关领域的职业经历特别是学术经历受到了重视。这是因为:第一,学者校长会得到其他教师和同事的更多尊重,有利于扩充他们的权力与影响;第二,会对大学的核心任务有更深刻的理解,提出更高的质量标准;第三,会向教师、学术应聘者、捐赠人、校友和学生传递一种重视学术的价值观。③ 据统计,90%的校长都有6个阶梯的学术经历,他们一般从教员上升到教授、系主任、学院院长、学术副校长、校长。所以,很多校长多以教师

① 〔美〕迈克尔·D·科恩,詹姆斯·G·马奇. 大学校长及其领导艺术 [M]. 郝瑜,译. 青岛:中国海洋大学出版社,2006:2.

② 郭俊,马万华. 美国大学校长群体特征的实证研究——基于履历背景的视角 [J]. 比较教育研究,2013(1):17-21.

③ 古多尔. 世界一流大学:校长必须是科学家吗? [M]. 上海:上海交通大学出版社,2011:8.

身份进入学术职业,然后明显而又渐进地经历了学术行政管理的6个阶梯。王晶统计了30位校长的职业经历,在担任校长前,担任学术副校长的比例,1986年是22.5%,2006年是31.4%,2011年达到34%。[①] 有统计显示,69%的校长过去曾做过全职教师、31%是教务长、21%是校长、12%是负责学术事务的高级管理人员;26%的现职校长在一所或多所高校做过校长。[②] 这说明学术经历是校长特别是研究型校长的重要条件,学术副校长是一些校长之所以担任校长的重要资本。专门的工作历练是副校长选聘的重要考查内容,并且来源于本校的可能性很大。哥伦比亚大学当前的学术副校长、发展与校友关系副校长、法律顾问、大学秘书等全部来源于本校的相关工作岗位。

行政团队有可靠的职业保障。职业化管理是校长职业化的保障,可以使校长有一种职业的安全,全身心投入学校管理。在制度层面,职业管理主要体现为从政策、规则层面保证大学自主地遴选校长,保证大学校长的合法性,以此保证校长在大学中的权威,实现管理的专业化。西方大学校长享有至高的权力,同时也享有不错的激励制度。这种激励制度主要包括两方面,一是薪酬结构,二是新的就业机会。校长在高校发展过程中发挥了重要的作用,所以成为一种稀缺品,私立高校校长的薪酬都比较高,这也反映了校长的劳动价值。美国的私立高校长受聘于学校后,董事会亲自确立校长的薪资,使其保持在一个较高的水平。董事会为了奖励校长们的付出,通常给予他们较高的薪资回报。而且在竞争激励的情况下,董事会也会为各个校长加薪。在我国台湾地区,不少私立科技大学校长的薪资是其在公办高校薪资的3倍。另外,晋升也是对校长的认可。校长职位是校长职业生涯的巅峰,因此他们把获得这个职位作为对他们以前工作业绩的回报。这是他们曾经拥有或是可能会拥有的最好工作,是一种成功的标志。[③] 对于校长来说,校长职位是对他们工作业绩的肯定,是他们极为重视的荣誉。

(三)行政团队的规范化

大学校长应该是经过一定历练的专门可以从事校长职业的人员,只有经

---

① 郭俊,马万华. 美国大学校长群体特征的实证研究——基于履历背景的视角 [J]. 比较教育研究,2013(1):17-21.

② 杨红霞. 美国高等教育治理模式考察报告 [J]. 国家行政学院学报,2010(2):75-82.

③ 〔美〕迈克尔·科恩,詹姆斯·马奇. 大学校长及其领导艺术:美国大学校长研究 [M]. 郝瑜,译. 青岛:中国海洋大学出版社,2006:2.

过专门的历练,校长才能形成专业的理念体系,拥有胜任校长职业的知识技能,符合校长的任职标准。行政团队的规范化主要是指行政团队成员职业的规范化,包括校长选聘有一定的标准和程序、校长之间有相对明确的权力边界等。

行政团队的素质标准。校长能力的发挥需要一定的素质前提,因此校长选聘需要一定的素质标准。当然,不同阶段的高校可能对校长的素质要求不一样,在现代大学发展初期,现代的教育理念、克服保守势力的意志与魄力成为高校的需求。到了 20 世纪 60 年代,企业家素质成为校长的重要要求,对校长素质的需求逐渐转向了经营管理能力。[①] 后来,大学校长遴选越来越指标化。哈佛大学 2007 年的校长遴选指标体系依次有性格特点、教育素养、领导方式、管理能力、学术水平、工作能力 6 个一级指标和 42 个二级指标。[②] 麻省理工学院校长从个人层面、才华层面、学术层面、管理层面提出了 4 个一级指标,又据此提出了领导特质、对 MIT 的未来的远见和想法、对 MIT 问题和机会的把握以及筹资经验和能力等 25 个二级指标。[③] 总体来看,高校校长遴选的指标体系往往体现在三个方面:一是学术能力,这是大学校长领导学术组织的必备能力;二是经营能力,这是大学校长在复杂化、多元化的时代所必须具有的专业化的经营能力;三是筹资能力,这是大学校长特别是私立大学校长成功与否的重要标志。但平心而论,面对大家的期待,很可能没有一位校长符合所有的任职资格。不过,鉴于理念在学校发展中的重要性,理念成为大学校长遴选首要的素质要求。

行政团队构建的遴选程序。要为学校挑选到合适的校长,应该有科学的遴选机制、合法的遴选程序,这样产生的校长才有其合法性。英国和法国一般由理事会负责选聘校长;德国实行教授治校,校长一般由教授选举产生;欧洲其他国家大多由校内选举产生。在美国,大学校长是通过董事会遴选候选人的形式选聘的,主要经过四个阶段:第一,确立遴选委员会。一般情况下,董事会需要组建一个校长遴选委员会,有的还需要组建一个咨询委员会,前者往往主要有董事会成员组成,有投票决定权,后者只有建议权。第二,确定遴选标

① 宣勇,郑莉. 大学校长遴选与高等教育治理能力的现代化 [J]. 中国高教研究,2015(8):23-26.

② 李连明. 美国大学校长遴选与考核指标体系构建及其价值借鉴.[J]. 国家行政学院学报,2008(6):87-91.

③ 黄俊杰. 大学校长遴选:理念与实务 [M]. 北京:北京大学出版社,2006:143-144.

准。遴选委员需要根据各方的意见确定遴选标准,其首要标准是理念的要求,其次才是能力与素质方面的要求。只有能力和素质达到要求,校长才能延续大学的传统,进一步促进大学发展或在大学发生困难时发挥力挽狂澜的作用。第三,公开招聘。遴选委员会需要在有影响的媒体上发布招聘公告,或者函请教师、校友、政府、社会组织等推荐校长人选,甚至主动与一些教育界或其他领域有声望的人联系说服他们参与竞聘,以最终确定初始候选人名单;核实初始候选人的材料,确定 15～20 位面试候选人名单;通过面谈、走访等形式的斟酌,确定 3～5 位最终候选人名单。第四,确定校长人选。董事会组织答辩,一是要听取遴选委员会关于遴选程序和校长候选人情况的汇报,二是在此基础上讨论或者进行投票决定校长人选。一般来说,无论经过哪种方式,校长都是按照学校章程产生的。

行政团队权责关系明确。面对管理的复杂化与专业化,学校事务应该由团队成员来分担。所以行政团队完成行政职责的过程,是校长权力授权的过程,校长作用的发挥需要有明确的权责关系。对学校来说,团队成员是否履行了职责,是否反映了自己作为校长的价值理念,显得非常重要。在很多学校,校长的理念无法推行,往往是因为校长无法选聘合适的、志同道合的副校长。大学校长是美国大学最具影响力的人物,包括副校长在内的其他行政官员都由校长任命,对校长负责。所以,行政团队可以看作校长意愿的延伸,因为校长选聘的行政领导通常都会向校长表明忠心并在大多数情况下遵守他的意志。这种忠诚于集体的责任感是一流的管理团队成功的原因之一[1],是大学校长行政职能实现的重要保障。校长是首席行政长官,副校长协助校长处理相关事务,但这并不代表副校长的权力地位很弱,相反却随着校长权责的增多,自己的影响力也随之与日俱增。除传统的学术事务外,大学副校长开始涉及诸如资源的分配、经费的预算、建筑工程的监督及至校园环保、师生健康、公共娱乐等方面,甚至代表校长与各级立法机构磋商、参与筹资募捐等外部活动。[2]大学校长职能的实现是团队职能的实现,校长真正履行职能是从选聘副校长开始的:一是校长上任伊始会重新组建团队;二是当副校长岗位出现空缺时,

① 古多尔. 世界一流大学:校长必须是科学家吗? [M]. 上海:上海交通大学出版社,2011:17.
② 欧阳光华. 董事、校长与教授:美国大学治理结构研究 [M]. 北京:高等教育出版社,2011:153.

也需要像遴选校长一样,按照遴选程序选聘副校长。校长、副校长以及高层管理团队中的其他成员,每个人的权力与职责都是相对明确的,可以体现在责任书当中。所以,在规定的职责范围内,校长们有充分的权力按照自己的理念经营大学。

第二节　民办高校行政团队及其特征

民办高校行政团队是以校长为首的执行机构,主要包括校长、副校长以及部分高级主管。我国民办高校行政团队是随民办高校自身发展的阶段性以及民办高等教育政策的变迁而形成的。但客观地讲,我国高等院校,不论是公办的还是民办的,都还没有建立起专业管理团队,这正是我国高等院校改革和发展面临的核心问题之一。[①]

一、民办高校行政团队建设历程

民办高校行政团队建设的历程主要是从动态角度分析的民办高校行政团队发展的过程。从整体特征来看,民办高校行政团队先后经历了以管理层为主体的行政团队、专门化的行政团队和非专业化的行政团队三个阶段,而且职业化的趋势相对比较明显。

(一)管理层为主体的行政团队

最初的民办高等教育机构基本为培训班或自考助学的辅导机构,只有少数几所民办高校可以进行学历教育。民办高校的举办者主要是离退休老干部、老教师,管理模式多是个人独自管理或举办者群体共同管理。离退休老干部发起的学校,更倾向于利用自己的社会资源,多人合作办学、共同管理,有人负责教学管理,有人负责行政管理,形成了自觉分工。个人举办的民办高校,多是举办者个人或家族经营管理,不过也注意引进外部人员充实管理队伍。黑龙江东方学院由当时的省教委原副主任孟新等人发起,尚鹤翔、周长源、刘式勤三位公办高校领导参与筹建,共同管理。黄河科技学院由当时的郑州大学教师胡大白与其丈夫杨钟瑶共同筹建,并由胡大白担任首任校长。这一时期,国家利益或国家声誉至上,与"公"相关的往往享有很高的地位,而民办高校因为顶着一个"民办"的帽子没有多少地位可言。很多民办高校为了降低办

① 别敦荣. 略论民办机制之于民办院校的意义 [J]. 高等教育研究,2010(4):71-77.

学成本要经常更换校舍,以至于举办者被称为"租房先生"和"搬家队长"。在政治地位和经济情况都不太好的情况下,民办高校连基本的生存问题都不能解决,许多举办者还没有精力与能力组建规范的管理队伍,首要的管理者是举办者或发起人。同时受制于国家政策的规定,民办高校要聘请管理者只能聘请那些从行政部门或公办高校退休的干部。这些退休干部因为具有管理经验和行政资源,因而成了大家追逐的对象;为国植材的愿望也使这些老干部全身心投入民办高校工作,这更坚定了投资者聘请更多老干部的决心。黄河科技学院的创办者胡大白,也是学校的首任校长,当时,她还是郑州大学因工伤长期休养的正式教师。后来,为了减少麻烦,她聘请老干部陈德昌出任校长。陈德昌是胡大白在郑州一中读高中时的校长,他热心办学,自始至终不拿一分钱的工资。为了节约办学成本,民办高校的管理队伍当然越精简越好,所以管理干部通常都是"万金油"。像黄河科技学院的胡大白、杨钟瑶办班之初,学校几位早期的领导和骨干都是身兼数职,一个人顶几个人用。

由于民办高等教育是个新事物,所以相关立法还排不上位置,民办高校的政策总是在实践的牵引下被动配套,在办学行为与现有法律的碰撞中迂回前行,落后于实践的发展。作为内部管理的问题被疏忽,民办高校找不到明确而详细的依据,缺乏一个明晰的政策导向和具体指导。①1986年的《关于社会力量举办高等学校和中等专业学校试行条例》只是简单地提出民办高校应该组建精干有力的领导机构,选聘熟悉教学的专职校长和教务负责人。这一时期,民办高校的管理队伍主要由举办者或发起人组成,一些学校也聘请了退休领导,很多领导都是自发组合到一起的,领导之间形成了自觉的、默契的分工。但这种管理大多是大杂烩式的,什么管理工作都要做,既要承担校长的职责,也要承担职员的职责,难有专门化、专业化可言。而且民办高校内部管理很少有制度和考核,大家基本都是努力去工作,完成办学目标,使学校生存下去。个人发起的民办高校,家族管理的特征很明显。家族管理团队是典型的民办机制的产物,其权力不是来自公权或政府授权,而是社会自生的,是来自市场的权力。②这种以举办者为主导的小作坊、家族式管理保证了管理成员利益的一致性,容易形成非常高效的管理团队。

---

① 徐绪卿. 我国民办高校内部管理体制改革与创新研究 [M]. 北京:中国社会科学出版社,2012:90.

② 别敦荣. 略论民办机制之于民办院校的意义 [J]. 高等教育研究,2010(4):71-77.

（二）专门化的行政团队

1993 年，黄河科技学院成为我国第一批全国范围内招生、进行学历教育的民办专科高校；2000 年，又作为第一批专科高校升格为本科高校。在这期间，大部分改革开放初期产生的民办高校陆续获得了学历人才培养的资格；同时又有一大批新的民办普通高校产生。普通高校与自考辅导和培训学校的管理要求是不同的，而且随着办学规模日益扩大，民办高校的内部管理走向专门化。

由于办学需要，无论是初期就已经存在的民办高校还是新兴的民办高校都大量招聘退休的公办大学领导或行政领导。像上海建桥学院聘请了黄清云任副校长后，接着聘请了原同济大学成人教育委员会常务副主任郑朝科、原华东师范大学理学院副院长汪燮华等人做副校长；山东英才学院先后聘请了原山东师范大学校长陈龙飞、原山东大学党委副书记乔幼梅等人任副校长，基本上形成了投资者加退休领导的行政领导班子。当时，有的地方在退休干部中还流传着一句话，"到民办高校工作，我们不是打工者，我们是为了开创一种新的事业而聚集在了一起"。[①] 但这些人并不是没有顾虑，他们也会考虑自己去了民办高校后社会怎么看他？原来工作的学校怎么看他们？而且民办高校才起步不久，跟一张白纸差不多，能有多大作为？但面对举办者三顾茅庐式的盛情，许多退休领导加入了民办高校。

为了保证办学质量，《民办教育促进法》对董事会和校长的职责，以及校长的产生、素质要求等进行了规定。特别是规定校长应该由审批机关核准，这意味着校长的地位得以确立，可以独立地贯彻国家的教育方针。根据要求，董事会是民办高校的最高权力机构，校长由董事会聘任；校长是首席行政长官，受董事会委托管理学校，负责教育教学和行政管理工作，同时其解聘也由董事会决定。暂且不论这种委托代理关系在实践中是否形成、校长是不是首席执行官，仅就校长结构而言，其构成是非复杂的。因为民办高校举办者来源复杂，办学思维、模式多样化；民办高校规模增大，业务增多，专业性增强。有些民办高校实行了校董分离制，举办者担任董事长，聘请退休领导担任校长，同时组建了副校长队伍；有的民办高校实行家族化管理，家族成员担任校级主要领导，同时聘请退休领导担任其他校长；有的民办高校举办者亲自担任校长，再选聘副校长。

---

① 黄清云. 教育多样化：我的亲历与探索 [M]. 上海：上海交通大学出版社，2009：165.

这一时期,民办高校行政管理队伍专门化特征明显,有了专门的校级管理团队,管理业务专门化;形成了具体的管理制度,管理活动有据可依,形式上建立了一个非专业化的行政管理团队,初步实现了举办者和办学者的分离,办学者则接受举办者聘用或委托,负责学校日常运行与发展。[①] 但民办高校行政管理团队的典型特点仍是构成的家族化,表现为一支举办者与退休领导混合的队伍。从权力运行来看,学校经营基本是举办者及其家族说了算,退休领导的话语权不多,基本集中于教学管理、沟通学校与社会的关系等。所以,民办高校的行政管理没有走出家族化管理的范畴,举办者既要掌舵,又要划船;大量的外聘退休校长参与办学,他们有丰富的管理经验办学,但不是最高行政长官,往往只能起助推力的作用,还必须面对"水土不服"的问题。

(三)非专业化的行政团队

进入内涵发展阶段以后,民办高校由外延式的扩张逐渐转变到稳定规模、规范管理、提高质量的轨道上。民办高校的这种转型发展表现在六个方面:民办教育的地位由边缘化转向主流;作用由补充性转向发展性;管理方式由行政性转向法制化;调节机制由指令性转向市场化;竞争方式由机遇型转向实力型;办学模式由趋同化转向多元化。[②] 民办高校转型发展必然会带来运行模式、管理方式的变化,行政团队也展现出一些新特点:第一,有些民办高校的创办者或发起人因年龄、精力等原因退出了对学校的管理,将学校捐赠给社会,形成了新的校长团队,如黑龙江东方学院;有的退出了对学校的直接领导,其子女走上了校长的岗位,如黄河科技学院。第二,有些举办者主动破除家族化,将家族成员请出了管理层,组建了新的校长团队,像青岛滨海学院。第三,有些民办高校开始了校长培养计划,年轻的管理干部丰富了校长团队结构,如西安欧亚学院。第四,有些民办高校开始学习西方大学管理模式,公开选聘职业校长,如西安外事学院。

与前一时期相比,这一时期的民办高校管理团队职业化的特征明显,出现了一批职业化的校长。特别是西安的民办高校,职业化探索冲在了全国的前面。西安欧亚学院校长胡建波虽然也是举办者,但经过20多年的历练与国外学习,已经比较熟悉民办高校的运营,不仅如此,他还一改其他民办高校聘请公办退休校长的做法,培养专门化的行政管理班子。西京学院校长任芳,在担

---

① 别敦荣. 略论民办机制之于民办院校的意义 [J]. 高等教育研究,2010(4):71-77.

② 陶西平. 怎样引领民办教育实现合理转型 [N]. 中国教育报,2005-03-25(7).

任校长之前就已经经历校内教务处和校级领导的岗位锻炼;到国内重点大学挂职教务处副处长,读博士;到国外访学。任芳担任校长后,对校级领导班子进行了重构,引进企业家,提拔本校的年轻校长,并送年轻干部到国外培训储备后备人才。西安外事学院的黄藤,学习西方大学模式全球招聘校长,选聘了四川大学原副校长陈爱民担任学校的校长。所以,很多学校都已经在筹划一个形式上专业化的行政管理团队。专业化的管理团队是对家族化管理的超越,民办高校虽然没有完全建立起专业管理团队,但职业校长的出现是这一时期行政团队的重要突破。一些民办高校的举办者经过长期的锻炼,已经具备了一定的理论和与实践能力,成为专业化的校长。

二、民办高校行政团队的构成

行政团队的构成主要是指行政团队各组成部分的内部关系及其相互关系、结合的方式。[①] 从功能实现来说,民办高校行政团队是一个集体代名词,总有一定的结构特征,主要表现在团队来源、人口结构、政治身份等几个方面。

(一)民办高校行政团队的来源

我国民办教育复兴时,管理队伍主要由举办者或发起人组成,所以民办高校一开始就形成了以举办者为主的管理队伍。在公立高校一统天下的年代,为了获取竞争资源,同时也为了内部管理的规范性,许多民办高校聘请了退休的公办高校领导或教育行政领导。虽然现在很多具有资金实力的投资者进入了民办高等教育领域,但这种管理特征并没有发生根本变化。

举办者及其家族成员担任校长。一是举办者担任民办高校董事长的同时兼任校长或执行校长。有研究成果显示,22.2%的举办者同时兼任了校长职务[②]。二是一些举办者的亲属担任了民办高校的校长。这具体分为几种情况,第一,有的举办者年龄偏大,逐步实现了子女接班,形成了自己担任董事长,子女担任校长的格局,其他干部队伍外聘。第二,举办者有多个子女,因此往往把子女都安排到学校管理层,有人担任校长,有人担任副校长。第三,举办者安排亲属担任学校的副校长或校长。在调研中,很多民办高校确实有家族成员担任校长的情况,有的省份过半以上的民办高校都由家族成员担任校长或

① 王铁军. 校长学 [M]. 南京:江苏教育出版社,1993:12.

② 王一涛. 我国民办高校创办者群体特征及其政策研究 [J]. 高等教育研究,2014(10):53-57.

副校长。有的举办者对行政团队中的家族成员比较避讳,一般不谈,有的举办者大方承认子女接班。在西京学院调研时,举办者任万钧不无自豪地指出,这一辈子做了两件大事,一是办了一所大学,二是培养了一位好的接班人。不管是举办者安排家属成员在民办高校兼任校长,还是通过子女接班实现民办高校控制权的代际传承,都在很大程度上折射出民办高校的家族化倾向。

外聘公办大学或教育行政部门领导担任校长。不管权力大小,多数民办高校都从外部聘请了校长。所聘请的外部校长,一是公办高校的退休领导。我们一共统计到238位校长的职业背景信息,其中173位校长是公办高校退休的领导,占总数的72.7%。二是其他高校在职的领导。有的民办高校从公办高校或其他民办高校聘请在职的领导到学校担任副校长的职务,如山东英才学院现任的副校长中,有两位副校长分别来自当地公办高校和民办高校,两位领导在各自领域都有所建树。三是聘请了其他行业的领导做校长。山东英才学院有一位副校长原是企业高管,至今在校已有十几年的时间。公办高校或其他领域的工作经历使这些校长精于管理,或熟悉学校工作环境,同时又有一定的资源,有利于民办高校规范管理、处理外部关系、争取办学资源。一些知名校长受聘担任民办高校的校长,往往使学校的办学质量和社会声誉得到很大提升。

本校培养校长。很多举办者都把办好民办高校当成自己一生的事业,因此提出了"百年老校""百年强校"的战略发展目标。要实现这一目标,必须有人才积淀,非常重要的是有一批能把自己的前途与学校命运结合起来的领导干部。于是,一些民办高校开始在校内培养校长,最主要的原因在于他们更加熟悉学校的情况且对学校更有感情。民办高校自己培养的校长大多是比较年轻的副校长,从中层干部培养而来,这样也能够对学校的普通教师、中层干部等产生激励效应。西安欧亚学院的副校长大多为学校自己培养的年轻校长,山东英才学院先后培养了3位副校长,他们在学校担任职能部门领导10多年。

(二)民办高校行政团队的成员结构

民办高校行政团队的成员结构是指从静态角度分析的行政团队的人口统计学特征,主要包括年龄结构特征、任期、教育背景等。

行政团队的年龄特征。本书一共获得了207位民办高校校长的年龄信息。其中,年龄最小的校长为32岁,年龄最高的校长为72岁。60岁及以上的民办高校校长共79位,占总数的38.2%。根据法律规定,民办高校校长任职年龄不能超过70岁,所以,现实中校长的年龄一般低于70岁。不过,很多校长为退休领导,所以年龄大多为60岁,年龄总体上偏大。从平均年龄看,207位校长中,3.9%的领导年龄在70～79岁之间,34.3%的领导在60～69岁之间,还有30.9%的领导年龄在50～59岁之间,大部分接近59岁,民办高校校长平均任职年龄是58.5岁。有的地区,校长的年龄更高,在上海,68.75%的校长年龄在60～69岁之间。[①]

民办高校行政团队的任期。法律规定民办高校校长任期4年,可以连任,但在一所民办高校中能够连任的校长不多。在理想的民办高校校长理想的任期调查中,13.15%的人选择5年及以内,38.16%的人选择6～9年,42.11%的人选择10～12年,6.56人%的选择13年及以上。但目前来看,全国民办高校校长任期比较短,18.18%的校长任期为3年,20.87%的校长任期为4年,36.36%的校长任期为5年,24.68%的校长任期为6年以上。[②] 很少有民办高校的校长任期能达10年,这主要是因为法律对校长有70岁的年龄限定,在以退休校长为主体的情况下,很多校长的任期难以达到10年。另外,有的民办高校走马观花似地更换校长;有的举办者选聘校长时是项目性质的,有重大项目如升本、评估时,就会聘请一些校长,项目结束后校长可能就要离任,这样校长的任期自然就非常短。

民办高校行政团队的教育背景。本书共获得258位民办高校校长的教育背景信息。调查数据显示,校长拥有博士学位的比例为24.0%,拥有本科学位或本科学历的比例为34.1%。对照公办高校校长的教育水平,我国民办高校校长的学历水平偏低。从职称来看,民办高校校长中教授的比例为70.21%,副教授的比例为21.28%,讲师的比例为2.13%,其他为6.38%。其中,上海地区的校长样本全部为教授。上海的民办高校中,校长拥有博士和硕士学位比例分别为43.75%和37.5%。[③] 本书共获得263位民办高校校长的学科背景信息。数据显示,经济学背景出身的民办高校校长人数最多(有54人,占20.5%),其次是工学背景的民办高校校长(有51人,占19.4%),然后是理学

① 董圣足,等. 寻找职业校长——民办高校校长职业化问题研究 [M]. 北京:科学出版社, 2014:60.

② 董圣足,等. 寻找职业校长——民办高校校长职业化问题研究 [M]. 北京:科学出版社, 2014:67.

③ 董圣足,等. 寻找职业校长——民办高校校长职业化问题研究 [M]. 北京:科学出版社, 2014:62-63.

和教育学背景出身的校长,分别占 11.0% 和 10.7%。如果以文科—理科的范畴来分析,民办高校校长大多出身人文社科,比重高达 64.3%,理工科出身的校长仅占 35.7%。

(三)民办高校校长群体的政治身份

民办高校校长的政治面貌。民办高校的"民办"并不具有所有制性质,国家也希望民办高校规范发展。很多民办高校在发展过程中先后成立了党支部和党委,举办者个人往往亲自担任党委书记。山东英才学院成立了山东省民办高校第一个党支部,黄河科技学院成立了河南省民办高校第一个党支部。公办高校能够担任校长的都是中共党员,他们进入民办高校担任校长之后,其党员身份也不会改变。这两个因素无形中加大了中共党员在民办高校校长中的比例。本书共获得 214 位民办高校校长的政治面貌信息。数据显示,民办高校校长群体中中共党员的比例很高,达 94.4%;民主党派的比例为 5.6%。

民办高校校长的政治身份。政治身份主要是指以什么身份参与政治活动,本书所涉及的政治身份主要是指各级党代表、人大代表或政协委员。民办高校校长的政治身份是一项重要社会资本,对于提升学校的社会美誉度有重大作用。有的民办高校校长在担任校长职务之前就具备较高的政治身份,有的在担任校长之职后由于办学成绩突出,具有广泛的社会影响,从而具有了政治身份。山东英才学院的举办者兼任校长夏季亭,因为办学成绩突出,被遴选为山东省人大代表、山东省人大教科文卫副主任委员。从民办高校校长的产生来源看,举办者兼任校长这一人群的政治身份稍高于其他两类校长。本书共获得 47 位民办高校校长的政治身份信息,其中 12 位是举办者兼任校长,35 位是外聘校长。在 47 位校长中,有 1 位全国党代表是举办者兼任校长,11 位全国人大代表中 5 位是举办者兼任校长,7 位全国政协委员中 2 位是举办者兼任校长。

第三节 民办高校行政团队制度与治理能力现代化的关系

经过近 30 年的发展,民办高校在形式上已经建立了较为完整的行政管理团队。团队中既有利益相关程度较高的家族成员,也有管理经验丰富的公办大学退休领导,还有本校培养的年轻、有活力的校长。但民办高校行政团队无论在准入、结构和运行上都存在许多问题,最明显的体现就是行政团队的专业化水平比较低,从整体上影响了民办高校的办学水平。

一、民办高校行政团队效能的障碍

民办高校行政团队是民办高校的专属团队,校长及其团队的思想认识、专业素质等职业素养以及团队的组织与运行应该符合民办高校的发展要求。但从实际来看,民办高校行政团队存在着组织过程随意、团队结构不规范、专业化水平低、权责不明确的状况,影响着民办高校的发展水平。

(一)行政团队构建略显随意

高校行政团队的构建主要包括准入和遴选两方面,前者回答的是具有什么素质和能力的人可以成为大学校长,后者回答的是如何成为大学校长。在私立教育比较发达的国家,基本都有相对完善的校长准入、聘用制度和严格的选拔程序。应该说准入制度和遴选程序这两个问题处理好了,民办高校行政团队建设的主要问题就解决了。但在实践中,我国民办高校行政团队的组建,既缺乏准入制度,又缺少基本的遴选程序,影响了行政团队的专业化水平。

校长准入制度缺失。民办高校校长的产生应该有一套成熟的任职资格要素指标体系,但我国法律并没有做出专门的规定,只是散见于相关法律条文中。《民办高等学校设置暂行规定》提出,民办高校校长的任免须报省级教育行政部门核准,并无其他规定。《民办教育促进法》规定民办学校参照同级同类公办学校的条件聘任校长,年龄可以适当放宽。修改后的《民办高等学校办学管理若干规定》指出民办高校校长应该具备国家规定的任职条件,具有10年以上从事高等教育管理的经历,年龄不超过70岁;校长原则上任期4年,经审批机关同意后可以连任。教育部办公厅在2009年5月下发的文件中强调,民办高校校长应该具有大学本科以上学历、副高以上专业技术职务、10年以上的高等教育管理经历。各省市也出台了相关规定,像江西省的《民办高校聘任校长、副校长核准办法》规定,民办高校校长、副校长的年龄应在65岁以下,任职年龄不得超过70岁,任期原则上为4年。黑龙江省的《民办高校校长核准办法》规定,民办高校应参照公办高校校长任职条件聘任校长,拟任校长年龄应在66周岁以下,在任年龄不应超过70周岁。青岛市在相关规定中指出,民办高校校长、副校长的年龄原则上不应超过70周岁。由此来看,我国民办高校行政团队准入的底线要求基本是70岁这样一个年龄限制,除此之外,政府再无明确的规定。更为关键的是民办高校自身很少有关于校长准入标准的规定,基本是缺人了就选;有声望的领导从岗位上退下来了就聘,缺有规定性。

校长遴选程序缺失。根据法律规定,民办高校校长和副校长的产生都应该有一定的程序,比如成立遴选委员会、征选候选人、确定候选人名单、校长遴选、董事会决定校长人选并抄送主管教育行政机关等,以确保各民办高校在遴选校长时不至于过于随意以及校长有一定的权威。当然具体的操作是学校内部的事情,学校董事会拥有选任校长的自主权,区别于公办高校的官方遴选程序。但法律没有规定校长的遴选程序,只是要求报教育主管部门审核。从调研来看,民办高校无论在制度还是实践上都缺少校长选聘的程序。学校章程是民办高校办学的指导,但章程只规定了董事会选聘校长,规定了校长和副校长的权责、任职条件、任期,而且这些要求基本是照抄国家的规定,有的连字数都没有变化。这种章程理论上和实践上都只是文本,没有任何效力。按照法律要求,民办高校首任校长由投资者推荐产生,以后校长的聘任权在董事会;校长有组建管理团队的权力,副校长的聘任由校长决定,报董事会批准。但在实践中,举办者不仅选聘了第一任校长,还在校长退休或辞职后又亲自选聘了其他校长,校长对副校长的任用没有决定权,几乎全凭举办者一人决定。

(二)行政团队结构不规范

民办高校校长主要有三种来源,但对于哪一种来源形式的校长更适合民办高校,还要看社会环境和学校自身发展的要求。民办高校行政团队的形成与国家政策、生存环境以及价值需求相关。由于民办校长没有解决准入和遴选的问题,致使校长存在着来源过于复杂、年龄结构老化等问题。

行政团队来源复杂。首先,家族成员担任校长是个普遍现象。行政团队的家族化有其历史的、文化的和现实的原因。有些民办高校的主要领导是家族成员,有些民办高校的领导全都是家族成员,有些民办高校除去校长以外其他副校长都是家族成员。一些家族化的领导有一定的工作经历和管理经验,在一定时期发挥了重要任用,但家族成员是否一定比其他校长更有智慧是个值得考虑的问题。一些民办高校曾发生过举办者清理行政团队中家族成员的事情,这本身就提醒其他举办者对家族化应该有所警醒。其次,外聘校长所占比例很高。在政策博弈的现实处境中,民办高校举办者一般特别重视选聘资源性的校长或行政领导,致使外聘领导在整体上或在某些民办高校中居主导地位。据统计,民办高校的正校长中外聘公办大学校长的比例达到了72.7%,如果再算上退休的其他行政领导,这个比例还要高。在一些民办高校,除投资者以外,全部为退休领导,老领导的任用比例非常高。再次,是本校培养的校长教育管理能力不足。培养年轻校长是民办高校行政团队发展的趋势，一些举办者逐渐在办学实践中选用土生土长的后备年轻干部。但他们选择本校领导的依据是忠诚与经营能力，一些学界人士对民办高校自己培养的校长持保留态度就是这个原因。相对于学术组织机构来说，这些年轻校长教育管理能力明显不足，这无疑加重了举办者个人的负担。

年龄结构老化。民办高校校长的成员结构，不外乎举办者、举办者的亲属、退休公办高校领导或行政领导、本校培养的年轻校长等。不少民办高校的领导以退休校长为主，即使是西安外事学院全球招聘的陈爱民校长也接近退休的年龄；一些举办者也坚持用熟不用生，致使部分校长过了退休年龄也退而不休，这些因素导致了校长的平均年龄过高。还有研究者统计了178位校长的年龄信息，这些校长平均任职年龄为61.3岁。其中，10.1%的校长年龄在71岁以上，这说明不少超法律限定年龄的校长仍在民办高校工作。在上述团队结构中，还有20.2%的校长年龄在66岁以上，32.0%的校长年龄在61岁以上，只有9%的校长年龄在51岁以下。[①] 在上海，68.75%的校长年龄为60～69岁间，远远高于全国水平。行政团队年龄整体上过于老化，年轻校长无法成长，有的学校显得后继乏人。

（三）行政团队专业水平比较低

职业素质是行政团队专业化的核心因素，对民办高校经营效率产生重要影响的主要是以专业理念和职业经历为核心的经营管理素质。民办高校行政团队总体上专业理念准备不足、团队成员缺乏必要的历练，以致行政团队专业化水平比较低。

行政团队的专业理念准备不足。民办高校行政团队的专业理念主要是校长对民办高等教育规律、民办高校发展等内容的理性认识，能够根据民办高校的特殊性来办学。不少民办高校校长来源于公办高校或行政单位，但与公办高校相比，民办高校最大的特殊性是自筹经费、面向市场办学。所以民办高校与公办高校及其他体制内的单位不同，它希望校长能依据市场需求判定办学方向，选择社会需的专业，最大限度地满足市场需要，做一个面向市场的办学者。然而退休领导往往对民办高校的市场性认识不足，而是根据公办高校或原来的经验处理民办高校的问题，其效果往往不佳，很多民办高校学术型的

---

① 申政清，王一涛，徐绪卿. 我国民办高校校长群体特征的实证研究 [J]. 高教探索，2017(4)：106-112.

定位也说明了这一问题。由此，仅凭原来的工作经验不足以办好一所民办高校。当然并不能据此否认这些校长的贡献，只是说他们常常不了解民办高校的实际情况，无法做出适宜的判断。理念准备不足，致使行政团队出现水土不服的状况。很多校长特别是那些层次较高的公办高校的退休领导，对教育规律的理解与举办者对经济规律的选择产生矛盾，致使团队办学效能不足。

有些校长缺乏必要的历练。成为民办高校外聘校长的，并不都是公办高校的退休校长，有的是低职位的行政干部、专业技术领导，或者行政部门的领导；还有一些举办者的子女或亲属，有的具备了一定的学识与专业能力，有的经过了一定的锻炼，但很多只是因为血亲关系才担任了校长的职务。阿特巴赫指出，一个人通常是在成功地担任了一系列责任递增的相关职位之后才能成为校长。[①] 也就是说，校长之所以成为校长，往往是因为他成功地担任了一系列递增的职位。校长如果不经过必要的历练，就会缺乏校长应有的理念与素质，难以成长为称职的校长。一位老校长在选择继任者的时候，为所任职的民办高校提出了两个要求，一是有校长的经历，二是有过管教学的经历。但学校却聘任了一位部属高校的博士生导师，结果是这位博士生导师既不懂教学也不懂管理，工作不到半年就被迫辞职。聘任没有校长经历的领导担任校长，还要再进行校长的历练与磨合，无疑加重了成本。在现实中，我们也遇到一些没有必要经历的校长，缺乏工作技能，被下属评价为喜欢做处长或副处长工作的校长。

（四）行政团队授权不足

校长负责制是一种校内行政决策制度，各项工作都应该由专人负责，并且权责明确。但我国民办高校没有建立职业化的校长选聘制度，所以校长的职责既是无限宽泛的也是缺乏刚性约束的……同时也缺乏对校长履行职务的有效保障制度。[②] 因此，很多民办高校行政团队的权力根本无法得到有效保障，其专业特长不能发挥，办学权得不到落实。

行政团队无法实现自我增选。董事会的核心职能是为大学挑选合适的校长，为学校发展创造条件。按照法律规定，校长有组建行政团队的权力。而校长权力是从组建行政团队开始的，当行政团队有缺额时，校长有权力根据自

① 〔美〕菲利普·G·阿特巴赫. 21 世纪的美国高等教育：社会、政治、经济的挑战 [M]. 施晓光，译. 青岛：中国海洋大学出版社，2007：279.

② 宣勇. 大学校长如何负责 [J]. 复旦教育论坛，2013（5）：5-7.

己的理念来组建。所以，行政团队的构建本身应该是一种自我增选机制，不受某个人的权力或喜好的限制。在美国，如果没有取得大学校长的同意，原来的副校长基本不能留任。但民办高校最终形成了举办者控制型的特征，在举办者控制下，学校的副校长，甚至是二级学院的院长和行政职能处室的主要负责人，基本由举办者说了算，校长没有组建行政团队的权力，行政团队无法实现自我增选。

行政团队只有有限的具体权力。董事会的核心职能是为大学挑选合适的校长，其最重要的工作是对校长授权。在遴选制度下，校长、副校长以及高层管理队中的其他成员，每个人的权力与职责都是相对明确的，可以体现在责任书中。在规定的职责范围内，校长们有充分的权力按自己的理念经营大学。但在举办者控制体系下，举办者及其家族成员控制了关键岗位，掌握着核心权力，主导着学校的发展，特别是与财务、人事相关的决策事项。行政团队的管理权被弱化，不能在职责范围内决策，有时根本无法发挥作用，甚至被排斥在学校发展之外。行政团队所能做的事情就是做好约定的工作，不能违背举办者的意见。他们往往扮演着一种传声筒的角色，即举办者要求什么就做什么，不能越雷池一步，只享有具体的、有限的权力。一所民办高校的校长指出，学校的财务签字权在举办者手中，他没有任何财务签字权。他作为一个管理后勤的副校长，连教室漏水需要进行修补都得事先汇报，要不然不能立项；至于人事权，很多民办高校的人事权也是掌握在举办者手中，校长的权力很小，校级领导和重要中层干部都是举办者直接任命。

二、行政团队对民办高校办学水平的影响

我国民办高校行政团队的现状与民办高校发展的阶段性以及民办高等教育政策的变迁有关。当前，行政团队专业化水平比较低，其结果是行政团队总体上结构不稳定，校长办学权得不到落实，管理绩效低，影响着民办高校办学水平的提高。

（一）授权不足致使办学权得不到落实

校长负责制实质是一种责任制，它应该有合理的分工、明确的职责和规范的要求，不应该把责任作为管束的条件，而应该是充分发挥聪明才智，做出更好成绩的要求。[①] 为了更好地实行校长负责制，校长必须拥有相应的校内行政

---

① 萧宗六. 学校管理学 [M]. 北京：人民教育出版社，1994：170.

决策权,否则,校长负责制寸步难行。

民办高校的校长和副校长都是举办者自己选聘的,校长和副校长能够做什么工作,也是在选聘时就已经约定的。上海建桥学院在聘请黄清云校长时,约定董事会负责筹集资金、后勤业务,校长负责教育教学管理。用黄校长的话说,在特殊阶段,这是真正处理好了举办者与办学者的关系。处理关系的前提是遵守聘任前的约定,副校长的聘任也有这种具体业务工作的约定。校长及其副校长团队所要做的事情就是各自做好自己的本职工作,有研究者对此打了一个比喻,校长就像一个维持会的会长,大家不要出事情就行。有举办者连20块钱都要审批,在如此授权下,有校长认为,"这不在于钱的大小,关键在于投资者认为有没有必要。毕竟民办高校作为一个经营实体,需要有成本核算"。

副校长的聘任与业务的分配应该是由校长来负责的,但校长没有这种权力,团队的绩效只能由举办者来考核。除去绩效范围内的业务,校长实质上就是一个荣誉性的职务。在举办者聘任的背景下,校长不能违背举办者的意见,作为一个传声筒当然不会越雷池一步,从而丧失了独立思考、分析判断的能力。所以,现行民办高校的一个悖论就是面对复杂的事务,大学需要一个强大的领导团队,结果我们却有一个弱经营管理层。在举办者强势领导之下,行政团队的办学权力得不到保障,专业权力无法发挥。举办者与管理者之间职责不清,越俎代庖,干预正常的教学管理工作;或是即使双方有明确的契约规定,但在实践中也难以遵守。举办者对所聘请的管理者不信任,或办学理念不一致,致使双方职责不清,校长无法自主地进行开展工作。在很多情况下,投资者与校长间经常会有一种恶性谈判,其结果就是校长或者主动辞职或者被"炒鱿鱼"。民办高校办学历史不长,但频繁更换校长,甚至有的学校一年换一个,这必然对民办高校办学发生影响。究其原因在于出资者与管理者之间的委托代理关系没有理顺。经营团队的破裂必然导致管理绩效的降低,影响民办高校的办学水平。

(二)结构不合理致使管理队伍不稳定

一个高绩效的领导团队必然有其合理的团队结构,这也是团队稳定性的要求。团队结构越稳定,学校发展越有凝聚力。我国民办高校行政团队结构不合理首先是制度层面的原因。在私立教育消亡近30年后,社会对民办教育机构产生了一种排异反应,最初的民办高等教育机构不被社会认可,其地位不被法律承认,也没有具体的法律规范。不过也正是因为没有法律规范,才促进了民办高校的快速发展。全国许多地区,像陕西、辽宁自发产生了许多民办大学。随着民办高等教育地位和作用的增强,国家和社会认识到了社会力量办学的重要性,并从引导、规范的角度相继出台了许多政策文件。但由于没有经验可遵循,同时又需要吸引社会力量投入办学,所以国家小心翼翼地、鼓励民办高校发展,对于民办高校的内部管理只是"要求"和"应该"而没有"必须"。学校内部管理自由组合,更多的是通过心理契约进行管理,无论从外部还是内部都缺少制度性保障。其次,生存环境决定了民办高校需要大量选用外聘校长。民办高校是在缺乏资金、政策环境的背景下发展而来的,要在公办高校"一统天下"的夹缝中求得生存,创业之难可想而知。"从不合法到合法、从补充地位到重要组成部分,民办高校不得不经常性地突破已有的政策限制,采取各种变通做法,以赢得竞争优势。"① 这种政策博弈的现实处境,使得民办高校举办者特别重视选择资源性的校长或行政领导。民办高校的外聘校长一般为公办高校退休领导、行政干部或社会名流等,他们能够担任校长一是因为有必要的资源,二是可以利用自己的办学和管理经验帮助民办高校建立规范。有举办者直言不讳地指出,"没有社会资源就会被孤立,我们请了教育厅的领导就是为了资源,这将决定生存问题。像招生问题,给你计划,你就活了,没指标就死了"。再次,投资者控制的需要致使民办高校行政团队家族化现象严重。我国的民办高校从一开始就没有政府的经费支持,完全是社会力量投资办学、滚动发展,从一开始就有发起人或投资者说了算的特点。他们通过自由组合,根据办学目的、办学需要形成了最早的管理队伍。但同时,国家没有对其内部管理形成强制性的约束规定,民办高校的管理模式延续了下来。虽然有些民办高校内部管理发生了一定变化,但在投资营利、家族文化等因素的影响下,一直以来都是举办者决定行政团队的构建,以至于当前的民办高校管理队伍还有很多随意性特征,投资者及其家族控制需求使投资者亲自担任校长或安排亲属担任校长。法律曾明确规定民办高校实行亲属回避的原则,但我国有大批家族化的民办高校,举办者同时又担任校长或执行校长;主要领导之间都有亲属关系。一些人因为与投资者的亲属关系而当上了副校长,但是因为品质、能力等方面的原因受到员工的质疑。

一般来说,我国民办高校聘用的退休领导,经验丰富,善于处理复杂的问

① 冯淑娟,徐绪卿. 关于我国民办高校家族化管理的若干思考 [J]. 教育发展研究,
2009(12):39-43.

题。民办高校的年轻领导经验不足,但往往有一定的创造性。所以行政团队组成应该有合理的年龄结构,特别是要有一定的年龄梯度,发挥他们在经验和创造性方面的优势,从整体上提高团队的绩效。同时,合理的年龄结构可以形成新老交替、传帮带的良性循环。退休领导来民办高校工作之时,大多在60岁以上,或者退休以后辗转几个部门又来到民办高校。结果有的领导来干一两年之后就走了,有的学校每年都会有校长离开,每年都会有校长进来。高层管理团队频繁换人,影响了干部队伍的稳定。而且很多校长年龄稍大以后,处于一种半退休状态,经常不在学校工作。在实际访谈中,有人表示,有的校长一个星期到校一两次,特别是那些行政部门退休的领导,经常找他们签字都找不到人。这种状态下的工作效率可想而知。

一般来说,任期越长,管理团队内部越稳定,内部冲突越少;任期长的领导团队具有较强的凝聚力,他们会有相似的认知结构,并且更多地为团队着想,常常采取以组织发展为中心的策略。[1]校长任职到底多长时间最合适、最有利于其治校理念的形成并影响大学的科学发展,是理论界和实践界普遍关注的问题之一。[2]国外私立高校的名校长也不是一开始就有名的,而是因为他们在任时间充足,可以去实施自己的职业理想,实现自己的办学理念。退休校长本身年龄就高,自然谈不上任期,其结果是学校领导频繁换人。校级领导频繁换人,可能使规划中断,不利于组织战略的实现;可能面临观念的冲突,增大了领导间磨合的成本;不利于管理队伍的稳定,也不利于行政团队后备人才的培养,使学校缺乏领导力。校级领导突然离开学校,易使一些工作缺乏持续性或处于真空状态,可能需要从头开始做起,这容易造成资源的浪费。

退休领导担任校长符合一定的现实需求。但是大量退休领导占据了关键岗位,新的干部成员产生难度大,成长慢,影响了后备人才的培养;学校没有了发展后备人才的需求,缺乏人才培养制度,影响了发展水平。有一所民办高校,大量地聘用退休领导,校级领导、部门领导和二级学院领导基本为退休或外聘人员。办学将近30年,该校只成长起来一位中层干部,领导干部开会时,清一色的是老人,发展动力令人担忧。其原因主要是这种成员构成的行政团队,不仅不稳定,还缺乏利益相关性;对于本校教师来说,归属感比较弱,凝聚力比较

---

① 马俊杰,等. 高校领导团队能力建设研究 [M]. 北京:中国人民大学出版社,2010:13.

② 郭俊,马万华. 美国大学校长群体特征的实证研究——基于履历背景的视角 [J]. 比较教育研究,2013(1):17-21.

低,在学校发生困难时表现的可能更为明显。对于学校发展来说,本校培养的领导才具有血脉相连性,才能与学校组成命运共同体。本质上,外聘校长除去业务工作外,还有一个很重要的任务就是培养后备力量。有举办者明确指出,"我请他们来就是了培养后备力量,即使我的管理团队是家族化的,他也知道怎么去培养他们。"当前,一些民办高校的高层管理干部都是内部培养的,比如浙江树人学院;也有一些民办高校的大多数高层管理干部是自己培养的,像西安欧亚学院、山东英才学院。从学校办学伊始就加入这些学校的教师成长到现在,正好处在管理干部能力、经验成熟的时期,由这样的教师组成的与学校共命运的团队显然能促进学校的发展。总体而言,我国民办高校内部培养校长仍处于起步阶段,在内部培养校长的过程中如何坚持办学的公益性,如何避免学校沦为封闭性、排他性、局部性的组织,是需要引起注意的。校长人选要看其能力以及对学校的忠诚度,能否将个人的自我发展、自我实现与学校的生存与发展紧密结合起来,甚至在必要的时候,能否为了学校的发展牺牲个人得失,真正把办好学校作为一项事业,或者借用韦伯的话说就是以办学为志业。对于办学时间不长的学校来说,大量任用自己培养的年轻干部无疑要承担一定的风险。年轻干部有活力,但同样也缺乏经验。而且,我国又缺乏职业校长的培训制度,学校如果不注意培养,大批缺乏经验的人在一起,又没有合适的指路者,在具体方向上可能会发生偏离。忽视后备力量的培养,不仅使后备力量缺乏,更可能为学校埋藏了一颗定时炸弹,学校发展前景很难保障。

(三)职业荣誉感低致使管理绩效不足

所谓职业荣誉是指因职业而带来的声望和名誉,是特定职业在社会公众心目中留下的总体印象,其最核心的内容是美誉度和信任度。职业声誉是一种较高形态的社会资本,能够为从事这一职业的人提供一种隐性激励。[①] 对于民办高校校长自身来说,如果不能从校长这一职位中获得职业荣誉的满足,就不利于行政团队的建设。民办高校治理结构的两个核心问题是决策问题和激励问题,而正是这两个问题导致职业荣誉感低,从而影响了学校的办学水平。

授权范围小导致校长的职业荣誉感低。从当前来看,我国的教育体制还有很强的行政性,"民办"二字在社会上吸引力较小,对外聘校长来说没有什么荣誉度可言,而能给予他们荣誉度的是授权,或者说是实现个人价值的权

---

① 王洪才. 大学价值失范及其治理 [J]. 山东高等教育,2016(1):6-12.

力。退休领导来民办高校工作，很多人认为一是可以发挥余热，二是可以做一番不同的事业。这些退休领导原来的工作形式与民办高校是不一样的，原来权限充足，现在的权力却不平等，除了能够保证一定的工资待遇，其他很难实现。举办者只能做到用钱去激励，结果矛盾冲突多。一位老校长曾告诉笔者："来了就后悔，因为几乎都是自己出钱工作，什么业务也做不了，那么大一个学校，竟然就举办者一支笔。"所以他认为，没有多少退休领导在这工作是高兴的。最不高兴的是校长办公会，以前都是大家说了算，现在变成举办者一人说了算，校长对自己的业务完全不能做主。

权责不平衡导致职业荣誉感低。校长负责制是校内决策制度，校长问责制是涵盖校内和校外的监督体制。校长负责制强调的是校长权力，而校长问责制突出的是校长责任，两者相辅相成，缺一不可。[①] 在举办者直接控制下，校长及其团队的权力相对弱化，但所要承担的责任并没有减少。校长缺少相应的行政决策权，副校长的行政权力更小，但他们必须要承担相关的职责，出问题就是自己的责任，这对校长领导作用的发挥会产生不好的影响，使校长缺乏工作的动力。被聘任到民办高校应该承担一定的责任，但要完成好工作更应该获得授权，现实却是领导们获得的授权低，承担的责任却不少，价值实现无从谈起。2014 年，某省 5 所民办高校因招生违规被教育主管部门通报。发生了严重的违规事件，就需要有人承担责任，结果招生老师、招生办公室领导、分管副校长被辞退。实际上，由于生存压力，这个省的大部分民办高校在统招计划之外都有其他招生类别，这个招生类别是跟学校的经费来源直接相关的事情，分管副校长是无权确定的，最后"拍板"的都是举办者。但政府又不能不让举办者办学，所以最后担责的只能是分管副校长，由副校长代之受过。校长有荣誉感，自然有负责的动力，但现在的校长既没有职业安全感，又有没有足够的授权，很难有负责的动力，往往缺少忠诚度与管理绩效。

三、民办高校治理能力现代化对行政团队制度改革的要求

行政团队建设的核心在于职业化，应该在一定的制度保障下，使校长从职务性的校长转变为专业性的校长。在这一定义中，"制度"主要是指校长的产生制度，"专业性"是相对于"职务性"而言，意指校长不仅是专职的校长，还必须形成专业性的知识、技能和伦理规范体系，使行政团队整体上形成明确的

---

① 杨琼. 治理与制衡：学校法人论 [M]. 北京：教育科学出版社，2011：170.

从业标准与要求、系统的伦理规范、严格的资格限制、严密的专业组织过程。①

（一）完善公共管理制度

行政团队对高等学校发展的作用不言而喻，但我国关于民办高校行政团队建设的公共制度极其缺乏，严重影响了民办高校的发展。民办高校治理能力现代化应该完善公共制度，保障民办高校行政团队建设。

目前，我国尚未有对民办高校行政队伍建设专门化、系统化的制度要求。《关于民办高校校长变更（连任）核准有关规定的通知》（简称《通知》）是我国第一个也是唯一一个国家层面关于民办高校行政队伍建设的专门文件。该《通知》只是对校长变更的程序和流程做出了规定。其他关于行政团队建设的要求散见于相关政策、法律文本中。这些政策及法律文本对民办高校行政团队建设的要求，离职业化的行政团队还有很大差距。根据《通知》的要求，变更的校长应该经过教育部的核准，这就是说民办高校的校长应该受到教育部的监督。

从当前关于民办教育发展的政策来看，完善民办高校行政团队的公共制度，需要政府认识到校长之于民办高校发展的重要意义，更加关注校长准入制度、选聘制度，规范校长的聘任程序，为校长治理创设严肃、合法的环境；真正实现决策权与行政管理权的分离，董事长不能担任校长，行政团队建设实行亲属回避制度，以完善民办高校行政团队的运行机制；创新校长的流动机制，健全校长培训和发展机制，以完善民办高校行政团队的保障制度。

（二）明确民办高校校长的地位

无论是行政团队整体还是校长个人，他们工作的终极目标应该是组织职能的实现。因此，必须明确团队在组织中的地位、团队及其成员的产生、团队成员的角色分工、团队激励等问题。校长是学校行政负责人，这决定了校长必须对本单位的整体利益负责。一是要成为大学的设计师，对大学的前景做出明确的规划和安排；成为规划的组织者和推动者，领导组织成员落实大学发展规划的构想。二是作为一个行政领导，必须授权团队成员，分担自己的工作；通过制定合理的政策，推动工作开展。

我国公办高校和民办高校是两种不同的体制，行政团队所面临的问题有

---

① 董圣足，等. 寻找职业校长——民办高校校长职业化问题研究［M］. 北京：科学出版社，2014：38.

很大不同。董事会是民办高校的决策机构,董事会发挥作用的体制本身是一种领导体制,但我国董事会制度不完善,人治特征非常明显,行政团队存在的问题与之有很大关系。在国外,选择、评价校长是董事会的重要职能,不过选择校长并不是董事会的直接工作,而是组成一个遴选委员会,具体负责大学校长的遴选。反观我国的民办高校,校长遴选只是举办者的事情,与其他利益相关者无关。董事会领导下的校长负责制是中国特色的民办高校治理制度,行政团队的职业化必须以此制度为前提,行政团队的地位必须在此基础上明确。

遴选评价校长是董事会的核心职责之一,董事会在校长产生中具有决定性作用。当前,校长遴选最大的问题是举办者个人权力的问题。举办者普遍认为投资民办学校是个人的事业,因此个人在学校发展中起决定性作用,以至于校长的选择也是举办者个人的事。行政团队对董事会负责,而不是对举办者个人负责。所以就要通过章程确定举办者的作用、遴选委员会的形成及其作用、校长遴选的程序、校长团队的构成等。2015年,西安外事学院全球遴选校长,给了民办高校很好的借鉴。其具体遴选程序是组成遴选委员会、全球发布通知、确定候选人、公开答辩、聘任,在答辩环节由社会各界人士参加,投票选择。在遴选过程中,董事长尊重遴选委员会和董事会的作用,据了解,有一位董事长看好的候选人都没竞聘成功。行政团队的组建,首先要明确校长遴选的条件、遴选的程序,形成职业校长遴选的制度。

在学校行政管理中,校长具有最高权力与责任,具有最高的能级。校长应该作为最高行政长官,参与学校重大决策,负责执行董事会的决策;具有教育教学和教育行政权,授权行政团队完成校长职能。校长发挥作用的形式是选聘、组建校长团队,因此校长必须获得选聘副校长的授权,以校长为中心组成一个行政团队。副校长的地位是辅佐性的,在校长的授权下分担校长的工作,校长及其行政团队必须要对董事会负责,受董事会监督,这是必须要突出的问题。因此,学校的章程必须明确校长身份、职责以及权力的运行。

(三)明确民办高校行政团队的结构

当前,我国大多数民办高校已经在形式上完成了建制,但校长队伍建设还不规范,当然并不排除一些早已谋划行政干部队伍建设的民办高校走在前列。行政团队要实现其职能,必须保证一定的职位数。大学校长职位数的确定,既是一个政治问题,也是一个科学管理问题。从政治角度而言,大学校长职位总数是为了保证对大学能够进行有效的领导,保证学校各项工作能够高效有效地开展,避免因为管理工作的疏漏而造成很大的损失。^①民办高校不仅要处理内部各方面的问题,还需要面临行业内高校的竞争,内外部关系的处理都需要专职校长进行管理,这就必须有一定的校长职位数。从实践来看,民办高校校长职位数不确定,但大多数保持在5～7人,除校长一个职位外,还有专职负责教学与科研、人事与绩效、招生与就业、经营等方面的副校长。在管理学上,管理的效度为3～7人,跨出这个范围,管理的效度就大大削减。因此,民办高校校长的职位数应该符合管理的效度原则,校长副职不能过多,过多就会对副校长分级或细分,容易使校长对副校长的直接领导制度变异为委员会制;副职又不能太少,人数太少一是分工不太细,二是容易使校长和副校长的工作压力过重。^②5～7人这个规模是比较合适的,有的学校规模小,校长职位数可能就要少些,但有的学校拥有2000人的规模只有一位校长,没有副校长,这种职位数结构就是不合理的,势必影响学校发展,现实中,这些学校也往往正处在恶性循环中。

行政团队职业化的核心在于形成专业化的素质结构。民办高校的校长首先是一位大学校长,他应该具有大学校长的一般素质,另外他还必须了解民办高校的运营,成为具有民办高校特色的大学校长。民办高校校长与其他校长素质的共性表现在具有高尚的品德、先进的高校管理知识和经验、较强的组织协调与开拓创新能力等。民办高校办学最大的特点是面向市场办学,只有这样,民办高校才能有竞争力,才能生存。所以,民办高校校长是完全面向市场的办学者,这类校长是市场取向的校长,依据市场需求来决定办学方向、投入教育资源。^③相对于公办高校校长的行政化及其任期,民办高校校长对学校董事会负责,更像是一位社会型的校长,没有任期,只有绩效。我们不能说民办高校的校长比公办高校校长更职业、更敬业,但以上两点决定了民办高校校长的素质结构应具有:更为突出的市场意识和经营意识;不断创新人才培养模式,培养应用型人才;独特的办学理念和管理能力,保持特色发展、优势发展。

民办高校应该注重年轻校长的培养,使行政团队中有年轻的校长,有年老的校长。为了使学校持续发展,完善行政团队结构的关键是需要培养年轻的校长。行政团队年轻化,团队中应该有年轻的本校校长或校长助理,保持良好

① 王洪才. 大学校长:使命角色选拔 [M]. 上海:上海交通大学出版社,2009:107.
② 王洪才. 大学校长:使命角色选拔 [M]. 上海:上海交通大学出版社,2009:108.
③ 汪霞,黄小芸,杜侦. 民办高校校长职业化初探 [J]. 科学教育家,2008(4):4-5.

的年龄结构,到达一定时期,使行政团队以本校培养的校长为主。当然,本校培养校长要忌单纯考虑经济指标,毕竟民办高校是一个学术组织,人才培养必须要遵守教育规律。所以,对本校校长一定要进行相关教育规律的培养、培训。在年轻校长培养方面,国家应该构建合理的校长流动机制,保障公办高校的后备领导可以到民办高校工作,同时又保证他们的待遇,完善民办高校行政团队的结构。

(四)制定合理的监督与激励制度

民办高校校长的来源主要包括举办者及其家族成员、外聘校长、本校培养的校长。对于举办者及其家族成员,国家的合理回报本身是一种激励,但家族化并不符合未来国家法律的要求。外聘校长和本校培养的校长也存在监督和激励层面的问题。民办高校行政团队职业化,应该有合理的监督与激励制度。

给予校长充足的授权。对于退休的公办大学校长而言,他们最大的遗憾是因为任期的限制,自己的理想还没有或者刚开始实践就已经退休。而且有的校长还连续更换过许多单位,此时他们最需要的是一个固定的岗位,让他们继续实现其教育理想。对于民办高校自己培养的校长而言,他们的职业生涯可能刚刚开始,其教育理想也刚开始。对于这些校长而言,他们最需要的是信任与授权。阎凤桥认为,非营利组织的内部治理机构以管理者对雇员的信任为基础。① 所以,举办者要抛弃传统的任期观念,应该在信任基础上给予校长最大程度的授权。就像上海建桥学院的黄清云校长,自学院创建伊始就参与了学校的创建,一直在学院担任校长到 70 岁,按政策第二次退休。退休后他被学校聘任为副董事长,还可以通过参与决策选择校长继续实践自己的理想。

对校长进行必要的监督。在理论上,授权的完整含义是把权力与责任一起授出。给予民办高校决策和财务权力之后,应该对校长进行必要的监督。校长及其行政团队执行的是董事会的决策,董事会的评价是校长得以继续聘任的前提,所以董事会是民办高校行政团队首要的监督主体。行政团队的职能在于保障大学目标的实现,而教师是大学职能实现的承担者,行政部门是传导者,作为一个利益相关者组织,校长日常表现怎么样,行政部门、教师最有发言权,都应该是其监督主体,应该对校长行为进行必要的监督。

---

① 阎凤桥. 从非营利组织特性分析我国民办学校的产权和治理结构 [J]. 民办教育研究,2006(2):35-40.

对于不同类型的校长，应该有不同的激励机制。首先是薪资制度。在国外，校长往往都有相对高额的收入，这样可保持校长的稳定性。其次是除去薪资以外，关键是要有职业发展机制。职业发展是指个体逐步实现职业生涯目标，并不断制定和实施新目标的过程。职业发展的形式多种多样，主要可分为职务变动发展和非职务变动发展两种基本类型。[①] 这种职业发展机制主要是考虑外聘校长和本校培养校长的需要。民办高校校长的职务变动一是让校长有晋升的机会，二是虽然一些校长不能晋升，但可以通过平行调动的方式，帮助其实现个人目标；同时，如果平行调动后也有不错的工作表现，可以有晋升的机会。当然，对于一些校长来说，已经很难有职务的变动，这时可以通过"工作丰富化"，实现其职业提升。这种所谓的"工作丰富化"主要包括工作观念的转变、授权的扩大等。

本章小结

高校行政团队是以校长为首席行政长官，包括校长、副校长以及部分重要主管在内的高级管理团队。从校长产生之后，民办高校行政团队先后经历了以管理层为主体的行政团队、专门化的行政团队和非专业化的行政团队三个阶段，目前职业化的趋势比较明显。我国民办高校行政团队是随民办高校阶段性发展以及民办高等教育政策的变迁而形成的。民办高校行政团队存在诸如组织过程略显随意、团队结构不规范、权责不明确等问题，最明显的体现就是行政团队的职业化水平比较低。其结果是，授权不足致使办学权得不到落实，结构不合理致使管理队伍不稳定，职业荣誉感低致使管理绩效不足，从而在整体上影响了民办高校办学水平的提高。解决民办高校行政团队制度的问题，应该完善公共制度、明确行政团队的地位、形成合理的行政结构与有效的监督激励机制。

① 冯倬琳. 研究型大学校长：战略领导·职业管理·职业发展 [M]. 上海：上海交通大学出版社，2011：8.

第七章

民办高校治理能力现代化的要求及其路径

　　私立高校治理能力现代化不仅在于利益主体都参与决策,关键是形成了权责清晰、权力运行制衡的结构安排,这是我国民办高校治理能力提升的有益借鉴。投资办学是我国民办高校各种问题的根源,民办高校治理能力现代化应该实事求是地分析举办者的投资行为,既要尊重举办者投资营利的观念,又要对举办者的产权诉求给予政策性的保护与激励,在此基础上进行制度设计。

第一节　民办高校治理能力现代化的经验借鉴

　　现代大学的源头是中世纪大学,此后欧洲高等教育逐渐公立化,美国民间办学兴起,私立高校长期在美国高等教育发展中占有重要地位,为世界所瞩目。我国现代高等教育才有 100 多年的历史,关于民办高校治理的研究可以从美国私立高校的治理实践中寻找经验。

一、美国私立高校治理的实践

　　高校自治传统的确立大约经历了几百年的时间,期间往往还充满着斗争。自主治理是相对的,当政府权力获得比较优势的时候,政府干预大学内部事务成为常事。因为大学自治传统的存在,外部力量的干预必然会遭到抵制,所谓的他治也仅指外部力量的干预,最明显的标志是公立高校的成立。

(一)美国殖民地学院的治理实践

　　美国殖民地学院的起点是哈佛学院。哈佛学院的办学资金来源于马萨诸塞州议会的资助,后来还得到了青年牧师约翰·哈佛的捐赠,学院也因之改名为哈佛学院,同时约翰·哈佛本人也开辟了校友和社会各界向哈佛学院捐献财物的先河。哈佛学院是美国私立高等教育的开端,由于其创建者多是在英国牛津大学、剑桥大学受过古典高等教育的清教徒,因此很长一段时间以来,哈佛学院以牛津大学和剑桥大学为模板,其目的是为社会培养牧师、律师和官员。马萨诸塞州议会作为出资者,在学校筹建中享有决策权,它为学院聘任了第一任院长伊顿,组建了一个 12 人的委员会,具体负责筹建事宜。1642 年,马萨诸塞州议会颁布了特许状,把哈佛委员会改为监事会(Board of Overseers),其成员增至 21 名。除校长之外,其余 20 人全部为校外人士,包括殖民地官员、作为出资者代表的议会官员和牧师。根据授权,监事会作为财产的受托人以学院常设性的永久机构而存在;监事会以公共信托的方式管理学院的财产;校长作为学院的唯一代表成为监事会的重要一员。作为公共利益的受托人,监事会基本具有了董事会的性质。1650 年,根据新的特许状,哈佛学院拥有了法人资格,成立了法人会,又叫哈佛校长与评议员。法人会全部由校内人士组成,包括校长、1 名财务人员和 5 名学校评议员。获得授权的法人会享有学院法人的财产权利,也享有管理学校事务的权力,其职责实质上相当于今天的董事会。由于特许状并没有解除监事会关于学院财产受托人的身份,反而还确认了监事会对于学院事务的监督权①,这就在事实上形成了法人会与监事会并存的双董事会制度,即一种校内和校外人士共同掌握决策权力的治理制度。外部控制成为美国高等教育最重要的特征之一,这与英国大学自治的传统是迥异的。其主要原因在于,哈佛大学由加尔文教派依照加尔文学院创办,该教派主张社会人士参与社会机构的管理与决策,而且加尔文学院自身的领导机构中既有学者,也有政府官员;欧洲的大学是在享有自治权力的学者团体基础上建立而来的,而殖民地学院由传教士创办,学校缺少专职的行政管理人员,牧师既是教师又是管理者,但又无志于管理。法律授权以校外人士为主的董事会进行决策管理,而不是选择教授,这意味着董事会成为高等教育机构与社会相联结的一个中介体,美国的学院应该是服务于社会种种目标的机构,而不应该成为牛津大学和剑桥大学那样学者独占的领地。②

继哈佛学院之后,美国出现了 9 所殖民地学院。1693 年,威廉·玛丽学院

---

① 欧阳光华. 董事、校长与教授:美国大学治理结构研究 [M]. 北京:高等教育出版社,2011:58.

② 陈学飞. 美国高等教育发展史 [M]. 成都:四川大学出版社,1989:5.

获准创建,并成立了一个由殖民地官员、校长、教师等18人组成的受托人。按照特许状,受托人是学院真正的、唯一的和确凿的监事人和管理者,具有永久继承权,拥有制定、颁布、构造和建立规则、法律、条例、命令与禁令的完全和绝对的自由、权力和权威。①受托人虽然享有财产权利,但按照规定应该把所有财产用于学校建设,并在学校创建之后转交给校长、教授、教师及其继任者。所以,这实质上还是一种双董事会制度。两个权力中心的存在势必会有一定的冲突,为了避免这种现象,耶鲁学院创设时选择了10位牧师组成受托人,享有学校经营管理权和财产方面的权利。到1745年,即在建校40多年之后,耶鲁学院以"耶鲁校长和评议员"作为受托人获得了法人地位,确立了多数人决策的制度,并被继承下来。这意味着耶鲁学院建立的是一种单一的董事会制度,后来成为其他大学的模板。因为评议员主要由牧师组成,所以这种单一董事会制度也是一种内部人参与治理的制度。

美国的殖民地学院具有仿效和移植英国大学的性质,但它在治理模式上不同于英国的大学,也不同于传统的中世纪大学。中世纪大学是自治性的学术机构,教师或学生自发结合形成了独立的学术法人,具有自主决策权。牛津大学和剑桥大学形成了学院制治理模式,大学学院成为独立的法人,学院教授平分了决策权力。而美国的殖民地学院,办学经费主要来源于政府资助、社会捐助和学费收入,除女王学院外,其他几所早期的学院都接受政府的资助。正是因为资金来源等方面的影响,殖民地学院最终形成了校外人士主导的董事会,董事会掌握了学校的决策权力。董事会大都由校外人士组成,能成为董事的大都是在当地有一定社会地位或成就的人,他们往往过于忙碌自己的社会工作而并不能专注于大学事务。但是作为受委托者,他们的重要职责在于保障学校的发展,所以他们选择、委托校长进行日常管理,美国大学的行政首脑制度由此诞生。殖民地学院规模不大,行政人员也相对较少,有时只有校长一个行政官员,这时校长的权力涉及了各项具体日常行政事务。一直到19世纪,殖民地学院的规模都比较小,像哈佛学院第一届只有4名毕业生,到1755年有24位,1821年也才有59人;与之相对应的就是教师人数少,且无法稳定。所以,教师和学生都无法形成团体性的力量,基本不享有参与决策的能力,这也是学校决策权基本掌握在董事会和校长手中的重要原因。

---

① 欧阳光华. 董事、校长与教授:美国大学治理结构研究 [M]. 北京:高等教育出版社,2011:60.

（二）美国私立高校的治理实践

1817 年,随着神学院、法学院的发展,哈佛学院成为名副其实的哈佛大学,美国现代私立大学开始发展。但在弗吉尼亚大学成立前,美国高等教育都是私立高校的天下。殖民地学院附属于不同的教派,所开的课程大都以神学和古典课程为重点。受宗教以及课程等方面的影响,殖民地学院的教学与管理略显保守,并因之在独立战争期间广受批评。像达特茅斯学院的继任者约翰·惠洛克就公开对公理会的教学提出质疑,因而一些州在独立战争之后想对殖民地学院进行改革,以学院董事会罢免校长引发的达特茅斯学院诉讼案就缘于此背景。虽然这些改革基本都失败了,就像当时联邦法院的判决所阐释的,达特茅斯学院作为一个私人慈善团体,与政府没有任何关系,学院行政权转移到州长之手是对学院权利的侵犯,违反了美国法律。达特茅斯案证明私立大学改为公立大学是不可行的,学者比尔德指出,这项判决显示了法律的威力和个人财产安全的不可侵犯性,它提醒州政府的改革绝对不能违反委托人的意愿,这使处于改革风暴中的殖民地学院感到了一些安全。不过,这些改革也取得了一些效果,一些学院做出了妥协,有的同意由州政府委派官员担任当然董事,有的允许政府参与决定学校的办学方针。政府的干预,降低了大学的自治权限,但政府的参与为私立高校的发展提供了经费扶持与制度供给,使学校的发展方向更为明确。而且,随着公立高校的发展和公立高等教育体系的建立,美国出现了公、私立高等教育的分野。

在美国现代大学发展过程中,独立战争、南北战争、第二次世界大战等重大事件对大学治理模式产生了重要影响。独立战争和南北战争破坏了经济的发展,切断了一些学校的财政收入,很多学校面临财政困难,像威廉·玛丽学院因为经济困难曾两度关闭。为了扩充经费来源,私立高校开始接纳更多的校外人士加入董事会,以解决学校的办学经费问题。首先补充加入学校董事会的是工商业界的人士。哈佛大学于 1779 年选择了工商业者詹姆斯·鲍登加入法人会。随着工业化、城市化的发展,社会财富越发集中到工商业者手中,他们就越有理由通过捐赠加入学校董事会。据估计,到 1860 年时,美国大学董事会差不多有 1/5 的董事是工商业者,到 1930 年时,工商业者的比例上升到了 1/3。[①] 有人曾统计了哈佛大学等美国 10 所名校的 298 位董事会成员,其

---

① 欧阳光华. 董事、校长与教授:美国大学治理结构研究 [M]. 北京:高等教育出版社,2011:95.

中来自校外的人士为 276 人,占总数的 92.6％。校外人士往往代表着社会的需求,他们进入董事会有利于使学校发展与社会需要保持一致,从而增强了学校发展的动力。后来加入董事会的成员还有一大批是学校的校友,校友加入董事会也在一定程度上改变了董事会的成员结构。这一时期,美国高校特别重视校友会理念,像哈佛大学所在的马萨诸塞州议会规定,学校监事会职位的空缺应该从毕业的校友中产生。受此影响,很多私立高校也将部分董事会的席位移交校友。董事会成员结构的世俗化,使僧侣或牧师的影响逐渐消退,一些教会人士也逐渐放弃了在学校中的领导权,实现了学校决策管理的世俗化。20 世纪 60 年代之后,伴随学生运动的发展,学生开始进入董事会,这意味着美国私立高校董事会再次发生重大变化。在普林斯顿大学的 40 位董事中,有 4 名本科生董事,任期 4 年。有的学生董事享有投票权,有的学生董事作为观察员参与处理相关事务的决策。美国私立高校董事会的世俗化,特别是校友和学生董事的产生,促使美国私立高校进入了参与式民主治理的时代。

独立战争之后的很长时间,美国私立高校的校长仍然像个"万事通"。这一时期,担任校长的多是牧师,而且是唯一的行政官员,要广泛承担学校的各种事务,所以他们既不是行政专家,也不像同时期欧洲大学里的学术研究者。南北战争以后,大学校长慢慢世俗化,特别是一批留学欧洲的毕业生回国担任校长,大学校长的选择渠道增多,学术型的校长逐步增多。世俗化的大学校长也不再像之前那样扮演"万事通"的角色,而是专职于承担行政事务,逐渐成为一个职业化的校长。随着办学规模的扩大和事务的增多,学校行政职能扩展并逐渐分化,组建了若干行政组织,设置了图书馆管理员、院长、副校长等职位。这些专职行政人员多由校长任命,他们的出现较多地分担了校长的行政事务,使校长有更多时间考虑学校发展的重大问题,校长逐渐走向专业化。此时,校长成为学校的最高行政长官,同时作为学术委员会的主席掌握学术决策的权力,校长团队控制着各个行政与学术的分支;对外代表学校利益,加强学校与社会的沟通,引领学校服务社会,为社会做出贡献。

高校教师人数的增多以及教师专业教授职位的扩展,激起了教师参与治理的诉求,教师的地位逐渐上升。1824 年,哈佛大学 9 位教师集体抗议缺失法人会参与权。虽然监事会拒绝了他们的要求,但在他们持续抗争之下,法人会与监事会终于联合颁布了哈佛大学新规程。按照规定,哈佛大学的外部治理主要负责决策和经费分配,内部治理主要涵盖招生、教学等内容,内部治理权力授权给教师;哈佛学院分成 9 个系,成立一个涵盖学院所有正教授的委员会进行治理。应该说教师的抗争在内部治理方面取得了不小的成就，他们依靠其学术地位获得了参与学校内部治理的权力。这一时期，耶鲁学院的蒂莫西·德怀特和杰里迈亚·戴两位校长坚持与教师讨论学校重要事务，也赋予了教师参与决策的权力。随着学校发展的专业化和学术事务的增多，教授逐步主导了对学术事务的治理，其学术地位获得了社会的认可。教授对学术事务的治理主要是通过学术评议会实现的，学术评议会最早产生于康奈尔大学。在康奈尔大学，由校长和正教授组成的学术评议会是一个立法团体，指导学校所有的教育和研究性事务。芝加哥大学学术评议会由校长任主席，评议会成员几乎涵盖了所有学科的顶尖教授以及系主任等，可以决议学校教育政策，处理教育教学业务。所以，芝加哥大学的教授作为学术评议会的主体对学术事务和日常事务都享有实质的话语权。斯坦福大学创设了学术理事会，教师在制定其职责内的大学规章、规程等方面具有决策权，像招生等问题，教师形成决策后上报给董事会即可。

　　大学教师具有话语权但并不代表教师职位的稳定，反倒是董事会和校长会因为理念或观点等方面的差异而解聘教师。1900年，斯坦福大学校长按照斯坦福夫人的授意，解聘了著名社会学家罗斯教授的教职，7名教授为此愤然辞职。董事长和校长随意解聘教师的行为引起了教师的不安，而且此举也可能会引发学校的动荡。为此，美国成立了大学教授协会，杜威任主席，致力于教师的学术自由和终身聘任，同时倡导大学教师参与治理。大学教授协会联合学院协会发表的《关于学术自由与终身教职的原则声明》（1940）提出了大学教师应该享有学术自由的权利以及终身教职的地位，这一原则获得了大学内部人员特别是校长及行政人员的认可，并且逐渐被美国法院系统所接受。[1]由此，在处理有关教师事务的裁决中，教师权利有了依据与支撑，大学教授终于在学校治理中占有一席之地。第二次世界大战之后，大学教师的权力进一步增长。《关于学院与大学治理的声明》（1966）规定，大学教师可以通过评议会广泛地参与办学目标、学校规划、财政预算甚至是高级行政人员的遴选。这意味着教师不仅在学术事务中享有发言权，还有参与学校重大事务决策甚至是校长遴选的权利，从而真正成为学校治理的主体。为了维护自己的权利，美国成立了教师工会，以工会的形式组织教师谈判，以争取相关权利和利益。

① 欧阳光华.董事、校长与教授：美国大学治理结构研究 [M].北京：高等教育出版社，2011：104.

到了 1973 年,美国大学教授协会也通过声明,支持教师通过集体谈判的形式保证权利,并给予经费支持。教师工会制度和集体谈判制度对教师地位的提升起到了重要作用,有效地保证了教师权利及其在大学治理中的地位。

二、美国私立高校治理能力现代化的经验

董事会、校长行政团队和学术评议会是美国私立高校治理的结构框架。正是通过这种结构体系的现代化,美国私立高校治理能力实现了现代化,美国私立高校因之而全球享有盛誉。美国私立高校治理能力现代化不仅仅在于利益主体都参与决策,关键价值在于形成了权责划定清晰、权力运行制衡的结构安排。

(一)规范与扶持相结合的外部治理机制

美国殖民地学院大都是依特许状而建立,从一开始就得到授权成为一个独立法人或法人性质的机构。美国独立以后,私立高校继续存在,虽然其委托管理者不再是殖民地政府,而是当地政府和公民,但作为殖民地时期的契约关系延续下来,并继续发挥作用。美国现代私立高校在处理与政府的关系中处于一种相对自治的状态,即大学独立地决定自身的目标和重点,并付诸实施。作为法人机构,大学不受政府、教会或其他法人机构的干预。[①]在美国高等教育发展史上,从殖民地政府到世俗化的政府都制定了不少有关高等教育发展的政策,凭借这些政策,私立高校得以合法存在,并享受到与公办高校平等的财政政策。

美国的私立高校一开始走的就是捐资办学的道路,这些学校与后来发展的营利性大学有相对清晰的边界,有利于分类管理政策的实施。联邦政府也对私立高校进行资助,但这种资助主要用于学生和教师身上,比如针对学生的财政资助和教师的研究资助。为了吸引到这些资助,私立高校必须规范办学,由此政府通过间接的方式对私立高校施加影响。无论是营利性的私立高校还是非营利性的私立高校,政府都给予不同层次或类别的资助。在具体的教育行政管理中,联邦政府并不直接干预学校行政管理工作,但它可以通过政府认定的非政府鉴定机构对私立高校进行质量方面的监督。

---

① 别敦荣. 中美大学学术管理比较研究 [D]. 厦门:厦门大学,1997:40.

（二）董事会决策权力关注反应性

美国私立高校治理首先是董事会结构进一步完善，职能进一步增强。董事会是最高权力机关，从功能上把握着学校的宏观政策和发展方向。随着规模的扩大，董事会职能进一步扩大、分化，授权校长和教师管理学校内部事务。现代高校是一个外向型的、资源型的组织，因为国家工业化、城市化和世俗化发展以及学校资金筹措的需要，许多校外人士成为董事会成员，这些校外人士主要包括工商界人士、财团基金会代表和校友代表，所以董事会又被称之为外行董事会。虽然如此，不少学校的董事会也有校内代表，比如校长、教授和学生等。

美国私立高校董事会最早是由殖民地或独立后的州议会通过特许状的形式建立起来的私法人组织，是公共利益的受托人，是实质意义上的代理人。董事会的首要职责在于以受托人的身份保护公共财产，并使学生、教师以及捐资者等相关者的利益最大化。最能体现与保护这种信托价值的就是大学的使命，这些利益相关者皆因大学使命而联结在一起，董事会实质就是这一使命的监护人，其决策也都围绕这一使命而做出。在美国私立高校治理中，董事会处于高校治理体系的核心，具有最高决策权，主要关注学校发展对外部社会的反应性。

（三）校长领导关注效率

殖民地学院时期，校长多由牧师担任，在很长的时间内都是学校唯一的行政官员。早期的殖民地学院规模小、事务简单，校长虽然处理全校事务，但权力也相对狭小。后来，因为学校的世俗化，学校功能多样化，校长开始专职于学校行政与学术管理工作，而不是集多重角色于一身；同时，校长不再从牧师中产生，改由学术渠道产生。随着校长职能的进一步分化，副校长产生，并且出现多个职位的副校长。校长和各种副校长构成了私立高校专业化的行政团队。在董事会承担决策、资金筹措、沟通学校与社会关系的责任体制下，校长掌握着学校行政和学术方面的权力，成为学校的首席执行官。校长一方面通过构建行政团队来开展工作，另一方面把学术事务的管理权移交给学术评议会。在私立高校的治理结构中，校长受董事会委托直接管理学校。校长组建行政团队开展工作，是大学治理结构的核心，他们主要关注学校职能实现的效率问题。

遴选校长是董事会的核心职能之一。校长的产生首先要组建遴选委员会,有的学校还要再组建一个咨询委员会。在遴选委员会组建完毕之后,就通过征询意见确立遴选校长的标准、筛选校长,并最终拍板确认校长。在确认校长时,董事会首先要听取遴选委员会主席关于校长遴选程序、候选人情况的汇报,经过讨论之后,由董事会投票通过或由董事会主席根据讨论情况拍板决定。遴选的校长主要执行董事会决议以及学校评议会的相关决议,上对董事会负责,下对学校事业发展负责,实质上拥有了行政和学术事务方面的领导权。校长本质上是受董事会的委托而管理行政和学术事务,学术事务是高校的功能性活动,行政事务是实现活动目标的功能性保障,因此,校长必须要关注效率的问题。当前的高校与早期的学院已经有很大的不同,最明显的是规模的扩大与事务的增多。在这种情况之下,校长一人不可能独自承担所有的事务,所以就把有些权力下放给副校长和其他行政人员。从行政与学术事务效率的角度来讲,不同的业务最好由专业的校长来处理。所以,各高校一般都设置了主管行政、财务、发展等方面的副校长。副校长由校长推荐,当然有的学术副校长也要经过像遴选校长一样的遴选程序,所有的副校长都要由董事会批准产生。

(四)教授的学术治理权

教授在学术事务中拥有重要权威。在欧洲,教授基本是指学术级别较高的教师。与欧洲部分高校相比,美国私立高校学术评议会基本是教师评议会,高级别的教授和普通教师都可以参加,意味着一般教师也有参与决策的权力。在美国,外行董事会的存在决定了大学事务应该由内部人负责,所以教师较早地享有学校事务决策的权力;美国的专业教授职位出现的较晚,低级别的教师通过谈判获得了参与治理的权利,所以教授往往泛指教师。美国高校教师对学校事务的管理主要是学术事务的管理,是通过参与学术评议会组织实现的,学术评议会成为高校学术事务决策的最高权力机构。在高校治理实践中,教师通过学术评议会负责学术事务的决策权被作为一种制度继承下来,成为高校治理的重要制度安排,反映了学术治理价值。随着教师人数的增加和专业职位的扩展,教师的专业地位获得了承认,并被吸收参与学术事务决策,这种决策权力通过学术评议会得到了确立。学术评议会是学术权力决策机构,一般由董事会授权设立。在美国私立高校中,学术评议会大部分由教师和管理者特别是高级管理者构成,还有一些评议会完全由教师构成。评议会的核心职位是评议会主席,通常由校长担任,不过也有一些评议会主席通过选举产生。评议会对学术事务的处理机制是委员会议制,具体事情主要以会议的形式开展工作,对重大问题进行表决处理。高校通过委员会对学术事务进行决策,保证了教师参与重大学术事务决策的权力。

第二节　民办高校治理能力现代化的要求

民办高校董事会制度、家族化办学、行政团队制度从一定程度上说并不是因为制度安排的效率,而是因为产权关系。因投资办学而出现的控制问题是民办高校存在的主要问题的直接原因,公共监督制度的缺失也是民办高校治理水平不高的重要原因。民办高校治理能力现代化应该分析举办者投资办学的需求,并在此基础上形成合理的权力运行与监督机制。

一、民办高校治理能力现代化的反思

民办高校治理能力现代化所面临的问题在不同模式的民办高校有不同的表现,但在投资举办和滚动发展而来的民办高校中表现得最为突出。这些民办高校其实质上都是投资办学,因为投资具有获利的观念,从而产生了控制所有权和经营权的观念,由此成为民办高校主要问题的根源。

(一)投资获利观念的影响

公办高校主要是政府办学,投资主体是政府,所以公共财政是公办高校办学的主要经费来源。民办高校主要是社会力量投资办学,虽然一些省市给予了民办高校专项财政扶持或生均经费扶持,但这些经费基本是补贴性质的,在民办高校的经费收入结构中所占比例极低。从实践来看,若是财政经费能占到10%以上,那对于这些民办高校来说,就是相当可观的收入了。相反,国家把90%的教育经费投入到了公办高校身上,而民办高校用了国家10%的经费为国家培养着近23%的学生。基于原始投入、累计投入和投资比例的问题,民办高校举办者对自己的定位是学校的出资人,认为既然是出资人就应该享有出资人的权益。因此他们在观念上就想控制学校,结果出现了举办者及其家族控制学校经营管理的现象,这是由我国民办高等教育发展的阶段性所决定的。

民办高校与西方的私立高校在本质上是一致的。美国私立高校最早是教会人士捐资创办的,美国早期的9所殖民地学院分属于6个教派。教会创办大学的重要目的在于教化人员,为当地社会植入新的文明。所以,在很长的时

期内，教会都是一个免费的社会教化机构，也获得了很多捐赠，捐赠财产因此成为私立高校发展的重要经费来源。美国的教育捐赠已经成为一种重要的社会文化传统，大量的社会资产被投入教育事业。正如温家宝同志所说，企业家身上流淌着道德的血液，投资教育是他们用收益回报社会的最好途径。[①] 所谓教育捐赠，意味着财产持有者把财产捐赠给教育机构，形成财产捐赠后，持有者失去了财产的所有权。我国民办高等教育复兴之时，也是新自由主义经济思想盛行之时，其重要思想"利用市场机构经营公共服务"启示人们"用私人的方法解决公共问题"。同时，民办高等教育发展的时期也正是我国经济迈向市场化的时期，民营经济为民办高校提供经费支持的同时，其思维方式也影响着民办高校的投资者。

投资者投资办学后，要向教育主管部门进行备案，所投入的资产构成学校法人财产。民办学校一旦成立就意味着投资者向国家和社会做出了承诺，主动放弃了初始产权和其他财产权利。投资者成了学校的出资人，从法律效果上来说，他们的出资行为是创设民办学校法人资格的行为，在法律性质上应当属于一种捐助行为。[②] 但投资者们却有另外的考虑，就像胡大白在"营造民办教育发展良好环境座谈会"上所说，民办教育资产属于学校所有，不属于创办人所有，但学校一旦遇到风险乃至破产倒闭，却要创办人承担，这不够公平。[③] 所以，法律规定明显是一种强制性的教育捐赠。早期的民办高校基本是在"三无"条件下发展起来的，举办者凭一腔热情办学，谁也不知道会有今天这么大的规模。许多举办者视学校为自己的孩子，特别是面对动辄几亿十几亿的财产，他们更像去保护孩子一样去保护这些财产。有一位举办者说，"等百年以后，我的子孙们看到这么大一笔产业，就会想到他们的前辈创造了多么大的财富"。所以，学校俨然已经是他们自己的产业，学校资产就成了他们自己的财产。后来的民办高校举办者更有一种投资办学的意识，当然也不能否认他们兴学校造福社会的责任感。不过，他们举办民办高校更是一种投资行为，既然是投资就希望像股东一样享有产权权利，包括初始产权和相关收益权，也就是通过初始投入获得营利。他们把办教育当作办产业，然后通过产业去承担公益性的事业或行为，是主观营利客观公益的行为。所以，法律上的强制性捐赠

---

① 温家宝. 在教科领导小组会讲话：百年大计教育为本 [N]. 人民日报，2009-01-05(2).

② 张文国. 中国民办学校法人制度研究 [M]. 北京：教育科学出版社，2012：54.

③ 常义斌. 大白的大学 [M]. 郑州：河南文艺出版社，2014：202.

与投资者思想上的公益性投资产生了矛盾。

因投资而形成的财产应该是自己的财产,这是很多投资者最朴素的想法。但学校与企业又是不同的,民办高校是在政府的扶持政策下发展起来的。就如早期的4所民办高校,一开始并不具备充足的条件国家就给了招生计划,这就相当于给了经费支持;民办高校所占用的土地是科教用地,如果像办企业一样使用商业用地很多民办高校根本无法开办;学生为享受教育服务缴纳了大量的费用,如果是企业,投资者就要缴纳大量的税费;民办高校由专修学院转制为民办专科,民办专科升格为本科,民办本科获得专业硕士授权都享受了政府的照顾……而且有些举办者自始至终都没有向学校投入一分钱,学校的经费来源全部是社会借贷或融资,在这种情况下还能发展起来,政府的宽松政策与扶助不可忽视。所以,民办高校所形成的这些资产并不完全是投资者个人的努力,学校退出清偿时资产属于社会在法理上是没有问题的。有些举办者强调学校是凭借个人的智慧发展起来的,可如果没有师生员工的付出,学校也很难发展起来。而且法律上所强调的投资是一种有形的资产,并不是这种智慧。很多举办者始终无法理解这个问题,也不愿意接受捐资办学的强制性规定,所以在投资办学的理念下,举办者对学校资产有一定的诉求。

(二)举办者控制模式的影响

民办高校一成立就拥有了法人资格,而之所以要成为法人,一是作为组织的法律性规定,二是要借助法人制度达到其个人目的。民办高校投资运行,总会有结余,否则学校无法发展壮大。从办学实践来看,在完成初始投资之后,出资者基本不会再持续投资,学校发展基本依靠办学结余积累来滚动发展。从公益性和非营利性办学的角度,法律禁止办学结余在投资者之间进行分配,也是民办高校作为非营利性组织的底线要求。而且如此大规模的办学结余和积累,对一个有投资观念的出资人来说,不可谓不是一个巨大的诱惑。主观获利客观公益的观念与行为就有了市场。

民办高校治理的实质是法人治理,其核心在于构建完善的法人治理结构,对利益相关者的权利进行合理的配置,达到一种相互的制约与平衡。民办高校法人治理结构在规范制度上表现为董事会决策,校长负责。举办者有权决定首届董事会,董事会聘任校长,其决策权力受到了法律的保护。举办者的这种决策权力是产权性权力,是通过让渡初始投入的产权而获得的。既然是让渡,举办者自然就失去了初始投入的财产权利,由此就有了控制学校的需求。所以,从投资获得的角度,举办者成立民办高校法人就是要实现其营利性目的,而能够保证营利的主要方式就是通过控制学校获得办学剩余的控制权。所以,许多举办者以出资者的思维控制了民办高校,对外表现为举办者控制模式。

在企业,出资者所拥有的权力主要是财产权利,围绕财产权利拥有企业的实际控制权。按照企业运营的思维,民办高校的举办者认为自己理所当然地应该以出资人的身份直接控制学校,享有最高决策权;或按照股东做法,享有同他们一样的财产权利。这是一种典型的产业式思维,其最基本的诉求是财产权利。虽然法律规定初始财产成为学校法人财产,但权力的钥匙并不是那么容易交出去的,所以民办高校在管理上出现了董事会一长制、学校领导家族化等问题,决策管理机构成为举办者实现获益目的的机构。

董事会享有最高决策权,校长及其行政团队享有教育教学方面的行政管理权,这种制度安排是我国法律的规定,也是西方大学的经验总结。实践中,民办高校主要形成了两种不同的治理模式,分别是举办者与办学者分离型的治理模式、举办者与办学者合一型的治理模式。每一种治理模式又是非常复杂的,像分离型民办高校有实质上的分离和形式上的分离。一些学校的分离只是家族成员间的分工,是形式上的分离,实质上是决策权力与经营权力在家族成员之间的分配。当然,有的又不能简单地理解成家族化管理。在一些民办高校,投资者子女实质上经过培养已经成为职业校长,判断其管理是否为家族化,关键看学校内部是否形成了民主协商制度,董事会决策是不是董事长一个人决策。举办者控制学校,保证财产权利的最好办法就是控制董事会,在董事会享有充分的话语权。所以为了保证投入学校的初始财产不受侵害,并保证对财产支配、收益的私密性,举办者从一开始就控制了董事会,也让家族成员进入了董事会,或者担任校长控制行政管理权,形成了举办者及其家族控制的现象。在举办者控制下,董事会决策或者学校管理基本是举办者说了算。这样,董事会决策或学校管理首先不是为学校的公益性负责,而是为举办者个人及其家族负责;或者主观为举办者个人及家族负责,客观为学校公益性负责。不仅如此,在具体的学校经营管理中,有的举办者通过控制校长、副校长的选聘,控制了学校的经营管理,致使经营和管理混为一谈。举办者同时又是管理者,把更多的精力放在经营方面。[①] 他们始终关注、干预学校的经营状况,

---

① 王洪才. 大学校长:使命·角色·选拔 [M]. 上海:上海交通大学出版社,2009:114.

主要目的还是希望获得投资回报。可以这样说,当前,除少数"无主"举办或捐资举办的民办高校外,投资举办和滚动发展的民办高校举办者都有经济利益方面的诉求,正是因为这种财产性的诉求才产生了一系列的行为。

(三)公共监督制度缺失的影响

民办高校的公共监督又叫外部监督,一是作为法律制度层面的监督,二是作为机构层面的监管。制度是机构运行的一系列安排,《民办教育促进法》《民办非企业单位登记条例》等相关政策法规确立了民办高校公共监管的基本规范。按照法律规定,政府对民办高校的公共监督实行双重监督管理,即教育行政主管部门主要负责综合协调与宏观管理,包括申请、设立、变更、审查等;民政登记部门主要根据教育行政主管部门对学校的审查负责登记和年检。在具体的教育管理层面,我国强调分级管理、分级负责,所以这种双重监督又被称之为"集中登记分散监管"。民政部门的责任主要在于根据教育主管部门的审查对民办高校进行登记或行政处罚,它所执行的是对民办高校法人组织的监督,教育行政部门所执行的责任是对民办高校组织运行的监督,两者的责任是不同的,只有主管部门的监督公正无误,民政部门才能有据可依。相对而言,民政部门基本无法起到真正的监督责任,民办高校的公共监督主要落在教育行政主管部门身上。

我国法律对民办高校的监督主要体现在学校设置标准、办学行为、办学质量等方面。法律规定民办高校的设置可以参照公办高校,并有所区别。而我国的《普通高等学校设置暂行条例》具有临时性、短暂性的特点,这意味着公办高等学校的设置标准事实上处于不明确状态。公办高校的设置标准尚不明确,民办高校便无从参照了。[①]没有条件标准,民办高校的质量标准就缺少了一个重要的尺度。而在具体业务的监督上,法律也只是对民办高校运行提出了相对笼统的要求,如董事会有决策权、校长有教育教学和行政管理权,对于如何保障却没有提及。法律对民办高校的财务问题提出了审计的要求,但它要求民办高校主动委托审计机构进行,这无异于要求民办高校自觉规范办学。总体而言,法律还是站在吸引民办高校捐资办学的立场上进行了相关制度设计,在制度的规范性上几乎是没有细节的要求。这种没有标准的笼统制度对民办高校实行的是一种抽象式的监督,对民政登记部门几乎没有任何帮助,对

---

① 张文国. 中国民办学校法人制度研究 [M]. 北京:教育科学出版社,2012:182.

民办高校没有多少实质性的约束力,因为主管部门监管的范围宽泛而抽象,没有明监督程序,所以经常会出现监管缺位,甚至是不作为的现象。

(四)内部监督制衡机制薄弱的影响

内部监督分为制度层面和机构层面的监督。在民办高校,起控制性作用的是举办者,所以有效的监督首先应该是对举办者或者其权力机关——董事会的监督。但从实际来看,这种监督相当弱,基本处于一种空白状态,表现为缺乏对举办者、董事会的监管制度和专门的监督机关。

在制度层面,由于法律政策没有具体、明确的规定,举办者基于利益需求,也不会去为自己设置多少障碍,他们扮演的是规则制定者的角色。所以,许多民办高校的章程、董事会章程以及教职工代表大会制度都成为墙上的文本与现实的摆设,毫无约束力。董事会是学校的最高决策机构,然而对于董事会的运行没有内部的监管制度。董事如何选择,董事会开或不开、如何开都是比较随意的事情,只不过是作为一个摆设对审批和主管部门有所交待,对于董事会与校长的权力运行没有形成制度的约束。没有监管制度,少了制度的界定,权责运行模糊不清,内部运行处于混浊状态,影响了学校办学水平的提升。

在机构设置上,国外的法律往往有设置内部监督机关或审计师等方面的要求,我国法律只对董事会有明确的要求,其他机构还处于概念状态。在举办者控制下,民办高校一是没有监督机关,二是即使有监督机关,也是以服务于举办者为目的的,是对下的监督,而不是对领导的监督。监督机构由举办者设立,监督者是举办者的雇员,这就形成了有监督机构存在却又无法监督、不能监督的局面。正如许多受访者所言:"有还不如没有;如果没有,你根本不知道这个机构还有存在的必要;如果有却没有做事情,那可能会影响大家对学校的判断。"在举办者主导学校决策与管理的情况下,民办高校内部缺乏系统的利益相关者参与监督机制。在权力关系上,学校的管理人员、学术力量是举办者的雇佣人员,他们之间没有信托关系,只有雇佣关系。在雇佣体制之下,举办者与校长等行政管理者间的权力关系不是对等的,也无法形成权力监督关系。校长与其他人员有监督的权力,但因为其雇佣关系而没有监督的能力,举办者可以随时解聘校长。当前的民办高校,专业权力又没有成长起来,教师与其他利益相关者根本无法参与,其参与权力也没有法律的保护。

二、民办高校治理能力现代化的基本要求

民办高校治理能力现代化的根本目的在于提升办学水平。在投资办学的逻辑体系下，民办高校治理能力的提升首先应该通过政策来保护投资者的营利需求。同时，为了保障其他权力主体分享决策权力，应该形成对举办者权力的监督与制约，形成利益相关者参与治理的结构体系和权力运行的监督制衡机制。

（一）根本目的是办学水平的提升

民办高校是一个学术性组织，其基本活动是人才培养，这是大学这种学术组织区别于其他组织的标志性特征。从学术组织基本特性的角度考虑，大学既生产知识又生产人才，既要照顾自身发展的要求又要兼顾其他方面的要求，但这并不妨碍大学以某一具体需要为主要的服务内容，从而形成自己的办学特色。[①] 民办高等教育的复兴既是教育的需求，也是社会的需求，单一的办学体制已经严重束缚了高等教育的发展，没有民办高等教育的参与，中国高等教育事业难以得到充足、鲜活的社会资源。[②] 但在民办高校发展问题上，我国曾一度排斥社会力量投资办学，只是由于高等教育资源供给不足，政府才逐渐放宽了对民间资本投资的限制，通过法律政策逐步落实民办高校的法律地位，完善教师的社会保障制度，健全公共财政扶持措施。[③] 言外之意，民办高等教育的产生是高等教育体制自身发展的要求，也是经济社会发展的要求。民办高等教育的公益性已经无须证明，许多研究者虽然对民办高等教育产生的作用做了无数的评价，归结起来也不外乎是教育的和社会的意义。

在近几年的发展中，民办高校结合国家或区域经济社会发展的需要，在人才培养方面逐渐形成了自己的特色或优势，像山东英才学院的学前教育专业，因其全息全感的英语特色和全场景的实训条件成为国家级的学前教育教学实训中心；黑龙江东方学院在乳品工程领域形成办学优势，因之成为我国首批获得专业硕士授权点的民办高校；吉林华桥外国语学院坚持应用型高级外语外事人才培养，也成为我国首批获得专业硕士授权点的民办高校……许多民办

---

① 王洪才. 大学校长：使命·角色·选拔 [M]. 上海：上海交通大学出版社，2009：30.
② 北京吉利大学. 中国民办大学报告（2009）[M]. 北京：红旗出版社，2009：18.
③ 别敦荣. 论民办教育发展的第三条道路 [J]. 华中师范大学学报（社科版），2012（3）：137–142.

高校避开高等教育资源充裕的地市,在地级市和县级市拓展市场,像崇左、东莞、廊坊、绵阳、三亚、潍坊、无锡、咸阳、新余、肇庆、株洲11个地级市的民办高校数均在3所以上;而大邑县、肥西县、丰城市、扶绥县、汉寿县、合江县、惠水县、胶州市、晋江市、溧水县、涟水县、临海市、龙口市、罗江县、普宁市、沁阳市、寿光市、寿县、滕州市、天门市、新县、禹城市、禹州市、诸城市、石狮市、东阳市、金堂市、昆山市、平果市等县级市都有了民办高校。民办高校的开办丰富了当地的高等教育资源,特别是县级市民办高校的开办,结束了当地没有高等学校的历史。①

现实中,民办高校远没有满足群众的需求,有的民办高校也并非必不可少,发展越来越困难,有沦为鸡肋的趋势。当前,民办高校发展面临的困难既有内部的也有外部的,在外部环境趋于规范的情况下,内部自身的问题越来越突出。作为一名举办者,山东英才学院校长夏季亭也不止一次地指出,有的学校可以生存下来,而有的学校却倒下去,除去政策因素外,最根本的原因还是经营管理方面的问题。这也印证了1996~2002年近90%的民办高校惨遭淘汰的原因。民办高等教育的出现虽然说是社会的需求,但社会肯定不只希望民办高校在量上产生变化,更多的是一种质的期许。所以,经营管理问题是当前我国民办高校发展所面临的主要问题,概括起来主要包括董事会职能未能落实、内部管理成员的家族化、行政团队的职业化问题等。这些问题的存在,影响着民办高校的决策效率、办学质量,也最终影响着民办高校的生存状态。

民办高校发展应该建立规范的法人治理结构和运行机制,真正实现法人治理。法人治理以法人的存在为前提,以保证法人目的的实现为存在依据。成立法人都有其一定的目的,但有目的的只能是自然人,所以,法人目的从根本上体现的是设置法人的某个人的目的或者是某个群体的目的。从民办高校投资者的角度看,其目的是多元的,有营利性的需求,也有公益性的意愿。但现实中并不存在"有限营利"目的与"有限公益"目的同时并存的法人,因为无论是营利所得还是社会公益效果究竟以何种程度为有限,何种程度算是达到了法人目的根本无法测量。特别是在出资人控制的治理体制下,公益性是难以保障的。这一方面是因为出资人自身具有"经济人"的特性,另一方面是因为教育质量的难测量性。在外界甚至受教育者本人都难以判断教育质量高

---

① 石猛,蔡云,王一涛. 市级行政区域高校分布的特征和规律 [J]. 教育评论,2016(11):9-13.

低的情况下,很难避免出资人为增加个人收益而以损害教育质量为代价降低教育成本。①

在英美法系,不分配利润是民办高校作为非营利法人的底线。按此道理,民办高校经营管理必须以保障公益性,保障教育质量为目的,这也是我国民办高校法人存在的根本目的。超越管理的思维,解决民办高校关键问题的过程就是其治理能力提升的过程。2020年,我国高等教育将实现普及化,这种普及不能仅是量的指标,更应该有质量的追求。这就要求民办高校不能满足于为群众提供多样化的教育服务,而应该是提供高质量的教育服务,其前提就是提高治理能力,提升办学水平。所以,民办高校治理能力现代化水平的提高,从组织的角度而言,其根本目的是提升办学水平。

(二)尊重投资者需求的政策体系

美国早期的大学都是私立高校,在达特茅斯学院案之前,私立高校也基本都能获得当地政府的资助,这时的大学无所谓公立与私立,表现出"不可分配盈余"和"私人自治"的非营利性质。不可分配盈余性质使得它与公司这种营利组织明显区分开来,私人自治使它与政府附属机构区分开来。②达特茅斯学院案的判决,使人认识到私立高校的财产不可侵犯,州政府也减少甚至停止了对私立高校的财政资助,并开始筹建州立大学。1825年,弗吉尼亚大学正式开办,其他州立大学也相继成立,由此出现了公立高校与私立高校的分野。在公立高校发展的缝隙中,私立营利性高校也凭借其特色与优势获得了发展。私立高校之所以称之为私立,并不是说学校是个人的,只是说其组织形式与政府办学是相对的,运行模式上具有社会管理的特征。美国私立高校是在几乎没有任何传统力量支配的背景下运行的,这为美国大学的发展提供了广阔自由的空间……不同的主体以不同的理念去理解大学和建设大学,哪一种模式会更好,不取决于政府或权力的意志,而取决于大学自身的努力。③政府没有对私立高校弃之不理,反而是通过一系列法案,保证其与州立高校同等的地位,而且通过认证、学生财政资助、科研资助等方式给予私立高校财政经费扶持。对于营利性私立高校,也在政府财政扶持的范围之内。美国早期的私立高校

① 张文国. 中国民办学校法人制度研究 [M]. 北京:教育科学出版社,2012:48.

② 刘建银. 准营利性民办学校研究 [M]. 北京:北京师范大学出版社,2010:252.

③ 张兴华. 中国高等教育发展的"特殊性"——访厦门大学副校长邬大光教授 [N]. 中国教育报,2014-11-17(11).

是非营利性的,组织形式是非营利性法人;后来的营利性私立高校,是营利性法人。相对于后者,非营利性法人是指法人的存续不是以为其成员或其举办者获得经济利益为目的的法人。这类法人在其业务活动中并非不可有经济上的盈余,但是该盈余不可以用于分配,严格的"不得分配原则"是非营利法人的基本特征。①

美国的私立高校分为捐资非营利性的大学和投资营利性的大学两类,早期的私立高校都是捐资非营利性的,私立营利性大学是后来才出现的,所以他们的分类管理制度是建立在产权划分清晰的基础上。而我国民办高校的发展环境与路径与美国并不相同,走的是一条投资滚动发展的道路,当然也有少量的捐赠办学者。作为投资者,他们既希望保留初始投入的财产,又希望通过投入而获得财产的营利;还希望实现法人营利,从办学结余中获得奖励性回报。所以,民办高校的投资既不同于捐赠,也不同于营利性私立高校的投资。"从西方的眼光来看,中国民间介入高等教育的空间并不存在。中国民办教育正是在这种与西式逻辑相悖的罅隙里找到了生长点,试图在公益性和营利性之间寻找平衡。""民办高等教育走出了中国特色的第三条道路,即投资举办但不要求回报以及要求取得合理回报但又不是营利性。"②

所以,我国民办高等教育走了一条不同的发展道路。从举办者个体来说,他们投资民办高等教育实质也是一种创业的手段,他们不惜借贷,把个人甚至全部家族的财产都投入学校,所以他们更愿意把投资民办高校看成是一种事业。从主观愿望上,举办者希望可以保留初始财产,在学校发展过程中或学校形成规模之后有一定的经济回报。所以在国家提出分类管理之后,大多数民办高校不赞成分类管理,而且在谈及强制推行分类管理学校该如何选择时,35.71%的人选择会"退出教育领域"。③从客观实际来说,举办者投资民办高等教育后,虽然不排除部分举办者套取办学资金的可能,但大部分还是会全身心地办教育,发展教育事业,由此我们才会看到当前民办高校有如此大的规模。当前,我国的教育、经济还处于不发达阶段,高等教育面临着普及化的任务,社会对高等教育的多样化需求也越来越多,此时的公办高校无法在规模上

---

① 张文国. 中国民办学校法人制度研究 [M]. 北京:教育科学出版社,2012:46.
② 张兴华. 中国高等教育发展的"特殊性"——访厦门大学副校长邬大光教授 [N]. 中国教育报,2014-11-17(11).
③ 钱亚平. 民办学校分类引争议 [N]. 瞭望东方周刊,2011-10-10(3).

有较大幅度地扩张,仅凭公办高校满足不了社会的教育需求,这就需要进一步鼓励社会力量投资办学。而且在深化教育综合改革之际,民办高校投资办学还可以利用其体制优势,进一步刺激、激活高等教育。

保证教育的公益性是法律政策的不二要求,但尊重现实是政策合理性的前提。我国民办高等教育最基本的现实为民办高校是在国家不富裕的情况下发展起来的,投资办学是其基本特征,很多民办高校多少都在获利,而正是因为可以获利举办者才有办学的积极性,所以应该以让他们获利作为对其努力办学的鼓励。当前,社会上的闲置资本比较多,而公共财政经费并不充足,如何吸引更多的民间资本参与是政策的着力点。由此,政府应该尊重投资者的相关诉求,出台相关政策。美国私立高等教育的发展,也正是在于这种实事求是。我国政府所要做的正是给予他们一个自主的、积极的政策环境,让投资者们乘风破浪济沧海。政府参与民办高校治理最重要的措施在于完善政策体系,因为现代化的政策体系有利于投资者积极改善管理,从而避免各种形式的暗箱操作,这必然带来民办高校内部治理能力的提升。

(三)构建利益相关者参与的治理体系

大学是一个学术性组织,需要面向社会提供学术服务。民办高校存在的价值在于直接向社会提供教育服务,这也意味着民办高校"承担着直接向公众负责的关键性责任"。对于如何能够更好地提供公共服务,最好的方式当然是让所有参与提供服务的人都能够参与到学校决策管理中。在"积极公民资格"理论者看来,公办是公共服务的提供者之一,而绝不是决定者。民众也可以是公共服务的提供者,而且他们期望在公共服务中扮演更为积极的角色,而不是搭便车者或者看门人。针对不是每个人都会参与决策管理的现实,他们提出,应该让人们参与重大决策。现在的社会不可能回到"新英格兰城镇会议那样较为简单的世界,让大多数人聚集在一起做出公共决策",所以应该发挥组织机构领导者和活动组织者的作用。[1] 组织成员参与决策的关键在于领导者和组织者有没有听取他们的声音,有没有忽视他们的存在。随着社会复杂程度的提高,没有自下而上的参与,组织决策往往就没有足够的视野,所以利益相关者应该参与治理。但现在的问题是,因为"强势群体"的存在,公众被剥夺

---

① 〔美〕理查德·C·博克斯. 公民治理:引领 21 世纪的美国社区 [M]. 孙柏英,译. 北京:中国人民大学出版社,2012:57.

了参与的机会,民办高校治理也是如此。

没有股东,不能形成利润分配是非营利性组织的底线要求;非营利组织的有效保障形式是利益相关者共同控制。作为一个非营利组织,大学应该由利益相关者共同控制,而不能由一个人或一类人单独控制,更不能通过股权获得利润。[①]民办高校与公办高校,一个是社会力量投资办学,一个是国家财政拨款,除经费来源与运行机制有所不同外,在性质上没有根本区别。作为社会力量的"民办"只是一种组织形式,并不代表学校归谁所有。这也意味着投资办学的民办高校没有股东的概念,也不应该由某个人或哪个强势团队来控制,而应该形成一种共同治理的局面,学校的重大问题应该由利益相关者共同决策。但现实却是民办高校形成了举办者控制模式,人治特征相当明显,具体表现为董事会由举办者或董事长一人说了算,主要领导成员家族化,行政团队缺乏激励等问题。要解决这些问题,民办高校必须把握好两点,一是决策或者说权力结构的问题,即重大决策是由谁说了算;二是激励问题,即参与决策的效率问题。解决这些问题的核心策略是通过一定的保障机制,使利益相关者参与到决策中。

民办高校治理的核心在于使利益相关者都参与决策,但决策权力或参与权力并不是治理的核心。因为谁也不能保证决策权力从管理者转向其他利益相关者就可以创造出运行效率更高的组织,权力均衡虽然十分重要,但治理的核心不是保护权力而是保证有效的决策。[②]所以,民办高校治理能力的提高需要赋予相关主体参与决策的权力,促进治理主体由举办者为主导向利益相关者共同参与的转型,保证有多元化、适应性强的决策。这就需要创设权力配置与合理的运营机制,保证有效的决策过程,以防止重大的战略失误;需要明晰权责,采取有效的激励机制与监督举措,保证决策运行的效率。这种决策虽然强调权力主体的能力作用,但更注重组织的有效性。

(四)权力运行的制衡机制

在自由主义者看来,人生来就有参与治理的权利。在共和主义者看来,作为一个社会的人更具有社会性、政治性和协作意愿。人怎样才能参与治理?共和主义者给出的答案是"拥有经济上独立的公民权"。也就是说,人有参与

---

① 李福华. 利益相关者理论与大学管理体制创新 [J]. 教育研究, 2007(7): 36-39.

② 〔美〕沃乐特·J·萨蒙,等. 公司治理 [M]. 孙经纬,译. 北京:中国人民大学出版社,2001:72.

政治的欲望,待他们有经济上的能力之后,便有资格参与政治治理。参与治理是公民的权利,民办高校组织发展的利益主体应该有参与学校治理的权力。民办高校的利益主体是多元的,都有其自身的需要,从理论上说,如果他们的需要可以与组织的目标相一致,那么组织的发展可能更有效率。但实质上,利益主体的需求与组织发展的目标并不必然一致,所以民办高校治理才会存在诸多问题。如何融合他们的利益,使目标趋同,最终实现学校发展的目标,才是民办高校治理的最为微妙之处。

治理是一个包括决策、执行、监督等活动在内的过程体系,从整个活动过程来讲,组织的经营危机往往是产生判断失误或权力平衡机制的缺乏。所以,组织管理水平的提高需要有谈判妥协的机制,让所有人都可以参与决策,或让决策过程参考多数人的意见。而对于决策应该如何执行,决策执行结果会怎么样,总得有人承担责任,这就产生了对权力运行进行制衡的问题。谈判妥协机制与权力运行制衡机制是治理过程中关于权力平衡的问题,是影响治理效果的关键性因素,可以统称为权力的平衡机制。治理过程中的谈判妥协不同于商务谈判,它是指多元主体参与决策,通过共同协商、妥协解决问题,做出决策。多元主体共同参与决策,并不否定权力主导的存在。为了提高决策效率,应该有一个权力主导,同时又要有透明、严格、程序化的参与制度。在运行过程中,又必须有一种权力的制衡机制。当权力被不合理甚至被违法使用时,可以按照谈判所制定的规则给予及时的控制,这是治理相对于管理的思想精华。[①]

民办高校经营管理中存在的主要问题与平衡机制缺乏有关。因为在利益集团控制模式下,让利益主体直接参与协商不仅仅是一个效率问题,更是一个让举办者感觉对自己有威胁的事情。与此相比,制衡遇到的困难可能更多。如果说共商决策对自己利益可能有威胁的话,那么监督可能是直接的威胁。所以,各民办高校基本没有监督机构,所谓的监督主要是自上而下的监督,是对下属特别是教职工的监督,没有了监督就根本谈不上制衡。民办高校举办者既要筹措资金,又要规划与管理,对其素质要求很高,仅靠举办者的智慧是有限的。如果办学过程中又有利益输送的话,那对学生、学校和社会利益的损害更大。

最近几年,几乎每年都会有民办高校发生经营管理方面的问题。对于举

① 洪源渤. 共同治理——论大学法人治理结构 [M]. 北京:科学出版社,2010:132.

办者来说，他们有可能早已获取超过实际投入的经济回报，又通过各种途径实现了"华丽转身"，但对学生来说，一旦发生这种问题他们将缺少安全性保护。所以，必须通过制衡机制预防这种风险的发生。制衡机制主要包括制度制衡和责任制衡，制度制衡既包括外部法律也包括内部制度，它是对权力运行过程和结果的一种制度性规定，可以看作责任制衡的一种依据；责任制衡是对权力运行事后的监督和制约，是对制度制衡规则的利用。其实，多元参与决策、监督或制衡是统一的，多元从一定意义上说也是一种监督，是对投资者或董事会决策权力的监督、对执行团队行政决策与执行的监督。

民办高校办学水平的提升，必须要超越管理，要通过多元参与和有效的制衡实现角色与行为的转变。这种多元参与一是要靠自觉，二是要靠制度界定好权责边界。这种制衡一是通过制度对权力运行进行规范，二是通过监督机构进行监督，实现真正的问责。我国民办高校治理能力的提高，一是要通过各种制度规定董事会权力的边界，二是规范监督机构的建设，完善权力制衡的机制。民办高校要健全内部监督机构，特别是要完善监事会建设。董事会与监事会要相对独立，不能相互兼任，这样才能对董事会进行有效的监督，保证其他利益相关者的权益。监督机构本身代表一种权力，如果这种权力受到了挑战，自然也就会受到限制。举办者之所以有控制性的权力，除机制以外，就是缺乏挑战性的权力。

第三节 民办高校治理能力现代化的路径

基于我国民办教育的阶段性和特殊性，民办高校治理能力现代化应该实事求是地分析举办者的投资行为，既要尊重其投资营利的观念，又要对其产权诉求给予政策性的保护与激励。当然，民办高校治理能力现代化也要对举办者的办学行为进行制度性规范，在依法办学的框架下，莫过于依章程办学。

一、推动民办教育立法，形成产权激励

当前，我国还没有专门的民办教育立法，不过国家关于民办教育的法律法规已形成了一个按效力等级纵向分层的法律体系。[①] 但法律在相关问题的界

---

① 徐伟. 我国当代民办教育立法的发展 [J]. 河南教育学院学报（哲学社会科学版），2003（4）：109-113.

定上缺乏操作性,以至于在实践中产生了很多问题,影响着民办高校的发展。这需要在公益性制度的前提下,推动教育立法,形成有效的产权激励政策。

(一)民办教育立法存在的主要问题

为了规范、促进民办教育的发展,我国从民办教育发展的初期就开始了相关立法,建起了民办教育发展的法律体系框架。一是作为国家根本大法的《中华人民共和国宪法》提出了鼓励社会力量办学的原则规定,从而肯定了民办教育的作用,使民办教育的发展具有合法性。二是作为民办教育特别法的《民办教育促进法》,规定了民办教育的管理关系和办学行为规范。三是作为教育行政一般法律、法规的《教育法》规定了民办教育办学公益性的基本原则和一般规范。四是作为教育特别法的《高等教育法》等相关法律,虽然对民办教育管理没有特别规定,但其部分内容按法理推论适用于民办教育。另外,在民办教育发展过程中,国家还颁布了大量的部门性规范,如《民办高等学校设置暂行规定》,对民办教育办学的发展起到了规范、指导性的作用。与国家法律体系相适应,1994 年,济南市人大常委会制定了《济南市民办学校管理办法》,这是全国第一个关于民办教育的地方性法规。[①] 后来,许多省市也颁布了民办教育的法律法规。从实践来看,部门规章和地方性的法律、规范为促进民办高等教育的发展发挥了重要作用。

在关于民办教育专门的立法体系中,《民办教育促进法》和《社会力量办学条例》具有里程碑式的意义,对民办高校从创建到退出都提出了相对规范的要求,构建了我国民办高等教育管理的内容体系,对民办高校的几个核心问题做出了界定。第一,民办高校是社会力量投资办学。与公办高校相比,民办高校自筹办学经费,民间自主经营,董事会是其最高决策机构,因而具有相当大的办学自主权。第二,民办高校享有法人财产权。民办高校财产来源多样化,投资者所投入学校的资产受法律保护,民办高校对学校的各种财产依法享有法人财产权。第三,举办者可以获得合理回报。在扣除办学成本、预留发展基金以及提取其他的必需费用后,出资人可以从办学结余中取得合理回报。任何法律法规都有其价值定位,民办高校立法的价值定位在于坚持教育的公益性,留住和吸引社会力量依法投资办学。

但民办教育立法在许多问题上都不具有操作性,而且还有一定的模糊性,

① 全国人大教科文卫委员会教育室. 民办教育研究与立法探索 [C]. 广州:广东高等教育出版社,2001:51.

以至于在实践中产生了很多问题,影响着民办高校的发展。首先,没有清晰界定投资办学行为。我国民办高校按其初始投入资产的来源,可以分为投资办学与出资办学,对于两种不同的办学模式,我国统一模糊称为投资办学。实际上,仅投资办学的学校又是不同的,大体有两种:一是举办者确实投入了货币资金或其他形式的投入,形成了初始产权,是出资办学;二是举办者实际上没有任何出资,但以各种形式的贷款、借款形成了学校最初的投入,虽然没有实物出资,但其经营行为可视为人力资本投资。第一种投入产权界定应该是清楚的,是有据可查的;但第二种投入是很难界定的,而且现实的出资界定也不被举办者认可,他们总认为自己就是法律意义上的投资办学,学校从无到有,他们必须享有产权。其次,没有清晰界定积累资产如何处理。修法以前,我国法律并不支持营利性办学,但同时允许投资者获得合理回报,实质上已告诉众人,民办高校是能够营利的,投资举办民办高校获取合理收益是合法的,由此获得法律所规定的积累回报是举办者可以获得合法收益的唯一途径。但大部分举办者认为,法律所规定的获取回报的控制性因素难以测量,这就造成了没有具体的规划或可行的办法获取回报。尤其是那些校产均为贷款形成的民办高校,因为资产为负,办学积累的计算更成问题,回报更不知所以。抛开这些问题,投资回报过多过少都有其不利影响,过少不利于形成产权激励,过多可能会影响办学甚至带来不好的社会影响,所以到底多少比例合适,是个很难确定的数字。再次,没有清晰界定增值资产如何处理。关于增值资产,很明显是学校良好经营的结果,但按照规定,这些资产应该归国家或社会所有。举办者辛苦经营还要承担办学风险,最后的增值全部属于国家,这样的处理不符合他们的诉求,也没有体现他们作为风险投资者所应该具有的收益。但如果都归举办者,那就在形式上形成利润分配,肯定违背了教育的非营利性原则。所以,举办者完全是在产权激励与产权风险并存的政策环境中办学,这无疑会在一定程度上消解其办学的积极性。

(二)民办教育立法的产权激励措施

投资与捐资不分、营利性民办高校与非营利性高校无区别的制度安排,不符合我国民办高校的发展实际,不利于激励社会资金投入民办高校,也不利于民办高校内部管理关系和管理制度的建立。[①] 从私立教育发展趋势和我国政

---

① 徐绪卿. 我国民办高校内部管理体制改革和创新研究 [M]. 北京:中国社会科学出版社,2012:244.

策的着力点来看,民办教育进行营利性和非营利性分类管理是不可阻挡的趋势。2015年,《教育法》等一揽子法案修订,突出了教育的公益性,不再强调"不以营利为目的",这标志着创设营利性民办学校的大门已经打开。2016年,中共中央深改组审议通过了《民办学校分类登记实施细则》和《营利性民办学校监督管理实施细则》,这意味着民办学校分类管理已经提上日程。民办高校的分类主要是为了对民办高校规范管理,提升办学水平,但其前提应该是留住并进一步吸引社会力量投资办学,否则一切都是空话。为此,国家应该在坚持教育公益性的前提下,推动教育立法,形成产权激励政策,保护举办者初始投入的产权,并形成合理的投资回报制度。

1. 明晰营利性与非营利性民办高校的边界

我国当前的民办高校以投资办学为主,另外有少量捐资办学的民办高校。在公益性和非营利导向下,人们习惯于借鉴美国私立高校的治理制度,以捐资办学为尺度把民办高校分为营利性民办高校和非营利性民办高校。在这种制度体系中,非营利性民办高校是捐赠举办的民办高校,营利性民办高校是投资举办的民办高校。捐资办学的民办高校意味着捐助者放弃了所捐助资金的所有产权;捐助资金形成的财产归民办学校法人所有,并被民办学校法人管理和使用;所有的办学剩余都要用于办学,不能用于分配。在上海的民办高校改革中,典型的非营利性民办高校就是这类捐资办学的民办高校。美国比较成功的私立高校基本是捐资办学,办学资金很大一部分也是来源于捐赠。从这一点来看,捐资办学所形成的产权关系是比较清晰的,自捐助开始,捐助者既失去了与所捐助资金的所属关系。营利性民办高校是投资办学,资产具有经营性,在学校发展过程中有利润分配的需求,是营利性法人。这种营利性民办高校的产权关系是比较清楚的,属于投资者所有。

现实的情况是,我国投资举办的民办高校,往往并没有形成这种资产的经营性,只是想通过投资民办高校实现资产的保值和增值。也就是说,在捐资举办的民办高校和投资经营的民办高校之间,我国有大量的第三类型的投资举办的民办高校。这些民办高校的投资主体主张享有初始投入的财产,所以没有形成资金捐赠行为,也属于投资办学。其除此之外,资金来源与非营利性民办高校差不多,主要有学生学费、社会捐助、政府补助性投入等。这些学校,有的投资者要求合理回报,有的不要求合理回报,但因为没有形成资金经营关系,且不要求分配利润,依然属于非营利性法人。所以在界定营利性和非营利性法人时,不能以是否捐资为依据。民办高校的产权激励政策,首先要明确营利性和非营利性民办高校法人,对于部分投资有产权需要的民办高校该界定为非营利性民办高校的还是要界定为非营利性民办高校,对其进行分类管理。同时,引导部分举办者转向捐资办学。

2. 实施积极的扶持政策

无论是营利性民办高校还是非营利性民办高校,都应该得到政府的财政扶持。正如袁贵仁所说,即使是营利性的学校,它所从事的也是公益性的事业。在对民办高校实施分类管理之时,应该基于公益性的观念实施积极的扶持政策,让每个主体得到公正的对待。分类管理之后,我国民办教育的格局可能会发生改变,如果采取适当的政策会指引更多的民办高校向非营利性方向发展。

对非营利性民办高校大力实施财政扶持政策。民办高校主要依靠自筹经费办学,但这并不代表失去了政府扶持的权利。从民办高校教育服务公益性的角度看,对民办高校进行扶持是政府应尽的责任。当前,许多地方政府的扶持政策对其规范发展起到了积极的作用,反倒是许多没有获得扶持的地区,经常会发生民办高校因为经费困难违规办学的事件。基于此,地方政府应该结合本地区民办高校发展的实际情况,以学校或师生为对象给予各类扶持与服务,如财政扶持政策、生均经费政策、招生计划、培养培训等。

对部分非营利性民办高校进行合理的补偿。俗话说,原则正确不如妥协实际。现实中不少非营利性民办高校的举办者都希望能够获得资产的保值和增值,从吸引社会力量投资办学的角度,我们必须保护这种想法,吸引他们投资办学,解除他们的后顾之忧,让他们全心全意办学。一是国家法律应该进一步明确投资者的初始产权受到法律保护,二是政府应该站在合理回报的立场,调研出台补偿方案。首先,政府要尽快讨论解决存量问题。在立法补偿之前就已经存在的民办高校,基本已经形成了巨大的财产规模,而且很多举办者都有产权方面的需求。对这些民办高校应该出台政策,根据其需求认定初始投入产权和积累的产权,通过办学积累逐步公开补偿,并鼓励他们将其作为办学资金用于学校发展。对于不主张合理回报的,可以奖励其原始投资行为,奖励额度与来源由地方政府组织民办高校讨论决定。其次,讨论决定对后来的战略投资者可以采取的产权认定和奖励办法。

给予营利性民办高校财政和税收优惠政策。即使是营利性民办高校,也在提供教育服务,为政府分担公共责任。民办高校的教育服务是国家科教兴国战略的重要组成部分,是国家高等教育大众化的重要力量、国家高等教育普及化的重要参与者,作为国家教育现代化战略的重要组成部分,也应该成为政策保障的重要目标。所以应该通过积极的政府政策,帮助投资者降低成本,全身心投入学校发展,减轻政府提供高等教育服务的压力。国家对高科技产业都有不错的优惠政策,这些政策可以成为政府对营利性民办高校政策的重要借鉴。

3. 保障举办者的自主办学权

自主办学是大学作为学术组织应有的权利、法律必须遵循的准则,所以教育立法必须保障其自主办学权。从一般意义上考虑,保障民办高校举办者的举办权,有利于他们按照其自己的理念和规划组建行政团队、发展学校,愿意安心投资办学;保障民办高校举办者的决策管理权,允许举办者自主组建决策管理机构,有助于举办者保护其财产,乐于安心投资办学。保障举办者的办学自主权也有产权方面的考虑,因为在实践中不是每个投资办学者都愿意马上把财产从学校撤出,等举办者把学校办好了,他们可能看重的不再是学校的财产权利,而看重的是学校的发展和对教育事业的追求,这时候捐资办学就是一种可能,高水平的民办大学也成为一种可能。法律政策保障学校的办学自主权,还要保障举办者对办学收入的合法使用权。民办教育立法要界定政府的权责,依法规范政府的行为;明确政府应该承担的责任,建立责任型政府。政府管与不管对民办高校的影响是不同的,管的多与管的少对民办高校的发展都是不利的。政府的行为应该符合法律规范,政府的责任应该有法律层面的界定。

当然,给予民办高校办学自主权并不代表政府责任的减轻,政府应该对民办高校的办学进行合理的监督。既然给了举办者产权权利,就应该对其产权进行监督。资金是办学风险防范的重要因素,学校是育人的地方,办学需要稳定,不能今天创建,明天倒闭。所以,政府规定民办高校拥有法人财产,又规定举办者为办学而进行的投资在学校存续期间产权归举办者所有,目的就在于此。[①] 民办教育立法也要规范对民办高校及其举办者办学行为的监督,保障其办学水平和依法办学行为,特别是要加强监督,防止民办高校因资产问题而伤害学生、教师的利益。政府监管的核心不是学校的经费如何使用,而是学校的

---

① 徐绪卿. 我国民办高校内部管理体制改革和创新研究 [M]. 北京:中国社会科学出版社,2012:249.

产权是否清楚,以防止学校资产的不正常流向,保持学校运营的稳定。[①] 不过,对民办高校怎样进行监督还需要进行相关的研究,主要是搞清楚哪些方面需要利用行政手段监督、哪些可以放手让市场进行监督。

二、修订民办高校章程,推进依法治理

作为联结国家法律和学校内部制度的中介,章程是学校自主办学的有效保障,可以为大学的自主运行提供法律框架,因此被称为法人治理的宪章[②]、大学办学的"根本大法",其他制度应该依据章程而制定。民办高校治理能力现代化本质上是制度执行能力的现代化,章程应该成为民办高校法人治理的依据。民办高校治理水平不高,主要表现为内部的组织结构和运行机制不合理,解决这些问题需要依法制定章程,按章程规定办学,把民办高校纳入依法治理的轨道。

(一)章程是民办高校法人存在和运行的依据

大学章程是一种国际性制度,其解决的问题在国际上具有共性。从一般意义上看,大学章程应当解决大学的身份认同、职能定位、体制机制模型、利益相关者权利保障以及大学自身的合法性与章程的适应性等问题。[③] 从其内容来看,大学章程解决的是大学法人的存在和大学法人权力运行的问题。

1.章程是民办高校法人创设的基本条件

规范的大学章程并不是一开始就有的,而现代大学都有章程,正是说明了章程对大学发展有重要作用。现代大学源于欧洲中世纪,但不是中世纪大学一开始就有章程。只不过随着大学的发展,大学章程才慢慢出现。学者们普遍认为大学章程的源头应该是教皇或国王的特许状、敕令、诏书,因为其来源极具权威性,这就决定了早期大学章程的合法性,在学校治理中的根本性。

法人组织的设立都是为了一定目的的,而这一目的应该体现在章程当中,且法人组织的运行也要以章程为依据,民办高校法人的设立应该制定学校章程。《教育法》是教育机构开展组织活动必须遵循的最基本的法律,根据法律要求,

---

① 徐绪卿. 我国民办高校内部管理体制改革和创新研究 [M]. 北京:中国社会科学出版社, 2012:250.

② 王广禄. 大学治理:法治化轨道才是正道 [N]. 中国社会科学报, 2016-05-23(1).

③ 别敦荣. 我国大学章程应当或能够解决问题的理性透视 [J]. 中国高教研究, 2014(3):1-7.

教育机构设立的最基本条件是有组织机构和章程。《高等教育法》是高等教育领域的特别法，该法也指出高等学校必须有自己的章程。由此可见，章程建设是大学法人成立的基本条件，只有符合法律的基本要求，大学的存在才算是合法的。《民办教育促进法》是我国民办教育领域的特别立法，根据法律要求，民办学校申请成立时，学校章程应该通过主管部门的验收。后来，加强章程建设，按照章程依法治校多次出现在教育部颁布的相关意见中。在教育部推动的依法治校示范校活动中，章程建设是示范校的必要条件，没有章程便一票否决。从法律政策要求来看，章程建设是民办高校法人创设的最基本的条件，民办高校必须依靠章程，推进依法治校建设。当前，大学章程建设提上了日程。《规划纲要》提出章程是现代大学制度建设的必然要求，因此，高校应该制定章程，并按照章程的要求依法治理学校。2012年，教育部颁布了《高等学校章程制定暂行办法》，对大学章程的制订做出了安排和部署，并在次年对6所试点高校的章程进行了核准。按照计划，国家要求2014年6月底之前部属高校完成章程制订，2015年12月底之前，全国高校都要完成章程制定。分类管理是政府主导的制度设计，也是民办高等教育未来发展的必然趋势。[①]《民办教育促进法》修正案对分类管理后的民办学校修改章程按章程办学提出了明确要求。章程是民办高校完善法人治理结构的基本依据，提升治理能力的重要保障，民办高校必须加强章程建设。

2. 章程是民办高校法人运行的依据

与大学发展相关的问题主要包括大学与政府、社会的关系以及大学内部主体之间的关系两个层面，前者主要解决大学自主办学的问题，后者主要解决大学内部组织结构和管理体制方面的问题。章程是这些问题解决的依据，所以民办高校治理能力的提高应以此为依据，对学校决策管理权力进行制度性的安排，形成利益相关者共同参与的运行机制。

第一，章程是大学自主办学的依据。在中世纪的自治城市里，行会是市民用以保持自己利益的组织，他们建立了各自的行会制度，用以维护自治地位和其他权力。作为妥协的产物，行会制度和特许状是城市市民借此摆脱教会和世俗政权约束的有力武器。而大学的最初含义就是行会，是为争取特许状及

① 王树青,石猛. 民办高校分类管理的实质与制度要求 [J]. 济南大学学报,2017(5)：142-149.

学术活动自由组织起来的中世纪学者行会组织。①章程源于特许状,所以章程在源头上使中世纪大学得以脱离主教的控制而独立办学。章程首先解决了大学法人地位的问题,给予了大学自治与自主处理内部事务的权力,从而也作为大学自治的大纲和内部相关事务管理的基本制度被确定、沿袭下来。当然,大学章程也不是一成不变的,它需要随着学校的发展和周围环境的变化进行修订,以增强内外部管理的社会适应性。第一部章程产生之后,大学都会慢慢进行修改。牛津大学的章程制定后进行了多次修订,现行的牛津大学章程是2001年修订生效的。大学章程之所以能够成为大学自主办学的依据,在于章程获得了权力部门的认可。这些主管部门主要包括历史上的宗教或王室等权力机构,现代社会主要是议会或其他行政部门。理论上,大学章程通过了权力部门的认可,就意味着双方形成了一种契约。这种契约的作用在于使外部社会包括主管部门对大学的要求和管理规范化,并把这种关系固化,从而避免不必要的干预,保证正常的办学。

通过核准的大学章程是大学运行的法律,对外沟通大学与社会的关系,发挥了桥梁和纽带的作用,同时又规定了政府或社会其他组织部门参与大学事务的边界。章程的存在使大学组织获得了自主处理内部事务的权力,所以,民办高校的内部事务及其程序不受外部控制,政府或其他组织部门不能直接干预。民办高校自筹经费办学,是一个自控性组织,相对于公办高校有更大的自主性。但由于惯性的作用,许多地方政府试图按照公办高校的模式来管理民办高校,以至于对民办高校干预过度。扶持民办高校的发展是政府的责任,在许多地区,除政策支持外,民办高校基本没有得到政府财政方面的资助。全国民办高校发展形势比较好的地区,学校与政府都形成了积极的关系。章程是民办高校与政府间的契约,在这种契约规范下,政府与民办高校间形成了积极的关系,有利于政府增加对民办高校的扶持,减少不必要的干预,促进民办高校采取措施提高管理水平。

第二,章程是大学内部治理的依据。大学章程有一定的框架体系,有标准可循。章程作为一项授权,解决了大学组织存在的基本问题。能够作为大学办学基本问题的,一是学校的办学自主权;二是学校的内部规章制度和组织机构的运行。前文已经指出,章程是大学法人制度的表达,是大学自主办学的保障书;同时,章程又是大学内部的最高法,关于学校运行和治理规则的规章制

---

① 郭丽君,吴庆华. 中外大学比较 [M]. 北京:经济管理出版社,2012:5.

度都要以此为依据。对于现代大学来说，章程规定了学校管理中最根本的事项，规定了组织结构的运行机制，理顺了内部权力关系，是学校内部治理的依据。在大学内部所有的规章制度中，章程居于最高地位，其他许多运行制度，都是章程的细化，不能与章程相抵触。

我国民办高校形成了董事会领导下的校长负责制，民办高校与政府没有行政隶属关系，更容易自主办学。民办高校治理的特殊性决定了民办高校章程最有可为的空间是完善民办高校治理结构，处理好内部权力主体间的关系，形成稳定的权力运行机制。现代大学治理是利益相关者参与学校重大事务决策的过程，民办高校应该完善治理结构，形成合理的决策权力分配制度。但民办高校在决策、运营等方面都存在诸多问题，突出表现为主体权责不清，机构运行不畅。章程之于大学的作用，是对外关系的桥梁和纽带，是内部治理的依据，制定并实施章程是依法治校的具体化。因此，民办高校需要通过完善章程来完善治理结构，提升治理能力。

（二）民办高校章程建设的要点

民办高校自注册成立之日起都已经制定了章程，但现实中章程是举办者制定的，是学校注册时必备的文本、注册完后放在保险柜的文本。因此，民办高校章程实质并不具有大家所期待的西方大学章程法律意义上的效力。章程被誉为民办高校的基本法，民办高校依法治校，最基本的法应该是章程。所以，章程建设要尽早提上日程。

1. 充分认识民办高校章程的性质

关于章程的性质，研究者们都习惯于用"根本大学""基本法"等词汇来界定，其意义不言而喻。章程是民办高校投资办学的法人依据，章程建设有利于民办高校独立自主地办学，有利于理顺内部权力运行机制，促进办学水平的提高。目前，章程的地位虽然比较尴尬，但这种状况只是阶段性的，是当前的社会环境和领导体制决定的。一是章程本身就是一个舶来品，各领域对于外来事物的认同还需要很长的时间；二是大学按照政府的命令办学，章程根本无法发挥其重要作用。在现有的管理体系下，对民办高校发展起主导作用的是举办者或其他核心利益主体，民办高校似乎也不需要章程。在大学办学的外部环境和领导管理体制没有实质性改变之前，章程所能发挥的作用是十分有限的，不可能发挥"根本大法"的影响力。所以，对章程的作用不能期望过高，应当从实际出发，准确把握在当下的社会环境和大学领导管理体制下章程的属性及其所应有的地位和作用。① 但在未来依法办学的背景下,民办高校要依照国家法律自主办学,而自主办学的依据是内部的规章制度。民办高校投资办学较灵活,民办高校治理所要做的工作主要是处理好自己的内部关系问题,所以章程建设的体制性障碍就少得多,关键是内部因素。章程是民办高校联结国家法律和内部制度的制度中介,章程的"小宪法"作用必然会突出。

　　2. 明确章程制定的主体

　　章程制定的主体是制定章程的参与者,根据他们在章程建设中的作用,可以分为两类,一类是章程的制定主体,又叫决策主体,一类是参与章程制定的主体,又叫影响主体。根据民法原理,组织能作为法人而存在,章程是必备条件之一。一方面,法人的成立是有一定的目的的;另一方面,章程是对法人组织运行基本问题的规定,所以章程应该关注的是组织的投资者、发起人或举办者以及他们的代表。从组织目的的角度来看,组织章程的制定者应该是那些权力主体或决策主体。相对来说,中世纪大学是一个自在的社会组织,大学在与外部力量的对抗中保持了其独立的地位。同时,大学也会制定其章程,这种章程更多的是由权力主体来制定,并在内部强制实行。依据法治说理论,只有依法获得章程制定权,才能作为章程制定主体。但我国目前法律未明确规定享有章程制定权的机构或人员。② 那么,现代大学或民办高校章程的制定主体是谁还是需要研究的问题。

　　民办高校创办审核时,章程是必备材料,章程的制定主体应该是投资者、发起人或举办者以及他们的代表,最初制定章程时,其他主体并没有参与。需要指出的是,民办高校是一个渗透了投资者、发起人、举办者和其他利益相关者诉求的社会组织,内部治理的广泛参与性是其重要的标准。因此,章程的制定必须要有相关利益者的参与,以反映他们的诉求并进行规范与保障,章程便由举办者内部商定而转变成为由举办者、社会相关组织和利益相关者以及大学自身协商认定的关于办学目的与要求的共同契约或纲领。③ 所以,从理论上来说,民办高校的利益相关者都是参与章程制定的主体。利益主体没有参加章程制定是由民办高等教育的特殊性决定的,但在章程制定之后,必然面临修订的问题。一般情况下,大学内部的权力部门董事会或理事会等负责决定是

---

① 别敦荣. 论我国大学章程的属性 [J]. 高等教育研究,2014(2):19-26.
② 方文晖. 当前大学章程主体论析 [J]. 中国高教研究,2011(9):30-34.
③ 别敦荣. 论我国大学章程的属性 [J]. 高等教育研究,2014(2):19-26.

否修订章程、在多大范围进行修订、修订哪些条款以及以何种方式审议通过修订等。[①]而在具体修订的问题上，利益相关者特别是外部的权力部门要通过合适的形式参与。

一部大学章程，从草拟到最后的审核与公布，是一个长期的、持续的过程。民办高校章程的制定应该考虑到各个层面的相关利益主体，只有章程关注了各主体的利益才有合理性。根据《高等学校章程制定暂行办法》的规定，参与民办高校章程制定的主体应该包括举办者、办学者、相关专家、教师与学生的代表、主管部门代表以及其他利益相关者或其代表，章程的起草应该充分尊重各主体的利益。章程制定委员会应该保障各方面利益相关者的参与，要把与大学及其功能实现相关的利益群体都纳入进来。但不得不说，章程真正发挥法律效力还有很长的路要走。民办高校章程要取得外部的认可，真正成为"小宪法"、实现章程的法律化，必须由立法机关审议。所以有学者指出，民办高校章程应该由地方人大党委立法或由举办者所在地人大审批通过。这样可以把大学章程提升到地方法规的地位，其法律效力自然也会随之提高。

3. 明确民办高校章程关注的问题

章程是学校内外部制度的衔接，在高校内外部管理中具有统领地位。民办高校章程所要解决的问题应该以法律为基本依据，规定民办高校自主办学的宏观机制，同时又要规定合理的内部治理结构，促进治理能力的提升。

界定民办高校的组织定位。民办高校办学经费来源多样化，投资者投入、学生学费、社会捐资、政府资助等是主要的办学经费来源，民办高校章程应该明确学校法人产权的构成，以此确定各产权主体的权力。民办高校的根本职能在于人才的培养，为社会提供多元化的服务，所以应该明确公益性办学，规范发展，不断提高办学水平，只有这样民办高校才能取得社会的认可，才能有办学效益可言。"民办"并不是营利性的象征，但民办高校生存发展的前提是组织营利。民办高校坚持公益性并不排斥举办者获取合理回报，所以，举办者应该在章程中体现是否获取回报，并对获取方式进行说明。

明确民办高校与政府之间的关系。民办高校是独立自主的办学实体，提供教育服务是政府的公共责任，因此，扶持民办高等教育的发展是政府责任的表现，政府应该通过多种方式出资扶持民办高校的发展。公益性是民办高校

① 别敦荣. 制定大学章程的策略探析［J］. 现代大学教育，2014（2）：65~72.

的重要属性,规范办学是民办高校公益性发挥的基本前提,政府应该发挥其监督作用,督促民办高校完善治理结构,规范办学,合理利用办学资金,提高办学质量。

明确民办高校的内部治理结构。董事会决策、行政团队领导是我国民办高校内部治理的制度框架,完善治理结构是民办高校法人治理的关键环节。我国民办高校治理所发生的问题主要是权力运行的问题,关键是制度和机制缺乏。章程应该明确民办高校的决策体制,明确举办者、办学者及其他利益主体在民办高校中的地位,理顺举办者与办学者在民办高校发展中的权力关系;完善监督体系,明确内部组织机构的权力运行机制。

保证民办高校章程的合法性。章程合法性在于章程可以取得内外部利益主体的认可,只有这样,章程才能实现其价值目标。章程的合法性除前述要求代表公益性需求之外,还应该反映利益诉求的广泛性。民办高校章程的制定以投资者为主体,但其他利益相关者都有参与制定的权力,所以章程的修改应该体现代表性,能够体现内外部主体的意志。

三、完善法人治理结构,制衡权力运行

高校治理能力现代化应该在内部共同体与外部责任体系方面做好战略架构,主要是在完善外部治理体系的前提下完善大学法人治理结构。大学章程本质上是一种具体的公共政策实施,所以大学章程实施比制定更重要。① 章程既是民办高校处理与外部主体的关系、自主办学的依据,也是民办高校内部治理的依据。民办高校应该以章程为依据,完善法人治理结构,形成对权力运行的制衡,实现治理能力现代化。

(一)民办高校法人治理结构建设的必要性

一般来说,法人治理结构来源于公司治理结构,民办高校法人治理结构是对公司治理的借鉴。完善的法人治理结构是民办高校提高治理能力的需要,是民办高校建设现代大学制度的重要特征之一。

1.民办高校法人治理结构的性质

随着公司规模的扩大和业务的增多,传统的以投资者为主体的董事会治理已经无法保证公司有效运行。由此,董事会把日常运营交给职业经理团队

---

① 朱家德. 大学章程制定比实施更重要 [J]. 中国高教研究,2016(6):65-69.

负责,自己负责公司的重大决策问题。董事会的这种分权方式产生了所有权与经营权的分离,在董事会与职业经理人之间形成了一种委托代理关系。为保证委托代理关系的顺利进行,董事会与经理团队形成了相对明确的权责边界,并通过章程固定下来。这种基于委托代理关系通过章程固定下来的实现公司目标的结构安排就是法人治理结构。

民办高校法人治理实质上借鉴了现代企业制度的治理模式,在举办者和经营者分离的基础上形成民办高校责权的结构安排。结合公司治理的内涵,民办高校完善法人治理结构建立在所有权与经营权分离的基础上,是对权力的分配与运行问题的规定。民办高等教育事业是一项公益性事业,社会公共利益是民办高校投资办学的根本目标,所以应该形成一种制定安排,保证其公益性办学目标不受侵害,同时又在一定程度上保护举办者的利益。民办高校投资办学,会涉及产权问题、投资者与其他利益主体的权力关系问题、投资者的激励问题,这些问题都可以借鉴公司治理的经验。因此,公司治理结构在民办高校法人治理中有一定的适应性。

在法人治理的框架内,民办高校是独立自主的办学实体,出资者将所出资的财产交给董事会管理;董事会是最高决策机构,处理学校的重大问题,包括战略规划的制定、财务预算的审批、校长的选聘等;校长是最高行政负责人,受董事会委托、授权管理教育教学和行政工作;教师和其他利益主体通过基层民主机构参与学校决策。法人治理结构实质上是在举办者、决策者、管理者和教职工等利益主体之间建立的有关学校运营与权利配置的一种机制或组织结构,以及通过这种组织结构形成的责权划分、制衡关系和配套机制等一整套制度安排。①

2. 民办高校法人治理结构的价值

完善的法人治理结构,是现代大学制度的重要特征之一。现代大学制度是为解决古典大学之后大学自身发展问题与大学社会性发展而建立起来的制度,是维护大学精神和发展大学水平、实现大学职能的制度。一般而言,现代大学制度建设要求处理好各办学主体间的关系。完善民办高校治理结构,要求通过结构体系建设,实现所有权与经营权之间的分离;在产权制度建设基础上,理顺各种权力主体间的运行关系,形成合理的监督与激励制度,稳定民办

① 徐绪卿. 我国民办高校内部管理体制改革和创新研究 [M]. 北京:中国社会科学出版社, 2012:251.

高校的办学秩序。所以,民办高校法人治理结构建设所要解决的问题主要是学校自身发展的问题以及学校自身与外部社会间的关系问题,是民办高校建设现代大学制度的关键。

完善的法人治理结构是民办高校可持续发展的重要保障。当前,民办高校发展面临着众多问题,这些具体问题的核心在于法人治理结构不完善,权责关系不清。完善民办高校法人治理结构,有利于吸引管理者、教师等其他办学主体参与到学校决策中,形成合理的决策;有利于约束举办者及其家族的权力行为,形成合理的监督机制,防范办学风险;有利于对举办者及管理者形成合理的激励,促进办学水平的进一步提高。通过形成合理的决策、监督、执行机制,民办高校既能形成办学合力,促进学校的快速发展,又能规范办学秩序,在提高办学质量的同时,促进公益性的最大化。

(二)完善民办高校法人治理结构的要点

明晰的产权制度是民办高校法人治理结构的前提,完善民办高校法人治理结构需要在完善产权制度的前提之下,明确民办高校的各种权力清单,处理好决策制度、执行制度以及监督制衡制度等方面的关系,使各种权力各司其职、相互配合与制衡,保障民办高校的决策,促进民办高校的科学发展。

1.完善决策机构

董事会是一切权利、权力、责任和义务的中枢。[①]董事会制度是民办高校治理体系的核心,民办高校法人治理结构必须从完善董事会制度开始。

完善决策机构,首先,应该正确认识董事会制度的意义。正如前文所说,对于很多民办高校举办者来说,董事会是一个法律规定,缺乏实质性意义,因而董事会结构不合理、运行不规范就是很自然的事情了。但从国际私立高校发展的经验看,董事会制度非常适合民办高校自筹经费办学的特点。对于投资者个人来说,规范的董事会制度能够吸引其他主体投资办学,提高民办高校的融资能力;吸引其他办学利益主体参与民办高校决策,形成整个社会都关心民办高等教育发展的局面;提高民办高校决策的科学化,抵御民办高校办学的政策风险;提高参与的广泛性与透明度,增强社会对民办高校公益性办学的认可。对于国家来说,董事会制度不仅有利于集中社会力量办学,更是从观念和政策上解决资本的寻利性与民办高校投资办学的规范性、公益性矛盾的举措。

---

① 金锦萍.非营利法人治理结构研究[M].北京:北京大学出版社,2005:167.

其次,应该完善董事会章程。章程是组织运行的依据,民办高校在创办之初已经有了董事会章程,并提交主管部门备案。但随着民办高校办学面临的形势和自身的情况都发生了重大变化,章程已不能解决现存的问题,必须对董事会的结构、职责及其权力运行进行重新界定。再次,应该规范董事会的结构。董事会的结构主要包括人员结构和组织结构。在人员结构上,要确定合理的董事会人数,丰富董事会成员;在组织结构上,应该完善董事会的各种机构建设。按照法律规定,民办高校董事会的成员有5人以上。实事求是地说,5人董事会是早期的规定,并不是成熟的治理结构安排。从实际调研来看,董事会运行相对合理的学校,成员人数都大于5人。也就是说,5人董事会并不具有代表性,至少应该有举办者代表、校长、党组织负责人、教职工等,有条件的民办高校可以有社会人士代表或家长的代表。在日本和我国台湾地区,法律对董事会人员都有规避家族化的问题,我国江西、陕西等地区也做了规定,但没有很好地执行,在这个问题上,法律应该适时做出规定。

2. 完善权力运行机制

权力是法人治理结构所要解决的问题的核心,权力运行机制涉及了决策效率和执行效率的问题。民办高校的权力运行,主要指决策权力以及行政团队权力的运行。完善民办高校的权力运行机制,应该明确董事会的职责,明确董事会与校长的权力关系。

完善权力运行机制,首先应该明确董事会的职责。董事会是一个责任体,同时也是一个产权集体。许多民办高校董事会起到了责任集体的作用,但并没有发挥产权集体的作用,没有发挥筹资的职责。这主要是因为举办者控制制约了其他社会力量投资民办高校的意愿;举办者个人又没有进一步投资的能力,结果只能是以学养学,办学条件得不到更好的改善。其次,明确董事会与校长的权力关系。从职能来说,当前的民办高校董事会更多地还是一个举办者办学的董事会,自然就与校长产生了权力上的冲突,结果是校长授权范围很小。所以应该明确董事会的职责,明确董事会与校长的关系。董事会的权力在于重大问题的决策,校长及其行政团队的权力在于决策执行。校长是民办高校的行政负责人,以校长为首的行政团队制度是民办高校治理结构的核心。没有行政团队的执行效率,民办高校办学难有效益可言。对于民办高校的执行而言,一是完善职业校长的遴选制度,二是要形成校长的激励制度。

3. 形成权力监督机制

监督制衡是民办高校法人治理的重要保障,没有监督容易造成权力的滥用。民办高校要完善法人治理结构,形成权力监督机制,一是要形成对权力主体的监督,二是要形成对动力运行过程的监督。

第一,形成对权力主体的监督。民办高校的权力主体主要是举办者及其家族成员、管理者,对这类群体的监督要规范决策与执行人员的合理结构,最核心的还是要有效落实国家"双向进入,交叉任职"的政策,让作为督导专员的党委书记进入决策层,兼任董事会董事。党委书记进入决策层是我国在2006年就提出的政策,也有其理论与现实的依据,但至今没有得到很好地贯彻。分类管理之后,主管部门贯彻国家政策的要求,督促民办高校完善董事会建设,让党委书记参与决策。党委书记进入董事会平衡了董事会的人员结构,形成了国家对决策与执行权力主体的监督。权力主体的问题解决了,就像有了一把钥匙一样,可以较好地解决民办高校现存的权力运行的问题。第二,应该形成对权力运行的有效监督。对权力运行的监督首先应该以章程为抓手,加强民办高校内部制度建设。有了制度所确定的规程,就有了权力运行的依据,无法律或制度授权的权力就会受到禁止。其次,加强基层民主监督机构建设。教职工对参与决策、监督的积极性不高,与当前举办者为主导的办学行为有很大关系。在国家加强规范管理的背景下,教职工会被赋予更多的权力,自然会对教职工参与监督形成一定的激励。再次,完善绩效考核制度。绩效考核的目的在于形成问责机制,通过对决策与执行的绩效形成必要的监督。

本章小结

董事会制度、行政团队制度和学术评议会制度是美国私立高校治理的制度框架。美国私立高校治理能力现代化不仅在于利益主体都参与决策,关键在于形成了权责清晰、权力运行制衡的结构安排。民办高校治理能力现代化所面临的问题在不同模式的民办高校有不同的表现,但在投资举办和滚动发展的民办高校表现得最为突出。由于投资举办和滚动发展的民办高校实质都是投资办学,因为投资具有获利的观念,所以产生了控制所有权和经营权的观念,这是民办高校所面临的董事会制度、家族化管理、行政团队等主要问题的根源。民办高校治理能力现代化前提是要在吸引民办高校投资办学、规范民办高校办学行为的基点上进行相关设计,关键是要形成尊重投资者需求的政策体系、利益相关者参与的治理体系以及权力运行的制衡监督机制。为此,要推动民办教育立法,尊重举办者的营利需求,并对其进行产权激励;依法制定章程,并依照章程规定办学,把民办高校纳入依法治理的轨道,规范民办高校运行的相关问题;完善法人治理结构,对决策、监督与执行形成合理的权力制衡机制。

第八章

研究结论

　　治理兴起于解决问题的实践,民办高校治理是治理理论在民办高等教育领域的应用,是为了解决民办高等教育发展中的问题。民办高校治理的效果如何、水平怎么样,主要由其治理能力来体现。民办高校治理能力是民办高校组织的利益主体,在一定的体系框架内,共同开展治理活动,最大限度地实现办学目标的能力。民办高校治理能力提升的过程是民办高校治理能力现代化的过程。本书首先通过理论研究,提出民办高校治理能力的特殊性和民办高校治理能力现代化的分析框架;然后通过理论研究与实践调研相结合,对民办高校治理能力现代化的关键问题进行分析;最后在理性思考的基础上,提出民办高校治理能力现代化的路径。通过研究,主要得出以下结论。

　　第一,与公办高校治理能力需要处理管学问题、办学问题及内部矛盾关系不同,民办高校治理能力有其特殊之处,主要是完善董事会领导下的校长负责制,理顺好内部权力关系,更好地吸引外部社会力量参与办学,提高办学能力。民办高校治理能力是民办高校组织在办学活动中体现出来的能力,能力的高低体现在主体实现办学目标的活动上,从这一角度说,民办高校治理能力是民办高校的办学能力。改革开放后,我国民办高校开始恢复办学。从最初的助学机构到后来的民办普通高校,民办高校的办学模式发生了根本变化。与公办高校相比,民办高校的典型特征是办学经费自筹与民间经营,这一特征决定了民办高校治理与公办高校治理面临不同的问题。

　　第二,董事会制度、家族化办学以及行政团队制度是民办高校治理能力现代化所要解决的关键问题。如何完善治理结构、提高治理能力、提升办学水平是现代大学的共同命题之一。民办高校治理能力现代化是现代性要素在民办高校管理中的嵌入,主要体现为与治理相关的教育要素形态的变迁,以及与形态变迁相适应的现代先进属性的增长。民办高校治理能力现代化有利于完善法人治理环境,也有利于法人治理结构的完善。民办高校治理的内外部关系理顺了,最终将有利于民办高校办学能力的提升。结合民办高校治理的实践和民办高校治理能力的特殊性,董事会制度、家族化办学以及行政团队是民办高校治理能力现代化的分析框架。民办高校治理能力现代化,应该深入剖析民办高校本身特有的组织属性及运行机制,规避不利影响。

第三,董事会制度的偏差影响着民办高校治理能力现代化。董事会制度是以董事会为核心的治理体系,体现了共同治理的理念以及多元自治、民主协商、共同发展的价值取向。我国民办高校董事会制度起源于法律规范的要求,大部分民办高校都在内部治理形式上确立了董事会的最高决策权力。从政策文件性质的董事会到现实中成立的董事会,这种制度设计有其合法性与合理性。但我国民办高校董事会制度的实践运行还存在着一定的偏差,主要表现为董事会成员的结构比例失衡,权力过于集中;董事会运行不规范,缺少监督;董事长与校长权利与责任不明,甚至矛盾突出。这些问题的存在与民办高校发展的阶段性和特殊性有很大关系,影响着民办高校的办学水平。投资办学是民办高校董事会制度问题的社会根源,民办高校治理能力现代化要求对投资形成产权保护、对其权力形成制度性约束、通过制度明确董事长与校长的关系。

第四,过度家族控制导致了民办高校家族化办学,影响着民办高校的治理水平。民办高校家族化管理是一个普遍现象,但它与家族制民办高校又是一个不同的概念。家族制的核心是家族关系主义,如果把它嵌入民办高校管理,应该会减少矛盾与摩擦。家族制因其利益相关程度高、决策权相对集中、家族荣誉感强而在民办高校发展过程中发挥了重要的作用。但我国当前的家族制民办高校更多的是家族化管理的民办高校。民办高校的家族化管理形成了以家族为主体的控制性特征,在以家族为核心的学校组织内,形成了家族利益与公共利益、家族权力与权力制衡、家族主导与利益相关者参与的矛盾冲突,对民办高校办学产生着重要影响。民办高校治理能力现代化要求对民办高校的家族办学进行干预,对民办高校自身来说,应该尽快培养接班人。

第五,民办高校行政团队专业化水平较低,影响办学水平的提升。高校行政团队是以校长为首的高级行政管理团队,高校校长的产生、行政团队的运行都有一定的标准和规范。我国民办高校行政团队先后经历了以管理层为主体的行政团队、专门化的行政团队和非专业化的行政团队三个阶段,而且职业化的趋势相对比较明显。但总体来看民办高校行政团队存在着组织过程随意、团队结构不规范、专业化水平低、权责不明确的状况,其结果是行政团队结构不稳定,校长办学权得不到落实,管理绩效低,影响着民办高校办学水平的提高。民办高校治理能力现代化要求完善校长的公共管理制度,明确行政团队的地位,确定合理的行政团队结构。

第六,民办高校治理能力现代化应该在实事求是地分析举办者投资行为的基础上,进行制度设计。董事会是美国私立高校的最高决策机构,校长基于董事会的授权成为学校的最高行政长官,教授在学校决策尤其是学术决策中享有话语权。美国私立高校治理能力现代化不仅仅在于利益主体都参与决策,关键在于形成了权责划定清晰、权力运行制衡的结构安排。民办高校治理能力现代化所面临的问题在不同模式的民办高校有不同的表现,但在投资举办和滚动发展起来的民办高校表现得最为突出。基于我国民办教育的阶段性和特殊性,民办高校治理能力现代化应该实事求是地分析举办者的投资行为,既要尊重举办者投资营利的观念,又要对举办者的产权诉求给予政策性的保护与激励;同时,也要对其办学行为进行制度性规范,在依法办学的框架下,莫过于依章程办学。

我国民办高等教育整体上还面临着很多问题,这些问题归结起来,核心是决策权力的分配。在前人研究的基础上,本书主要有两点突破,一是研究视角的突破。现代化发展被认为是可持续发展之后组织发展的又一重要理论。在国家现代化进程中,治理能力现代化是一项重要的战略任务,而高等教育治理能力现代化又是国家治理能力现代化的重要内容之一。本书选择了治理能力与现代化这样的研究视角,研究战略突破的关键问题,形成了民办高校治理能力现代化的分析框架。二是研究内容的突破。对于如何提升民办高校的办学能力,研究者基本有两类途径,一是以公共政策、财政扶持、资金筹措、师资水平、教学制度等为主要内容的教学质量要素,二是以政府政策、中介组织、管理等为主要内容的管理要素。本书通过分析民办高校治理的实践,结合民办高校治理能力特殊性的研究,提出董事会制度是民办高校治理能力现代化体系的核心,家族团队与以校长为首的行政团队是民办高校治理能力现代化的依靠力量,这三者形成了"一体"与"两翼"的关系,进而形成了民办高校治理能力现代化的分析框架。

民办高校治理能力及其现代化,主要解决民办高校治理现代化水平较低的现状与民办高校治理需求较高的社会要求之间的矛盾。但鉴于民办高校组织的特殊性,民办高校治理能力又有其特殊性。只有了解了民办高校治理能力及其特殊性,才能认清民办高校治理能力现代化水平不高的问题,并进行原因分析,进而提出民办高校治理能力现代化的分析框架。所以,民办高校治理能力概念的界定及其特殊性的分析是本书的基础,只有概念清楚了,才能进行理论的建构。与民办高校治理能力特殊性相适应,民办高校治理能力现代化主要解决的是领导体制等方面的关键问题,这两者是对应的,都是本书首先应该理解的问题,构成本书的重点问题。民办高校治理能力现代化的路径是研究的出发点与归宿,关键问题分析是对策选择的前提,而问题又源于治理主体的特质及其作用机制。在特质分析和关键问题分析基础上抽象治理主体及其关系框架,是民办高校治理能力提高的指导,是本书的难点。

在研究过程中,笔者试图站在一个局外人的视角,尽量保持价值中立来探讨民办高校发展的关键问题,但结果是“不识庐山真面目”。为了认识这些关键问题,笔者也进行了相关调研,但对于这些问题,举办者不愿意谈及,管理者和教师无力谈起。所以,因为学识、精力以及这些客观原因,本书的研究并没有达到理想的目标。关于民办高校治理能力特殊性及治理能力现代化的分析框架的研究,是不是应该有更为精细的标准,是一个值得探讨的问题。本书来源于实践,不仅需要有实践经验,更需要对民办高校管理有一个非常高的定位,这是笔者所不具备的;本书也有很强的理论性,涉及了教育学、管理学、法学等学科知识,所以对研究者的素质提出了更高的要求,这正是未来笔者所需要加强的。在未来的研究中,应该提升研究的思想性,形成合理的治理能力特殊性与治理现代化的分析框架;理论结合实践,透彻地分析民办高校治理能力现代化的关键问题,并在此基础上提出合适的对策。

参考文献

[1] 陈舜芬. 大学校长遴选 [M]. 台北:师大书苑出版部,1983.

[2] 〔英〕威廉·博伊德,埃德蒙·金. 西方教育史 [M]. 任宝详,吴元训,译. 北京:人民教育出版社,1985.

[3] 〔美〕Clark Kerr. 大学的功用 [M]. 陈学飞,译. 南昌:江西教育出版社,1993.

[4] 〔美〕伯顿·R·克拉克. 高等教育系统——学术组织的跨国研究 [M]. 王承绪,译. 杭州:杭州大学出版社,1994.

[5] 〔瑞典〕英瓦尔·卡尔松. 天涯若比邻 [M]. 赵仲强,译. 北京:中国对外翻译出版公司,1995.

[6] 〔美〕沃尔特·J·萨蒙,等. 公司治理 [M]. 孙经纬,译. 北京:中国人民大学出版社,2001.

[7] 〔美〕约翰·S. 布鲁贝克. 高等教育哲学 [M]. 王承绪,译. 杭州:杭州教育出版社,2002.

[8] 〔美〕罗伯特·伯恩鲍姆. 大学运行模式:大学组织与领导的控制系统 [M]. 别敦荣,译. 青岛:中国海洋大学出版社,2003.

[9] 〔美〕迈克尔·D·科恩,詹姆斯·G·马奇. 大学校长及其领导艺术 [M]. 郝瑜,译. 青岛:中国海洋大学出版社,2006.

[10] 〔美〕菲利普·G·阿特巴赫. 21世纪的美国高等教育:社会、政治、经济的挑战 [M]. 施晓光,译. 青岛:中国海洋大学出版社,2007.

[11] 〔美〕菲利普·G·阿特巴赫. 为美国高等教育辩护 [M]. 别敦荣,译. 青岛:中国海洋大学出版社,2007.

[12] 〔法〕让-皮埃尔·戈丹. 何谓治理 [M]. 钟震宇,译. 北京:社会科学文献出版社,2010.

[13] 〔美〕理查德·C·博克斯. 公民治理:引领21世纪的美国社区 [M]. 孙柏英,译. 北京:中国人民大学出版社,2012.

[14]　〔奥地利〕弗雷德蒙德•马得克. 正确的公司治理 [M]. 朱健敏,译. 北京:机械工业出版社,2013.

[15]　陈学飞. 美国高等教育发展史 [M]. 成都:四川大学出版社,1989.

[16]　康锦堂. 教学能力结构及测评 [M]. 厦门:厦门大学出版社,1991.

[17]　李进才. 当代中国教育行政管理 [M]. 武汉:湖北教育出版社,1992.

[18]　王铁军. 校长学 [M]. 南京:江苏教育出版社,1993.

[19]　腾大春. 美国教育史 [M]. 北京:人民教育出版社,1994.

[20]　萧宗六. 学校管理学 [M]. 北京:人民教育出版社,1994.

[21]　刘文修. 教育管理学 [M]. 石家庄:河北教育出版社,1996.

[22]　寿龙. 西方政府的治道变革 [M]. 北京:中国人民大学出版社,1998.

[23]　何东昌. 中华人民共和国重要教育文献(1949—1975) [M]. 海口:海南出版社,1998.

[24]　吴国盛. 现代化之忧思 [M]. 北京:生活•读书•新知三联书店,1999.

[25]　俞可平. 治理与善治 [M]. 北京:社会科学文献出版社,2000.

[26]　全国人大教科文卫委员会. 民办教育研究与立法探索 [C]. 广州:广东高等教育出版社,2001.

[27]　张维迎. 大学的逻辑 [M]. 北京:北京大学出版社,2002.

[28]　刘莉莉. 中国民办高等教育发展的研究 [M]. 长春:吉林人民出版社,2002.

[29]　吴志成. 治理创新——欧洲治理的历史、理论与实践 [M]. 天津:天津人民出版社,2003.

[30]　贺国庆,王保星,朱文富. 外国高等教育史 [M]. 北京:人民教育出版社,2003.

[31]　何传启. 东方复兴:现代化的三条道路 [M]. 北京:商务印出馆,2003.

[32]　张博树,王桂兰. 重建中国私立大学:理念、现实与前景 [M]. 北京:教育科学出版社,2003.

[33]　黄建荣. 公共管理新论 [M]. 北京:社会科学文献出版社,2005.

[34]　季诚钧. 大学属性与结构的组织学分析 [M]. 北京:人民教育出版社,2005.

[35]　史万兵. 教育行政管理 [M]. 北京:教育科学出版社,2005.

[36]　吴慧平. 西方大学的共同治理 [M]. 北京:北京师范大学出版社,2006.

[37]　杨炜长. 民办高校治理制度研究 [M]. 长沙:国防科技大学出版社,

2006.

[38] 阎凤桥. 大学组织与治理 [M]. 北京:同心出版社,2006.

[39] 王前,肖海. 殿堂:欧美百年知名学府 45 所 [M]. 重庆:重庆出版社,
2006.

[40] 郭为藩. 转变中的大学:大学、传统、议题与前景 [M]. 北京:北京大学
出版社,2006.

[41] 黄俊杰. 大学校长遴选:理念与实务 [M]. 北京:北京大学出版社,
2006.

[42] 王文元. 中国民办教育——在理想与现实之间 [M]. 北京:北京出版社,
2007.

[43] 李文成,韩和鸣. 国外私立高等教育发展研究 [M]. 郑州:郑州大学出
版社,2007.

[44] 陈晓军. 互益性法人法律制度研究 [M]. 北京:法律出版社,2007.

[45] 李福华. 大学治理的理论基础与组织架构 [M]. 北京:教育科学出版
社. 2008.

[46] 王孙禺. 高等教育组织与管理 [M]. 北京:高等教育出版社,2008.

[47] 赖雄麟,张铭钟. 高等学校内部管理体制创新论 [M]. 徐州:中国矿业
大学出版社,2009.

[48] 王洪才. 大学校长:使命·角色·选拔 [M]. 上海:上海交通大学出版社,
2009.

[49] 李钊. 湖南涉外经济学院办学特色 [M]. 长沙:湖南人民出版社,2009.

[50] 北京吉利大学. 中国民办大学报告(2009) [M]. 北京:红旗出版社,
2009.

[51] 张宏博. 中国私立大学有效经营的制度研究 [M]. 北京:人民出版社,
2009.

[52] 黄清云. 教育多样化:我的亲历与探索 [M]. 上海:上海交通大学出版
社,2009.

[53] 邓和平. 论现代大学 [M]. 武汉:武汉大学出版社,2010.

[54] 刘建银. 准营利性民办学校研究 [M]. 北京:北京师范大学出版社,
2010.

[55] 洪源渤. 共同治理——论大学法人治理结构 [M]. 北京:科学出版社,
2010.

[56] 马俊杰,等. 高校领导团队能力建设研究 [M]. 北京:中国人民大学出版社,2010.

[57] 尹晓敏. 利益相关者参与逻辑下的大学治理研究 [M]. 杭州:浙江大学出版,2010.

[58] 董圣足. 民办院校良治之道——我国民办高校法人治理问题研究 [M]. 北京:教育科学出版社,2010.

[59] 于扬. 现代美国大学共同治理理论与实践 [M]. 北京:中国社会科学出版社,2010.

[60] 靳希斌,刘林,魏真. 民办高校发展与策略研究 [M]. 河北:河北教育出版社,2010.

[61] 李书福. 中国民办大学报告(2010) [M]. 北京:红旗出版社,2011.

[62] 朱云杰. 高等院校治理研究 [M]. 北京:中国经济出版社,2011.

[63] 鞠光宇. 营利性高等教育组织办学模式研究 [M]. 广州:广州高等教育出版社,2011.

[64] 杨琼. 治理与制衡:学校法人论 [M]. 北京:教育科学出版社,2011.

[65] 文东茅. 走向公共教育:教育民营化的超越 [M]. 北京:北京大学出版社,2011.

[66] 古多尔. 世界一流大学:校长必须是科学家吗? [M]. 上海:上海交通大学出版社,2011.

[67] 张文国. 中国民办学校法人制度研究 [M]. 北京:教育科学出版社,2012.

[68] 徐绪卿. 我国民办高校内部管理体制改革和创新研究 [M]. 北京:中国社会科学出版社,2012.

[69] 饶燕婷,王琪. 走进世界名校:美国 [M]. 上海:上海交通大学出版社,2012.

[70] 王昆来. 民办高等教育管理研究 [M]. 重庆:西南财经大学出版社,2012.

[71] 黄强. 行政学领导学纵论 [M]. 厦门:鹭江出版社,2012.

[72] 吴献新. 校长依法治校之行动研究 [M]. 北京:高等教育出版社,2012.

[73] 郭丽君,吴庆华. 中外大学比较 [M]. 北京:经济管理出版社,2012.

[74] 李维安,王世权. 大学治理 [M]. 北京:机械工业出版社,2013.

[75] 褚宏启. 教育现代化的路径——现代教育导论 [M]. 北京:教育科学出

版社，2013.

[76] 铁流，徐锦庚. 中国民办教育调查 [M]. 北京：作家出版社，2013.

[77] 董圣足，等. 寻找职业校长——民办高校校长职业化问题研究 [M]. 北京：科学出版社，2014.

[78] 常义斌. 大白的大学 [M]. 郑州：河南文艺出版社，2014.

[79] 王佐书. 中国民办教育发展报告 [M]. 北京：北京科学出版社，2014.

[80] 俞可平. 论国家治理现代化 [M]. 北京：社会科学文献出版社，2014.

[81] 〔法〕让－皮埃尔·戈丹. 现代的治理，昨天和今天：借重法国政府政策得以明确的几点认识 [J]. 国家社会科学杂志（中文版），1999（1）.

[82] 〔法〕弗朗索瓦－格扎维尔·梅里安. 治理问题与现代福利国家 [J]. 国际社会科学杂志（中文版），1999（1）.

[83] 〔法〕辛西亚·休伊特·德·阿尔坎塔拉. 治理概念的运用与滥用 [J]. 国际社会科学杂志（中文版），1999（1）.

[84] 〔法〕阿里·卡赞西吉尔. 治理和科学：治理社会与生产知识的市场式模式 [J]. 国际社会科学杂志（中文版），1999（1）.

[85] 〔瑞士〕彼埃尔·德·塞纳克伦斯. 治理与国际调节机制的危机 [J]. 国际社会科学杂志（中文版），1999（1）.

[86] 〔英〕格里·斯托克. 作为理论的治理：五个论点 [J]. 国际社会科学杂志，1999（2）.

[87] 〔英〕鲍勃·杰索普. 治理的兴起及其失败的风险：以经济发展为例的论述 [J]. 国际社会科学杂志，1999（2）.

[88] 〔法〕阿兰·图雷纳. 在当代，民主意味着什么 [J]. 国际社会科学杂志（中文版），1999（2）.

[89] 〔英〕R. A. W. 罗茨. 新的治理 [J]. 经济管理文摘，1999（5）.

[90] 〔美〕Lawrence H. Summers. 21世纪大学面临的挑战——在北京大学的演讲 [J]. 中国大学教学，2002（7）.

[91] 〔英〕杰瑞·斯托克. 地方治理研究：范式、理论与启示 [J]. 浙江大学学报（人文社会科学版），2007（2）.

[92] 〔英〕巴纳德·朱维. 城市治理：通向一种新型的政策工具 [J]. 国际社会科学杂志（中文版），2009（4）.

[93] 潘懋元. 关于民办高等教育体制的探讨 [J]. 上海高教研究，1988（3）.

[94] 俞可平. 治理与善治引论 [J]. 马克思主义与现实，1995（5）.

[95] 王军. 日本私立学校与法制 [J]. 外国教育研究, 1996(1).

[96] 谷贤林. 美国高等教育管理体制成因探析 [J]. 广西高教研究, 1998(4).

[97] 别敦荣. 学术管理、学术权力等概念释义 [J]. 清华大学教育研究, 2000(2).

[98] 刘宝存. 美国私立高等学校的董事会制度评析 [J]. 比较教育研究, 2000(5).

[99] 吴华. 论我国私立学校的法律性质 [J]. 教育科学, 2001(2).

[100] 何圣东, 王明琳. 从家族管理走向现代管理 [J]. 改革与理论, 2002(3).

[101] 高金岭. 供给与需求, 市场与政府——经济学视野中的私立教育 [J]. 广西师范大学学报(哲学社会科学版), 2002(4).

[102] 贾生华, 陈宏辉. 利益相关者的界定方法述评 [J]. 外国经济与管理, 2002(5).

[103] 徐小洲. 论博克的学术自由和大学自治观 [J]. 浙江大学学报(人文社科版), 2002(6).

[104] 孙霄兵, 黄兴胜. 中国大陆民办教育的发展与立法 [J]. 教育研究杂志(大陆版), 2003(3).

[105] 别敦荣. 中国发展私人办学从政策到实践的文化障碍 [J]. 武汉职业技术学院学报, 2003(3).

[106] 徐伟. 我国当代民办教育立法的发展 [J]. 河南教育学院学报(哲学社会科学版), 2003(4).

[107] 瞿华. 近代以来家族在农村基层政权中作用的沿革 [J]. 社会, 2003(4).

[108] 王建华. 高等学校属于第三部门 [J]. 教育研究, 2003(10).

[109] 王建华, 郑南宁. 加强领导班子提升现代大学治理能力 [J]. 中国高等教育, 2005(1).

[110] 刘凡丰. 耶鲁大学治理结构的剖析 [J]. 高教探索. 2005(1).

[111] 杨雪冬. 治理的九种用法 [J]. 经济社会体制比较, 2005(2).

[112] 刘绵勇. 家族治理模式: 中国私营企业治理的必然选择 [J]. 求实, 2005(3).

[113] 杨克瑞, 祈型雨. 高等学校的政治权力及其监督 [J]. 复旦教育论坛, 2005(5).

[114] 苗庆红. 民办高校治理结构的演变研究 [J]. 中国高教研究, 2005(9).

[115] 曹淑江. 民办教育法律中几个问题的探讨 [J]. 教育科学, 2005(10).

[116] 苗庆红, 周红卫. 民办高校治理结构的三种模式 [J]. 中国高等教育, 2005(13/14).

[117] 阎凤桥. 从非营利组织特性分析我国民办学校的产权和治理结构 [J]. 民办教育研究, 2006(2).

[118] 别敦荣, 陈艺波. 我国独立设置的民办高等学校的现实困境与前景展望 [J]. 民办教育研究, 2006(4).

[119] 刘献君. 院校研究论略 [J]. 高等工程教育研究, 2006(6).

[120] 潘懋元, 姚加惠. 民办高等教育发展的困境与前瞻 [J]. 中国高教研究, 2006(8).

[121] 邬大光. 我国民办教育的特殊性与基本特征 [J]. 教育研究, 2007(1).

[122] 王福友. 美国大学校长研究 [J]. 国际高等教育研究, 2007(3).

[123] 代林利. 牛津大学治理结构的形成与演变 [J]. 现代大学教育, 2007(4).

[124] 别敦荣. 治理之于我国大学管理的意义 [J]. 江苏高教, 2007(6).

[125] 李福华. 利益相关者理论与大学管理体制创新 [J]. 教育研究, 2007(7).

[126] 明航. 家族制民办学校的案例评价与诊断——基于新制度经济学视角 [J]. 学术探索, 2007(7).

[127] 甘永涛. 英国大学治理结构的演变 [J]. 高等教育研究, 2007(9).

[128] 阎凤桥. 中国民办高校内部治理形式及国际比较 [J]. 浙江树人大学学报, 2007(9).

[129] 汪明义. 民办高校的高层管理模式探索 [J]. 科学中国人, 2007(12).

[130] 尹后庆. 从教育管理走向教育治理 [J]. 上海教育科研, 2008(1).

[131] 汪霞, 黄小芸, 杜侦. 民办高校校长职业化初探 [J]. 科学教育家, 2008(4).

[132] 税兵. 民办学校"合理回报"之争的私法破解 [J]. 法律科学(西北政法大学学报), 2008(5).

[133] 刘承波. 大学治理的法律基础与制度架构:美国大学章程透视 [J]. 国家教育行政学院学报, 2008(5).

[134] 王福友, 王向华. 美国大学发展史上巨人校长的领导过程与特征研究 [J]. 高等教育研究, 2008(6).

［135］李连明．美国大学校长遴选与考核指标体系构建及其价值借鉴［J］．国家行政学院学报，2008（6）．

［136］范文曜，张家勇．大学章程的治理意义——英国大学章程案例研究［J］．理工高教研究，2008（12）．

［137］邱积敏．中国传统文化、信任资源与家族长期管理［J］．经济论坛，2008（16）．

［138］卢彩晨．民办高校家族管理的是与非［J］．教育与职业，2008（16）．

［139］董圣足．美国私立高校治理机构研究［J］．黄河科技大学学报，2009（3）．

［140］徐绪卿．我国民办高校家族化若干问题之探讨［J］．高等教育研究，2009（7）．

［141］徐绪卿．我国民办高校家族化管理问题的思考［J］．华中师范大学学报（人文社会科学版），2009（11）．

［142］冯淑娟，徐绪卿．关于我国民办高校家族化管理的若干思考［J］．教育发展研究，2009（12）．

［143］王雁．加拿大大学治理的特点及启示［J］．当代教育科学，2010（1）．

［144］姜朝晖．美国大学校长职业变迁：一种历史的视角［J］．高校教育管理，2010（1）．

［145］沈晓慧．我国民办高校治理机制的构建［J］．北京城市学院学报，2010（2）．

［146］杨红霞．美国高等教育治理模式考察报告［J］．国家行政学院学报，2010（2）．

［147］宋燕．学术性与职业性的整合：高等教育质量观的新取向［J］．教育发展研究，2010（3）．

［148］杜志宏．基于和谐三角理论的民办高校治理结构完善路径［J］．现代教育科学，2010（4）．

［149］别敦荣．略论民办机制之于民办院校的意义［J］．高等教育研究，2010（4）．

［150］董圣足，黄清云．我国民办高校董事会制度的重构［J］．黄河科学科技大学学报，2010（4）．

［151］谢辉．美国公立大学行政管理组织架构分析［J］．中国高教研究，2010（7）．

[152] 董圣足. 我国民办高校的内外部治理特征 [J]. 现代教育管理, 2010 (8).

[153] 秦晓. 去意识形态化 回归普世价值 [J]. 中国改革, 2010 (10).

[154] 倪晶晶. 论我国现代企业的家族管理模式 [J]. 现代商业, 2010 (10).

[155] 邓峰. 董事会制度的起源、演进与中国的学习 [J]. 中国社会科学, 2011 (1).

[156] 彭国华, 雷涯邻. 美国大学共同治理研究综述 [J]. 高教探索, 2011 (1).

[157] 孟韬. 高校治理的本质、机制与国际经验 [J]. 教育研究, 2011 (2).

[158] 方文晖. 当前大学章程主体论析 [J]. 中国高教研究, 2011 (9).

[159] 湛中乐, 苏宇. 对中国大学引入董事会制度的反思 [J]. 陕西师范大学学报, 2011 (9).

[160] 姚传德. 日本私立大学的监事制度剖析 [J]. 湖北第二师范学院学报, 2011 (10).

[161] 湛中乐, 高俊杰. 大学章程: 现代大学法人治理的制度保障 [J]. 国家行政学院学报, 2011 (11).

[162] 董圣足. 台湾地区私立高校治理机制研究 [J]. 上海教育评估研究 [J], 20012 (2).

[163] 廖辉. 利益相关者视野中民办高校治理结构的重构 [J]. 湖南涉外经济学院学报, 2012 (3).

[164] 别敦荣. 论民办教育发展的第三条道路 [J]. 华中师范大学学报 (社科版), 2012 (3).

[165] 王洪才. 大学治理的内在逻辑与模式选择 [J]. 高等教育研究, 2012 (9).

[166] 杨炜长. 相关利益者视角下民办高校办学风险的防范 [J]. 高等教育研究, 2012 (9).

[167] 卢彩晨. 家族式民办高校: 控制权结构演进与可持续发展 [J]. 教育经济与管理, 2012 (10).

[168] 郭俊, 马万华. 美国大学校长群体特征的实证研究——基于履历背景的视角 [J]. 比较教育研究, 2013 (1).

[169] 贺国庆. 大学校长与大学发展 [J]. 教育研究, 2013 (3).

[170] 陆一. 理事会与教授会的"协治"——透视日本私立大学对治理模式 [J]. 复旦教育论坛, 2013 (5).

[171] 宣勇. 大学校长如何负责 [J]. 复旦教育论坛, 2013(5).

[172] 徐绪卿, 王一涛. 论我国民办高等教育政策从"规范"向"扶持"转型 [J]. 高等教育研究. 2013(8).

[173] 张扬. 家族企业并非想象的那样差 [J]. 读天下, 2013(23).

[174] 简单. 中国土豪迎来大换班时代 [J]. 读天下, 2013(23).

[175] 包刚升. 国家治理新思路 [J]. 南风窗. 2013(24).

[176] 徐勇. 热话题与冷思考——关于国家治理体系和治理能力现代化的对话 [J]. 当代世界与社会主义, 2014(1).

[177] 瞿振元. 建设中国特色高等教育治理体系推进治理能力现代化 [J]. 中国高教研究, 2014 (1).

[178] 俞可平. 推进国家治理体系和治理能力现代化 [J]. 前线, 2014(1).

[179] 王义宁. 民办高校与公办高校法人治理结构的比较 [J]. 高教探索, 2014(1).

[180] 石连海. 国外大学章程执行力的模式、运行机制与启示 [J]. 2014(1).

[181] 范明, 高倩. 基于教师视角的高校内部治理研究 [J]. 黑龙江高教研究, 2014(1).

[182] 别敦荣. 论我国大学章程的属性 [J]. 高等教育研究, 2014(2).

[183] 别敦荣. 制定大学章程的策略探析 [J]. 现代大学教育, 2014(2).

[184] 庞绍堂. 现代化主体的现代化——梁启超关于人的现代化思想 [J]. 江苏行政学院学报, 2014(2).

[185] 别敦荣. 我国大学章程应当或能够解决问题的理性透视 [J]. 中国高教研究, 2014(3).

[186] 郝永林. 大学治理的社会参与: 中国情境及其实现 [J]. 大学教育科学, 2014(3).

[187] 金一超. 论大学章程: 学术自治、办学特色与正当程序 [J]. 浙江工业大学学报(社会科学版), 2014(3).

[188] 周湖勇. 大学有效治理的法理分析 [J]. 中国高教研究, 2014(3).

[189] 魏治勋. 善治视野中的国家治理能力及其现代化 [J]. 法学论坛. 2014(3).

[190] 柴美群. 公司治理模式再造研究 [J]. 技术经济与管理研究, 2014(3).

[191] 张东东. 国家治理能力现代化研究——基于国家能力理论视角 [J]. 法学评论, 2014(3).

[192] 苏向荣. 论大学在国家治理现代化建设中的重要使命 [J]. 江苏高教，2014（4）.

[193] 刘建伟. 国家治理能力现代化研究述评 [J]. 探索，2014（5）.

[194] 阎凤桥. 从制度演进视角探讨私立教育的营利与非营利属性之区分 [J]. 教育与经济，2014（5）.

[195] 钟建芳，李勤. 大学自治：现代大学制度的价值基石 [J]. 中国高校科技，2014（6）.

[196] 眭依凡. 论大学的善治 [J]. 江苏高教，2014（6）.

[197] 赵丽娜. 弗吉尼亚大学的共同治理——一条追求卓越之路 [J]. 比较教育研究，2014（7）.

[198] 朱家德. 我国大学治理有效性的历史考察 [J]. 中国高教研究，2014（7）.

[199] 罗建河，朱沛沛. 高校内部治理中教师权力的谱系分析 [J]. 现代教育管理，2014（7）.

[200] 孙芳，王为正. 现代大学治理中的学生权力阈限、问题及对策 [J]. 中国高教研究，2014（7）.

[201] 马陆亭. 完善高等学校内部治理结构 [J]. 现代教育管理，2014（7）.

[202] 王晓辉. 法国大学治理模式探析 [J]. 比较教育研究，2014（7）.

[203] 袁传明. 英国大学章程的世纪演变——《1900年伦敦大学章程》与《2008年伦敦大学章程》之比较 [J]. 比较教育研究，2014（7）.

[204] 黄勇. 教育治理视野下的民办高校股权激励机制研究 [J]. 中国高教研究，2014（8）.

[205] 徐绪卿. 治理背景下我国民办高等教育管理的转型 [J]. 中国高教研究，2014（8）.

[206] 周光礼. 中国高等教育治理现代化：现状、问题与对策 [J]. 中国高教研究，2014（9）.

[207] 李勤，钟建芳. 制度视域下的我国民办高校法人治理结构分析 [J]. 黑龙江高教研究，2014（9）.

[208] 眭依凡. 高等教育现代化的理性思考 [J]. 高等教育研究，2014（10）.

[209] 王一涛. 我国民办高校创办者群体特征及其政策研究 [J]. 高等教育研究，2014（10）.

[210] 时伟. 大学内部治理结构改革的逻辑、动力与路径 [J]. 中国高教研究，

2014(11).

[211] 赵炬明. 建立高校治理委员会制度——关于中国高校治理制度改革的设想 [J]. 中国高教研究, 2014(11).

[212] 瞿振元. 推进高等教育治理现代化：目标、价值与制度 [J]. 中国高教研究, 2014(12).

[213] 汪滢. 公司治理框架下的企业内部控制问题研究 [J]. 经济研究导刊, 2014(14).

[214] 胡建波. 试点探索民办高校内部管理体制改革 [J]. 中国高等教育, 2014(15/16).

[215] 周湖勇. 大学治理中的程序正义 [J]. 高等教育研究, 2015(1).

[216] 别敦荣. 论治理体系和治理能力现代化与高等教育现代化的关系 [J]. 中国高教研究, 2015(1).

[217] 殷忠勇. 程序公平还是价值公正：高校学术委员会运行的取向 [J]. 江苏高教, 2015(2).

[218] 王彦霞, 石晓丽. 中美大学校长的群体特征及权力对比 [J]. 教学研究, 2015(3).

[219] 王一涛, 刘继安. 中国民办高校董事会结规范构和行为结构偏差的实证分析 [J]. 复旦教育论坛, 2015(4).

[220] 侯琛, 白宗新. 中美研究型大学校长特征比较及对遴选的启示 [J]. 长江大学学报(社科版), 2015(5).

[221] 宣勇, 郑莉. 大学校长遴选与高等教育治理能力的现代化 [J]. 中国高教研究, 2015(8).

[222] 宣勇. 我国高等教育治理：体系构建、逻辑审视与未来展望 [J]. 国家行政学院学报, 2015(9).

[223] 王一涛, 刘继安, 王元. 我国民办高校董事会实际运行及优化路径研究 [J]. 教育研究, 2015(10).

[224] 王洪才. 大学价值失范及其治理 [J]. 山东高等教育, 2016(1).

[225] 张宏宝. "中国模式"高等教育分层治理的理论框架及模式选择 [J]. 现代教育管理, 2016(3).

[226] 靳晓光. 民办高校内部治理模式探究 [J]. 现代教育管理, 2016(4).

[227] 朱家德. 大学章程实施比制定更重要 [J]. 中国高教研究, 2016(6).

[228] 文少保. 权力清单推进大学治理现代化的价值、困境及路径研究 [J].

中国高教研究,2016（6）.

[229] 刘向兵,姚荣.应用型大学内部治理结构变革的法理依据与模型建构[J].中国高教研究,2016（6）.

[230] 别敦荣.中美大学学术管理比较研究[D].厦门:厦门大学,1997.

[231] 袁友军.民营企业家族制经营机制的形成与演变[D].广州:华南师范大学,2003.

[232] 和震.美国大学自治制度的形成和发展[D].北京:北京师范大学,2004.

[233] 余立智.家族企业的成长机理与变迁路径[D].杭州:浙江大学,2004.

[234] 龙献忠.从统治到治理[D].武汉:华中科技大学,2005.13.

[235] 周鹏.我国民办高校董事会与校长关系研究[D].北京:北京师范大学,2005.

[236] 崔广全.中国特色现代家族企业管理模式创新研究[D].苏州:苏州大学,2005.

[237] 赵旭明.民办高校治理研究[D].北京:中共中央党校,2006.

[238] 郭萍.基于管理权威传承的家族企业继承问题的思考[D].广州:暨南大学,2007.

[239] 段伟.利益相关者参与公司治理制度研究[D].沈阳:吉林大学,2008.

[240] 董圣足.我国民办高校法人治理问题研究[D].上海:华东师范大学,2009.

[241] 孙伦轩.新制度经济学视域下的高等教育混合管理模式研究[D].兰州:兰州大学,2012.

[242] 张圣祺.治理理论视域下我国政府与大学关系研究[D].吉林:吉林大学,2012.

[243] 张立勤.中国民办教育显现"倒春寒"现象[N].瞭望东方周刊,2004-12-19（4）.

[244] 陶西平.怎样引领民办教育实现合理转型[N].中国教育报,2005-03-25（7）.

[245] 温家定.在教科领导小组会讲话:百年大讲教育为本[N].人民日报,2009-01-05（2）.

[246] 钱亚平. 民办学校分类引争议 [N]. 瞭望东方周刊, 2011-10-10(3).

[247] 高小平. 治理体系和治理能力如何实现现代化 [N]. 光明日报, 2013-12-04(2).

[248] 周晓菲. 治理体系和治理能力如何实现现代化——专家解读"全面深化改革的总目标" [N]. 光明日报, 2013-12-04(4).

[249] 汪明义. 高等教育治理体系和治理能力现代化的思考 [N]. 四川日报, 2014-06-25(6).

[250] 张兴华. 中国高等教育发展的"特殊性"——访厦门大学副校长邬大光教授 [N]. 中国教育报, 2014-11-17(11).

[251] 马绍栋. 民办学校营利和非营利分类管理呼之欲出 [N]. 齐鲁晚报, 2016-02-03(10).

[252] 刘向兵. 变革内部治理结构, 推进地方高校转型 [N]. 人民政协报, 2016-03-30(10).

[253] 王广禄. 大学治理: 法治化轨道才是正道 [N]. 中国社会科学报, 2016-05-23(1).

[254] 王一涛. 民办高校接班潮需考虑的重重问题 [N]. 人民政协报, 2016-08-11(9).

[255] Clark Kerr, Marian L. Gade. The Guardians: Boards of Trustees of American Colleges and Universities [R]. Washington, DC: The Association of Governing Boards of Universities and Colleges, 1989.

[256] Commission on Global Governance. Our Global Neighborhood: The Report of the Commission on Global Governance [M]. Oxford University Press, 1995.

[257] Constance Ewing Cook. Lobbying for Higher Education: How Colleges and Universities Influence Federal Policy [M]. Nashville: Vanderbilt University Press, 1998. 188.

[258] Martin Hewson, Timothy J. Sinclair (eds): Approachesto Global Governance Theory [M]. New York: New York University of New York Press, 1999.

[259] Christopher Pollittand Great Bouckaert. Public Management Reform: A Comparative Analysis [M]. New York: Oxford University Press, Inc., 2000.

[260] Steve O., Michael S., Leela B.. Indicators of Presidential Effectiveness:

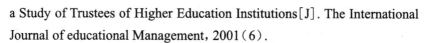

a Study of Trustees of Higher Education Institutions[J]. The International Journal of educational Management, 2001(6).

[261] Philip G. Altbach. Universities: Family Style[J]. International Higher Education, 2005(9).

[261] Luminia Nicolesco. Private Versus Public in Romania: Consequences for the Market[J]. International Higher Education, 2005(9).

[263] Asha Gupa. India: the New Private Sector[J]. International Higher Education, 2007(46).

后 记

（一）拜入师门

凤凰花开两季，一季老生走，一季新生来。凤凰花语是离别，是毕业季；同时也是相遇，是开学季。毕业季的凤凰花红花满枝，开学季的凤凰花鲜艳似火，但毕业学子的惆怅致使开学季的凤凰花常被忽略。

我在9月——开学季进入了高等教育的殿堂——厦门大学教育研究院。相对于当前的工作，博士阶段的生活更为忙碌，但却更有规律。比起社会上所批评的"学生对于自己的未来缺少思考和规划的空间"，有工作经历的我们，可能在某些问题上更有规划一些。当然，这种规划往往仅限于"某些问题"。之所以有这种感慨，主要是在写博士论文之前，我偶然间研读了两篇后记，一篇是我的导师别敦荣教授的博士论文后记，一篇是我的师姐赵映川博士的书稿后记。在博士论文即将定稿之际，再次回味这两篇后记，我对博士生活有了另外一种定位——"自觉"。可回想这四年的表现，总感觉自己的行为与"自觉"不太搭边。特别是在磕磕绊绊完成博士论文之后，我更感觉"自觉"的可贵。曾经以为，"手指缝里漏走"的仅仅是时间，再甚者是生命，但现在感觉流失的是精神。因而也曾希望自己在思想上永远不要毕业，能够将刚刚积累起来的一丁点"自觉"坚持下去，也算不辜负老师的教诲。

老师对学术有着"宗教般的虔诚"，以至于"一天不学习都会觉得难受"。学生们都知道，除特殊事情外，老师基本上一年只给自己三天假期，就是春节假期的前三天。其他时间，老师都在学习、讲学和游历。有人说："每个人都是一只杯子，但里面盛的东西不一样。"确实是这样，在老师那里，整个杯子盛的都是学问以及对学问的虔诚。虽然没有老师那般对学术的狂热，但受其鞭策，我也开始注意随手带本书，有事没事翻一下。即使不出什么成果，也不会让自己像以前那样虚度。四年学艺，除博士论文外，这也算是我的重大收获。

我来自民办高校，很早就开始接触民办教育，但真正对民办教育进行研究却是在做老师的学生之后。进入师门半个月后，老师给我布置了一篇关于民办教育的命题作业。当我把自认为洋洋洒洒的 1.4 万字的初稿交给老师批改时，却得到老师寥寥几个字的批语——"完全没有新意"；第二稿时，老师的批语有所增多——"写出了一些新意"；第三稿时，老师终于有了一点肯定的语气——"有了很大的进步"。现在回想起来，那也只是进步而已。何况，经过老师的几次大修大改，已经完全不是第三稿的文章了。其实，整个师门都知道，大家都会经历几轮这样的训练，我们的丁点进步都来自这样一字一字地批改，手把手地教。也正是这样手把手地教，我们才能在一定程度上了解老师的思想。所以，对于老师我们只有感恩。

也正是在修改这篇文章的时候，我得以近距离地接触潘先生。潘先生的博学、严谨自是让人钦佩。一直以来，听潘先生的报告，读潘先生的作品是我们接触潘先生最主要的方式。但这次与潘先生面对面，听潘先生与别老师对一些关键问题的交流，我茅塞顿开。第二年，我们又随潘先生、别老师参加了厦门市民办高校的调研，参加了几所学校学生、教师和领导的座谈。当潘先生出现在他们面前时，没有人会想到一位 90 多岁的老潘先生可以这样健谈且思路清晰。此时此刻，我们只能作为潘先生的学生骄傲地享受他们的崇拜。潘先生爱学生，整个研究院都能感受得到，所以大家毕业时都会对潘先生感言感恩无限。

（二）学术熏陶

易中天教授说，"大学是用来蒸桑拿的，你最重要的任务就是在这里接受熏陶"。"受业养身，修德正道"，是教育研究院铸于我们心灵深处的教诲。每一位老师都以其术业的专攻深深影响着我们，每每授课或作业评价的进修，我们往往都会有一种醍醐灌顶的感觉。

别老师被大家誉为深得潘先生衣钵的弟子，理论功底深厚。老师一如既往地贯彻着他"以学术为主"的精神，无论是授课还是作业都刻意带领我们进行理论层面的探讨。老师的严格也是出了名的，他"苏格拉底式"的诘问让大家自信全无，但他系统的理论架构又激起了大家对学术研究的信心。还记得我们第一次关于现代大学制度的专题汇报，大多数同学的作业被批得体无完肤，但谁都知道，这种专题研究是我们做规范研究的开始，这种批评式的讨论可以帮助我们确立研究的方向，所以大家如获至宝般认真记下了老师的评语。

邬大光老师也擅长于理论研究，但与别老师系统的理论架构不同，他选择的是一种基于实践问题或热点话题的理论授课模式。他可以以"大学的常识"为题,为我们讲授"中国高等教育的惯性";也可以在畅谈"大学与斯文"时,提出"斯振大学"的观点……有时感觉并不相干的内容,在经他阐释之后,也自成体系。每一次听完之后,总会感觉邬老师的报告学术敏感度高,研究问题意义和价值重大。

厦大教育研究院,不仅是海景房一片,更是令人瞻仰的"学术殿堂"。刘海峰老师、王洪才老师、武毅英老师、谢作栩老师,一批堪称经师和人师的学者,时刻在为我们铺就求索的力量。而只有浸入其中,我们才能感受到学术生涯的分量。

(三)亦师亦友

有人说博士生活需要耐得住酷暑严冬,守得好咫尺斗室,所以这种生活是清苦、孤寂的。但回想这几年,虽是咫尺斗室,却也乐得清苦。

读博士的这几年,除厦门、济南两地外,我去的最多的地方为杭州。浙江树人学院徐绪卿校长是民办教育界为数不多的学者型校长,是民办教育研究的前辈,是我们可敬的师长。徐校长宽厚待人,每次见面总是热情相拥,以朋友相待,倍感亲切。每次遇到民办教育方面的问题,除去请教导师之外,徐校长应该是我最想请教、交流的人,而每次请教,徐校长也总是倾囊以授。特别是在做博士论文期间,徐校长不仅从学术理论角度为我做相关问题的学理分析,还以他本科教学评估专家的经历以及对 150 多所民办学校访谈的经历为我做案例解析,让我受益匪浅。在读书期间,也多次到厦门南洋职业学院拜访鲁加升董事长。无论是作为一名学生去厦门南洋职业学院调研,还是作为一名兄弟院校的老师去学院交流,鲁董事长都对我关怀备至,做好各方面的安排,让我很感动。

感念与汤俊雅、唐汉琦两位师弟天马行空般的交流。两位师弟,一位博闻,一位善于批判,而且我们研究的方向同为治理,所以单就学术而言,受益颇多。在论文进展非常紧张的时候,或者在思维有所枯竭的时候,我们三人经常聚在一起玩扑克。由于输了要发红包,所以有时看看聊天记录,竟然全是红包,那也是另一番情趣的一件事。扑克牌玩完之后,通常也是我们讨论问题的时间,一位以其博闻为我梳理,一位以其批判助我取舍。曾有几次,我与汤俊雅师弟为了几个问题讨论到凌晨六点,这样的日子恐难再寻了。

厦大美食也是闻名的,勤业一楼的馒头、芙蓉一楼的早点叉烧包、穆斯林的干煸牛肉、蔡清洁二楼的黑胡椒牛肉饭都是厦大名吃,不少来厦门旅游的客人也会刻意到厦大食堂品尝名吃。虽然深在福中,但在王严淞师妹的陪同下,我们也经常外出遍尝厦大周边美食。在厦门的这几年,特别感谢我们亲如一家的厦大"别动队",大家的谦让与无私让我对厦大备感留恋。感恩叶本刚师兄给予我的考试指导;感恩易梦春师妹、陈晨师妹、齐恬雨师妹的帮助与支持。我们博士班的同学,大都来自不同的地方,不同的经历让我们的生活丰富多彩。

(四)凤凰花开

"脑海之中有一个凤凰花开的路口,有我最珍惜的朋友,几度花开花落,有时快乐有时落寞,很欣慰生命某段时刻,曾一起度过。"又到了凤凰花开的时候,在对博士论文进行修改的时候,记忆也跟着感觉变得更为鲜活。一路走来,千言万语难以表述我的历程,唯有感恩。

能够在工作之时出来读书,非常感谢山东英才学院的领导,特别是夏季亭校长。夏校长曾经称呼我为兄弟,但在我心目中,他是我慈祥的长辈。夏校长特别关爱年轻人,在很多事情上都给予了我特别的照顾,减轻了我的后顾之忧。在做论文期间,我也到过不少民办高校,向许多董事长、校长请教,在此一并表示感谢。

对于家人,我心存感激,没有他们的支持与鼓励,可能我很难坚持到现在。同时,我更心存歉疚,因为多年以来并没有很好地承担起家庭的重担。我离家到厦门参加博士考试的时候,女儿刚刚能够扶着走路,看到我带着行礼出门,着急得哇哇大哭;我入学读博士的时候,女儿可以自己走路了,就晃晃悠悠地帮我拿行李箱,因为还不太会说话,只能咿呀地示意我可以带行礼出发了;等孩子妈妈可以开车送我去车站的时候,她说要去车站送我,因为可以陪我说会儿话;等我博士毕业的时候,女儿已经入读幼儿园大班了。这几年经常在外,没有陪女儿一起成长,分享她成长的快乐,是我的一大遗憾,也是我以后必须要承担起的责任。

石　猛

2017 年 5 月于巨野河畔